Public Administration and

Public Management Classics

ACADEMIC FRONTIERS SERIES

ACADEMIC FRONTIERS SERIES

学术前沿系列

公共行政与公共管理经典译丛

Public Administration and Public Management Classics

"十二五"国家重点图书出版规划项目

官僚经验

后现代主义的挑战

（第五版）

[美] 拉尔夫·P·赫梅尔 著

（Ralph P. Hummel）

韩 红 译

The Bureaucratic
Experience
The Post-Modern Challenge

(Fifth Edition)

中国人民大学出版社

·北京·

《公共行政与公共管理经典译丛》
总　　序

　　在当今社会，政府行政体系与市场体系成为控制社会、影响社会的最大的两股力量。理论研究和实践经验表明，政府公共行政与公共管理体系在创造和提升国家竞争优势方面具有不可替代的作用。一个民主的、负责任的、有能力的、高效率的、透明的政府行政管理体系，无论是对经济的发展还是对整个社会的可持续发展都是不可缺少的。

　　公共行政与公共管理作为一门学科，诞生于20世纪初发达的资本主义国家，现已有上百年的历史。在中国，公共行政与公共管理仍是一个正在发展中的新兴学科。公共行政和公共管理的教育也处在探索和发展阶段。因此，广大教师、学生、公务员急需贴近实践、具有实际操作性、能系统培养学生思考和解决实际问题能力的教材。我国公共行政与公共管理科学研究和教育的发展与繁荣，固然取决于多方面的努力，但一个重要的方面在于我们要以开放的态度，了解、研究、学习和借鉴国外发达国家研究和实践的成果；另一方面，我国正在进行大规模的政府行政改革，致力于建立与社会主义市场经济相适应的公共行政与公共管理体制，这同样需要了解、学习和借鉴发达国家在公共行政与公共管理方面的经验和教训。因此无论从我国公共行政与公共管理的教育发展和学科建设的需要，还是从我国政府改革的实践层面，全面系统地引进公共行政与公共管理经典著作都是时代赋予我们的职责。

　　出于上述几方面的考虑，我们组织翻译出版了这套《公共行政与公共管理经典译丛》。为了较为全面、系统地反映当代公共行政与公共管理理论与实践的发展，本套丛书分为六个系列：（1）经典教材系列。引进这一系列图书的主要目的是适应国内公共行政与公共管理教育对教学参考及资料的需求。这个系列所选教材，内容全面系统、简明通俗，涵盖了公共行政与公共管理的主要知识领域，涉及公共行政与公共管理的一般理论、公共组织理论与管理、公共政策、公共财政与预算、公共部门人力资源管理、公共行政的伦理学等。这些教材都是国外大学通用的公共行政与公共管理教科书，多次再版，其作者皆为该领域最著名的教授，他们在自己的研究领域多次获奖，享有极高的声誉。（2）公共管理实务系列。这一系列图书主要是针对实践中的公共管理者，目的是使公共管理者了解国外公共管理的知识、技术、方法，提高管理的能力和水平，内容涉及如何成为一个有效的公共管理者、如何开发管理技能、政府全面质量管理、政府标杆管理、绩效管理等。（3）政府治理与改革系列。自20世纪80年代以来，世界各国均开展了大规模的政府再造运动，政府再造或改革成为公共行政与公共管理的热点和核心问题。这一系列选择了在这一领域极具影响的专家的著作，这些著作分析了政府再造的战略，向人们展示了政府治理的前景。（4）学术前沿系列。这一系列选择了当代公共行政与公共管理领域有影响的学术流派，如新公共行政、批判主义的行政学、后现代行政学、公共行政的民主理论学派等的著作，以期国内公共行政与公共管理专业领域的学者和学生了解公共行政理论研究的最新发展。（5）案例系列。这一系列精心选择了公共管理各领域，如公共部门人力资源管理、组织发展、非营利组织管理等领域的案例教材，旨在为国内公共管理学科的案例教学提供参考。（6）学术经典系列。这一系列所选图书包括伍德罗·威尔逊、弗兰克·约翰逊·古德诺、伦纳德·怀特、赫伯特·A·西蒙、查尔斯·E·林德布洛姆等人的代表作，这些著作在公共行政学的发展历程中有着极其重要的影响，可以称得上是公共行政学发展的风向标。

总的来看，这套译丛体现了以下特点：（1）系统性。基本上涵盖了公共行政与公共管理的主要领域。（2）权威性。所选著作均是国外公共行政与公共管理的大师，或极具影响力的作者的著作。（3）前沿性。反映了公共行政与公共管理研究领域最新的理论和学术主张。

在半个多世纪以前，公共行政大师罗伯特·达尔（Robert Dahl）在《行政学的三个问题》中曾这样讲道："从某一个国家的行政环境归纳出来的概论，不能够立刻予以普遍化，或被应用到另一个不同环境的行政管理上去。一个理论是否适用于另一个不同的场合，必须先把那个特殊场合加以研究之后才可以判定"。的确，在公共行政与公共管理领域，事实上并不存在放之四海而皆准的行政准则。按照建设有中国特色的社会主义的要求，立足于对中国特殊行政生态的了解，以开放的思想对待国际的经验，通过比较、鉴别、有选择的吸收，发展中国自己的公共行政与公共管理理论，并积极致力于实践，探索具有中国特色的公共行政体制及公共管理模式，是中国公共行政与公共管理发展的现实选择。

本套译丛于1999年底由中国人民大学出版社开始策划和组织出版工作，并成立了由该领域很多专家、学者组成的编辑委员会。中国人民大学政府管理与改革研究中心、国务院发展研究中心东方公共管理综合研究所给予了大力的支持和帮助。我国的一些留美学者和国内外有关方面的专家教授参与了原著的推荐工作。中国人民大学、北京大学、清华大学、厦门大学等许多该领域的中青年专家学者参与了本套译丛的翻译工作。在此，谨向他们表示敬意和衷心的感谢。

《公共行政与公共管理经典译丛》编辑委员会

前　言

　　在此，我要坦白我的目的：这就是要找到希望，找到那个使我能够随心所欲地用母语来表达的自由不会丧失的希望。

——拉尔夫·赫梅尔（Ralph Hummel），2003

　　《官僚经验》第五版超越了对官僚机构采取批判分析态度的学派与那些发现官僚体制的运作当中具有某些优点的人们之间的传统对话。其实早该如此。

　　传统的官僚体制依然存在，继续猛烈冲击着当代生活在社会、文化和心理方面做出的承诺。它影响着我们思维和言谈的方式，对政治生活有着深刻的影响。

　　批判学派的理论家们一致认为，官僚体制的精神，即体制自身残余的实实在在的东西，构成了对自由的威胁。他们驳斥"不要对官僚机构指手画脚"的思潮，这种思潮把官僚体制的弊端归咎于它的政治主人。

　　那些赞同官僚机构的人，为它们对社会的成熟所作的贡献而拍手称赞。官僚机构的辩护士们则颂扬这个在清规戒律束缚下运行的、颇受误解的机构取得的成就。

　　《官僚经验》第五版承认，褒贬官僚体制的双方在传统的辩论中给出的选择存在局限性。此版运用另一种视角来阐释这场双方各执己见的争论，看看能否找到一种有助于体会官僚经验的新的不同的理解。

xiv 对思考官僚机构的新思维的探索，也许可以结束持批判态度的理论家和传统主义者之间这种人为的两重性，比如，这些人把赫梅尔著作先前的各个版本与查尔斯·古德塞尔（Charles Goodsell）替官僚机构辩护的著作一起发给学生。从表面来看，此举的目的在于开展关于官僚机构的公平辩论，而实际上这是一场骗局。古德塞尔的著作比赫梅尔的著作具有更强的可读性，涉及主流的公共行政管理理论，言之有度，给人希望。赫梅尔的手稿则晦涩难懂，思辨性强，甚至引起争论，所论及的主题是攻读公共管理的学生通常不会涉足的。

这两位学者的著作论述的主题不同。赫梅尔笔下的官僚机构并不是某种行政管理的工具。他不太在乎官僚机构的效率如何——事实上，官僚机构的效率越高，他就会愈发感到恐惧。最终，那些愿意接受情理的人们，可能更愿意接受古德塞尔，而那些喜欢边缘的人们，则可能偏向赫梅尔，并且可能不会选择走公共服务的职业道路。从根本上讲，这是一个你究竟更喜欢理性还是人本主义的问题。

赫梅尔著作的新版脱离了讨论官僚机构的传统模式，介绍了后现代主义的观点，随即对其中大部分内容进行了抨击，称其长于解构，却缺少对值得为之生活的未来的信念。赫梅尔发现，后现代主义揭示了许多正在发生的事情，但却没有提供如何应对的办法。这位作者往往怀着相当的热情，对几位后现代主义者的成就给予肯定。最终，他认为，这些人摧毁某种基础但又宣称其无可替代的策略，是一种令人无法容忍的态度。

这种解构颇似一位工会组织者，他帮助人们认识到主宰着他们生活的剥削和权力的真实面目。于是工人们群情激昂，准备与压迫者作斗争。他们开始造反，大声疾呼应该怎么办，组织者的回答却是"没办法"——仿佛只要搞明白道理就行了似的。

第五版仍然信奉这样一种观点，即人不是某种机器能够轻易复制的智能，而计算机代表的是官僚机构本身。第六章是本书的精华部分，对公共行政管理领域的大师赫伯特·西蒙（Herbert Simon）进行了批判。赫梅尔认为，受到局限的是机器，机器如果不是在理性方面受到限制，至少是在对应该做什么事情的敏感性和感知方面受到限制，这时，人的情感在平衡当中是重要的，情感可以成为一个变量。

正是行政管理的那些格言主宰着几乎每一部论述如何领导组织的著作。近年来，对意外事件、不够全面的分析和铺天盖地的数据的理解和选择的能力，使我们
xv 能够应对大多数事情。"相信自己的感觉"，这也许是公共行政管理的管理课程中值得讲授的内容。数据是直接的，往往也是可靠的，无论它们可能显得多么缺乏理性。反复易变的格言可能适用于任何一种情况。而真正重要的，是决定如何使用这些格言的判断能力。做出重要判断的动力是基础的价值观，是源于经验的技能。它们蔑视一切程序。

本书的这个最新版本首先介绍公共行政管理领域里人们仍然陌生的哲学思维，然后提出自己独立的见解，这是作者的传统。本书的灵魂仍然围绕着作者挥之不去的关切，即官僚机构仍然充当着转换器，它受到人性的与机械的东西、同一性与个性、规则要我们做的事情与判断力和感觉让我们做的事情的多重夹击。论述生活在

官僚机构的世界会让人的心理发生什么变化的那个章节很有独到之处。假如人能够感触到自我，在人的存在过程中，人的自我受到那些据称是有益的机构的猛烈攻击之后会怎样呢？即便秩序对我们在这个世界——即使人们承认这是一个运作更有效率、更经济的世界——的存在不产生破坏性影响，即便是本着良好的组织机构成员的精神，我们能够接纳多少秩序呢？赫梅尔首先提出发人深省的"认同并非个性"的观点，然后对这些问题进行了探讨。

《官僚经验》的各个版本的核心部分都比较难懂，其核心概念始终围绕着自由。本书不是简单地论述官僚机构作为完成现代社会的工具主义目标的机制而存在的种种弊端。官僚机构被这样误解已是屡见不鲜。本书揭示了机械的体制的真实面目以及它对人的意义，但并不涉及如何保证火车正点运行。

本书论述的是政治理论，按照约翰·高斯（John Gaus）和德怀特·沃尔多（Dwight Waldo）提出的意义，政治理论是行政管理理论的先决条件。

每一个人都应该对本书标题"官僚经验"的含义产生共鸣。我们当中有谁没有过官僚机构的经验呢？你是作为一名评判者站在这部机器面前。即便你举止得体，也就是说循规蹈矩，你的人性也受到了影响。机器做着决定。程序进行选择。机器的工具做着决定。办事员说了算。人们适应了体制。不循规蹈矩的人是要倒霉的。

适应体制的经验不是件简单的令人烦恼的事情，虽然经过一段时间，我们会打着"成熟"的旗号，学着不会因为被冒犯而失去自我平静。我们与他人合作。然而，我们对官僚机构的经验是一种信号，它向我们显示了某些与我们在这个世界上的存在格格不入的东西。我们感到面前是某种陌生的东西，某种并非造来供我们使用的东西。在我们感到焦虑的时候，机器是否有效率、是否经济，这些对于我们其实都不重要。 xvi

克服官僚机构组织存在的问题的方法，却变成了"全面质量管理"（TQM）、"寻找最好的项目"、质量循环、重新改造、重新做工程设计、文职机构改革、预算过程改革以及其他项目，它们使得用来对付我们的工具更有效。我们在研究错误的问题。我们在帮助机器而不是在帮助人。这样便拓展延伸了一种假设，即凡是有助于机器的事物，在所有的方面都对人有益处。这是一个被人们彻底怀疑的想法，至少大多数社会的中下阶层均这样认为。

这是一部扣人心弦的著作。通过读这部著作并不能重新改造任何事物，也许我们自己是个例外。这就是通读一部经典著作的经典方法。

戴维·G·卡内瓦莱（David G. Carnevale）
于俄克拉何马州诺曼市

开场白

xix 　　请想象我们处在一个恐怖的时代。美国的经济、政治和军事的神圣标志遭到攻击。在令人毛骨悚然的勇气与牺牲的场景中，成千上万条生命灰飞烟灭。政府试图进行防卫。民权被削弱。向恐怖主义宣战。政府本身成为恐怖的媒介。平民大众急切盼望着恢复常态。有些人可能会消失在由秘密法庭管理的秘密监狱中。但是，这些对于我有什么意义？学术界立即异口同声重复在以前发生的危机中提出的主题："为了民主，我们可以做出任何牺牲，尤其是暂时牺牲民主本身"（罗西特，1963 [1948]：314）。

　　在我们想象中的黑暗日子里，学者的责任何在？假如我们能够揭示即将发生的事情会怎样呢？

　　事实是，21世纪任何一个想象中的政治领导班子，都需要扩张政府的作用，也就是说，需要扩张现代组织的设计。如果从理性的行政管理部门是受着某种意愿驱使这种严格的技术意义上讲，现代组织就是官僚机构。独立的政府文职机构是对政治的抗衡，被视为绊脚石。这是不无道理的。公共行政管理人员宣誓捍卫宪法。官僚机构承诺要实施控制，无论这样做是否符合宪法。官僚以服从命令为荣，文职机构以服从宪法为荣。在艰难时期，领袖人物需要实施的政府意愿必须是一致的、直接的和确定的。文职机构的结构臃肿，它的客户仅靠一种泛泛的社会契约结合在一起，因此妨碍着此时实施统一的意愿。

　　一种新的政府应运而生。这种政府的出现绝非偶然，只能出现在历史为它准备的土壤上。

xx 　　这会是什么样的土壤呢？具有讽刺意味的是，准备这片土壤的，正是官僚机构本身。只有当我们分析官僚机构是如何侵蚀现代文明的时候，这个事实才会浮现出来。社会沦为组织，文化沦为经济学，心理学沦为认同，语言沦为信息，思维沦为逻辑，政治沦为行政管理。如果一个按照自己意愿行事的政府以此为基础来运行，可能容易得多。

　　已经到了使用对官僚机构的已有分析来解决我们这个时代的问题的时候了。目前，由于人们那种掌握权力的愿望，提出这个问题势必带来麻烦。然而，避而不提这个问题，我们就会被后人鄙视——这就是诗人笔下表现公众的不屑时通用的令人恐怖的嘘声。

　　那些被认为能够想清楚自身命运和秩序的自由人的未来何在？

　　第五版继续了对官僚机构的分析，但分析的重点转向官僚机构对一个自由民族的自由、理性和自创的秩序产生的影响。

　　现代主义的自我批评显示，官僚机构是实施公共政策的完美的逻辑结构。20世纪一开始，人们便认识到它对民主的威胁〔马克斯·韦伯（Max Weber）〕。20世纪30—40年代，这一威胁在德国成为现实。在过去的30年里，官僚机构受到公共管理、规划和政策分析的批判学派的批评，并且再次受到后现代主义者的批评。

　　至此，我所说的话并无新意。但是，其结果却引起我们中间那些受着独裁政府统治的人的共鸣。公民社会和民主统治需要独立的公民，他们的权力基础是经济。今天，我们却失去了自身权力的根基。我们把工作日的大多数时间花在了官僚机构中。官僚机构，不论是公共的还是私人部门的，无论是政府、公司还是非营利组织，都是现代组织。在官僚机构中，我们被改造，被转换。

　　一个批判学派确认官僚机构造成的这种转换已近30年时间，该学派一直在运用从现代自我批判中获得的洞察力。现在自我批判的根源是现代哲学。该学派指出，官僚机构把公民转换成客户，一种新型的人出现了：他们在精神上有依赖性，他们的精神是破碎的。他们的社会关系被贬低为面具和角色。他们的价值观被从个人的价值观转换成程序的价值观。他们的思维从内部反映着政治领袖在外部寻求的东西，即单一前提的逻辑符合目标专一的政府。他们的言谈陷入预先设定的模式

xxi 中。他们的政治是大众政治。你属于哪个政党、哪个阶层、哪个地位群体或什么性别，这些都无关紧要。人们在政治领域中普遍感到孤立和无能，在社会领域中普遍感到孤独。

　　对单一前提的逻辑、孤立、无能和孤独的观察，对统一的、有凝聚力的意愿的追求，将使世界团结起来——以上是汉纳·阿伦特（Hannah Arendt）的观点。这些观点出自一本名为《极权主义的起源》的书。没有人对此感到不安，尽管这些观点会引起有过相同经历的人的共鸣。我并不是说，我们有或者将要有一个极权的政府。根据现有数据，谁也不能预言这样的结果。但是我要说的是，我们不再是说自己是什么就真的是什么，世界的官僚化已经把我们变得如此。

　　如果我们认为自己明白了这些，如果情况确实如此，那么，说出真相便是我们

的责任。

章节介绍

《官僚经验》第五版遵循的观点是，官僚机构的作用是一部转换机，它把一个追求人性化生活方式的项目变成一个机械的项目。为了进一步说明这一观点，我将较早的研究模式与最近的研究模式放在一起。然后，我们就看到了官僚机构在为人们建立独裁的条件（见2～7章）。

对集权化的趋势发出早期警报永远都不会太早。

第1章重新对官僚化的世界与早期现代世界的启蒙运动进行比较。不同的图表归纳了组织内部早期的影响和后来对整个社会的影响。

第2章揭示社会的衰落，将早期对人的启蒙的期望，与韦伯派学者观察到的局限和后现代派的批判进行比较，并对随便把法国后现代主义的经验移植到美国的做法提出警告。

第3章是核心章节。本章以启蒙运动为基准线。按照这个基准线，官僚机构通过转换创造了对人性的新认识。本章追溯了现代文化崩溃的根源，这就是启蒙运动 xxii 提出的矛盾对立的假设，以及官僚机构在实施过程中起的颠覆性作用。后现代主义者批评现代主义者没有做充分反省，在这里，我们发现这种批评第一次遇到了挑战。现代批判者可以把确定了启蒙运动失败的根源的功劳归为己有。他们发现手段与目的被颠倒了，并认为这正是启蒙运动失败的根源。后现代主义声称自己直接继承了现代主义，这一点是可以质疑的。换言之，现代主义的自我批评，在后现代主义尚未对它提出挑战的时候，便已经着手应对了。

第4章揭露心理学的一个丑闻。西格蒙德·弗洛伊德（Sigmund Freud）提出一种自主心灵。现代的分析显示，自主心灵在工作单位是行不通的。弗洛伊德也许发现了资产阶级的灵魂，但他并未对工人的状况进行分析。现在，工人的个人精神与管理者的精神融合在一起，服从和依赖取代了控制和良知。后现代主义的部分观点第一次有了为体制的意识形态利益服务的嫌疑。分析发现，雅各·拉坎（Jacques Lacan）的新人际心理学据说并不是为资产阶级的利益服务的，但它令人吃惊地附和并且可能赞同着那些摧毁人的精神的状况。

第5章说明官僚机构在破坏人类语言，在日常生活和工作中压抑语言的源泉，并且企图把思维局限于官僚机构的语法和词汇模式的范围内。这里，我们把现代主义的批判者尤其是维特根斯坦（Wittgenstein）和瑟尔（Searle）所做的奠基性工作，与更近的德里达（Derrida）、利奥塔（Lyotard）和布迪厄（Bourdieu，人们通常认为他不是后现代主义者）的工作进行对比。这两个学派都对语言进行了全面抨击，但得到的效果却不同。现代派希望控制满足对清晰和意义的日益增加的需求，从而达到扭转局面的目的；后现代派则认为，正是在控制更严格的那些地方存在着逃避的空间。

第 6 章批评官僚机构削弱理性。官僚机构的程序迫使我们把思维简化为一种糟糕的逻辑形式，这种逻辑形式使我们在致命的选择之外别无选择。现代和后现代主义的分析都指出，官僚机构要我们接受对思想的控制。不过在这里，后现代主义的批评不得不承认存在着自相矛盾。它抨击现代主义思潮错误地理解了现代性的真实立场，但它本身的思想却源于现代主义：重读康德（Kant）、胡塞尔（Husserl）和海德格尔（Heidegger）。这里，德里达在现代哲学鼻祖（即康德）对于滥用理性提出的警告与今天诸如建立导弹防御系统等实际问题之间搭起了一座桥梁。

xxiii   第 7 章概述官僚机构改变现代生活的政治含义。韦伯、拉斯韦尔（Lasswell）和哈贝马斯（Harbermas）早已观察到政治沦为行政管理的趋势，拉斯韦尔还无意中对此大加赞扬。在后现代主义者中，可能是福柯（Foucault）在试图维护政治世界的努力中，发现逃避的空间是很大的。

在结束语中，我对官僚机构经验的影响进行总结，并提出问题：官僚机构的工作怎么能够转换为我们曾经熟悉的、一度辉煌的政治、民主和政府？

目 录

第 1 章

理解官僚机构

3   一位城市规划者看到要修建穿越一座中世纪城市的住宅区的道路规划时问道：人们不会反对吗？另一位城市规划者说：我们必须强加给他们自由！

            ——引自一部介绍陶伯尔河上的中世纪城市罗滕堡
               （Rothenburgon the river Tauber）的纪录片

       使数以千计的人丧生、数以百计的人获救的，是一系列随机发生的事件。那天，没有多少人做对过什么，但是也并没有太多人做错什么。

            ——从世贸中心北楼逃生出来的一名消防队员

       我们所谓的后现代主义是什么？我有点跟不上形势。

            ——米歇尔·福柯

       这是一本关于官僚机构的实用指南，或者说，如果你能使它成为指南的话。这可不容易，如果你这样想："只要你走进官僚机构，你的头脑和双手就套上了枷锁"（Ishmael al-Amin, Personal communication）的话。

       假如你阅读此书的过程中会说，"对呀，我的工作、我的生活就是这么回事"，你就没有联系上实际。这不是我给你的信息；如果你懂的话，只是因为你已经知道我要说些什么。

       做点实际工作意味着某些幻觉和错觉。有一种幻觉以为，官僚机构符合民主（Goodsell, 2003）。还有一种错觉认为，无论现代组织存在什么缺点，这些都是可以修复的异常情况。我们都赞成这种错觉。假如没有这种错觉，就没有了希望。然而，这种错觉隐藏着一个冷酷的现实。这个冷酷的现实体现在运行失灵的国防部计算机中，体现在让人饿肚子的国际援助中，而最直接地是体现在一个朋友急匆匆地打来的电话中，他没有开场白也不说他是谁，张口便说：

"拉尔夫，情况比你说的还要糟糕。"

想象一下你领养了一个婴儿。一年后，你接到一个电话："把孩子还给我！"

"什么！？"你说道。"那孩子的父亲没有在文件上签字，"他们说。

1.1　官僚机构的经验

在某些方面，我们都有过与官僚机构打交道的经验，每个人都在与官僚机构打交道中遇到过麻烦。公民和政治家控制不了这部失控的官僚机器。管理者运行这部机器遇到麻烦。雇员们不喜欢在官僚机构里工作。客户们从官僚机构那里得不到商品。教师们不能理解它。学生们为它的复杂性而迷惑。

让我们更仔细地看看是什么东西这么令人烦恼。

消防队员

纽约市的消防队是政府文职雇员。他们也是官僚吗？一些下班的消防队员脱下全身消防装备，乘坐公交车赶往世贸中心。有些消防队员是没有得到明确指示就来的。有些来了却没携带能接通的无线电。有些是违反命令来的。这些消防队员之所以来，是因为他们在警报声的后面听到了一个无声的召唤。"9·11"那天牺牲的343名消防队员当中有60人并不当班。消防局管理部门如果提供更多的支持是否会好一些？

顾问们要求进行更严格的训练，按照常规服从命令，更严密的指挥和控制，与警察更好地协调。这些都能够提高关照我们人类同胞的能力。但它们能创造或者命令人做出牺牲吗？请将此与"2002年纽约市消防局"报告进行比较。

这是一个批评官僚机构的实例，同时也是一个涉及道德的案例。官僚机构迫使我们有秩序地做在自由状态下做的事情，并且它还是盲目要求我们这样做。为了有效，官僚机构使组织的潜力大大增加，但是官僚机构并不亲自动手。它们制定诺曼底入侵计划，而人去冲锋陷阵打赢战斗。无论官僚机构的手伸的太长还是管的不够，它们做的是组建起消防队的组织，而不是树立自我牺牲的意愿。无论规则多么严格，计划多么合理，容忍和控制多么严密，某个地方的某个人必须做出判断是否可能、何时以及如何应用那些规则。

这不仅仅是对技术是否合适的判断，而是判断你下一步要做的事情是维护还是损害了你的行为对象的潜力。我们不仅判断合理的计划在客观上是否有道理，而且判断它们是否有利于人。使人愿意做出牺牲是自由而不是命令。实际上知识和自由是必然的同路人。

无论你是否深陷于官僚机构的要求，既然你选择了公共服务，我们对你就有了一定的了解。与那些选择经商的人相比，你选择公共部门并不是为了金钱。听到"服务"这个词，你并没有脸色苍白、面带苦笑。你的目标是服务而不是盈利。但是，服务是自由提供的。没有人告诫过你，你进入的并非一个服务的世界而是一个控制的世界。今天大多数组织都是官僚机构，当你初入一个官僚机构的时候，你进入的是一个全新的世界。

福利管理者

在这个勇敢的新世界里，一个婴儿被送到福利机构也许会因无人照管而死亡，他躺在福利办公室的地板上，而福利工作人员若干天都在小心翼翼地绕他而行。福利机构可以真诚地说"有关各方都竭尽了全力"（Basler，1985：B1）。

公司经理

在这个新世界里，人们在商业官僚机构中做的事物与此相似（人们更容易为这些事情辩护）。由于世界通信公司打着利润的幌子掩盖了运营费用，安达信会计事务所没能发现差了 35 亿美元的账。《纽约时报》的记者认为，"可以想象，安达信派驻世界通信公司的审计员本来是可以把工作做好的，但却没有发现公司财务报告中的问题"（Glacer and Eichenwald. 2002：C1）。

联邦调查局特工

在这个新世界里，由于来自下级官员的告诫没能到达高层，近 3 000 人在对美国的一次袭击中丧生。按照一位揭发内幕的人的说法，"我们联邦调查局内有一种文化，这种文化按照职务大小决定地位高低，而且它的力量很强大。拿起电话给比自己高一、两级的上司直接打电话的情况非常罕见"（Federal News Service，2002）。

国际货币基金组织——国际官僚

在这个全球通达的世界里，要求各个国家改变自己的文化，以满足国际货币基金组织或者世界银行等庞大的官僚机构的需要。换言之，它们必须实现现代化，否则就会在经济竞争中被淘汰。用一位前世界组织的官僚的话来说："自相矛盾愈演愈烈。我在投资银行干过，我周围全是自由市场原教旨主义者。他们来往于世界各地，传播着将为人们带来所有自由的放松管制规定的胜利的福音。旅途结束，他们返回的却是一个像苏联一样刻板的官僚机构"（Jennings，2002：15）。

4

电脑化的公民

在这个世界最私密的地方，我们自己变成了大脑的某个微型官僚机构的囚犯。我们心甘情愿地携带着它，即使它扭曲我们的推理。每一天，每次使用手提电脑、掌上宝、寻呼机等，它们便在训练我们进行一种思维。这种思维如此符合逻辑，以至于我们忘记了必须使这种思维明智。内在的逻辑变成了定式而不是提出问题：这是否能对人制定自身目标的终极能力有好处？技术上使我们相互联系的工具实际上制造了我们之间的距离。不需要中央权力来迫使我们服从某个中央的法律。我们愉快地使用着电子网络。它不是在发号施令，而是在提供所有思维、感觉和行动的模式。在电子网络里，我们可以随心所欲地认为自己是自由的。

傻瓜开始说，航空管制人员与电脑发生分歧的时候，要想解决问题，办法是"把人给撤出来"。人们对科幻恐怖故事冷嘲热讽，很容易就把冷战的例子忘在脑后。人类一再阻止了电脑把一群野鹅或者初升的月亮当成导弹攻击而发动战争（引语引自约翰逊关于航空公司安全的报告，Johnson，2002；关于导弹攻击，见Hummel，2002）。

7 在这个由网络连接起来的世界生存面临着危险。危险不仅是婴儿死亡了，经济受到危害，和平破碎了，甚至是我们成为了技术官僚机构的一部分。危险不在于技术或者官僚机构本身，而在于我们心安理得地接受它们的计划，复制它们的借口，这就使人人各司其职，但那个婴儿还是死亡了。有人玩忽职守，结果是相同的：还我婴儿！

1.2　官僚机构的模式

所有这些形成一个模式，一个总是造成误解的模式，它使人们认不清官僚机构是什么和是做什么的。

我们想一想官僚机构这个词的起源，它源自希腊文的"力量"（kratos）一词和法文的"办公室"（bureau）一词。设计者想出了办公室可以起统治作用的主意。这样，他们就有了一个发现：人可以把自己的行为定位在某种思想上而不是某位领袖人物身上。这种思想可以成为他们的法律。法律是合法的，他们自己接受和服从所有公布了的规则，从而创造了法律。为了确保法律得到遵守，便有了毫无人情味的办公室的规定以及规章制度的实行。在办公室里，由当前的在位者负责。但是在位者会申明，只要他遵守规定、法律和超脱个人感情的思想，他个人就不负责任。

所有这些思想、法律、合法性甚至影响力、人在技术和道德方面的理性都是可以充分理解的。承诺给人们的，是在这个地球上前所未闻的社会控制力。其代价仅仅是某个人必须服从总的规则而已。

现在，我们思考一下它的含义：是办公室而不是人在统治。办公室统治靠的是政策、计划和标准，是可以想象的最无人性的标准，这些不受特定的人或者状况影响的纯理性的一般规律决定着我们每一个人的命运。办公室既无恐惧，又不偏袒，以统一的标准完成着分配给它的任务，它也毫无同情心或者敏感性。出现不适应是必然的。

理性能合理化，理性能现代化，理性创造现代世界。现代取代了传统：家庭的感情和敏感，氏族和部落，信仰或恐惧的王国。

现代的摇篮在欧洲。在欧洲，人们期待着官僚机构把理性之光带入人的事务，理性之光将启蒙世界。欧洲人称之为启蒙运动，并委派官僚机构充当它的管理者。^{8 在右边距}于是我们仍然依靠学校、军队、监狱和世界性官僚机构来实现全球现代化。

发生了什么呢？

若干世纪以来，我们一直遵守着这个没有兑现过的承诺。体制形成了自身的内在逻辑。它的逻辑与有七情六欲的人认为合理的东西恰恰相反。官僚机构不同于一般行政部门，它提供服务是不带人性的。这些有利于自上而下的控制。但是，局外人看来毫无情感，从根本上缺少对内部成员身心健康的关爱。有一种观点认为它是商界或政府内的老板们最完美的控制工具。这种观点早已被证明是错误的。然而，它仍然是一个谜。

让我们参照现实给予的提示（我称之为理解）来思考一下传统的期望（我称之为误解）吧（见表 1—1）。

表 1—1　　　　　　　　　对官僚机构的误解和理解　　　　　　9

误解	理解
社会角度	
官僚与人打交道。	官僚与案子打交道。
文化角度	
官僚与我们有同样的关注：公正、自由、暴力、压迫、疾病、死亡、胜利、失败、爱、恨、拯救和惩罚。	官僚的目的是控制和效率。
心理角度	
官僚是像我们一样的人。	官僚是一种新的性格类型，没有头脑和灵魂。*
语言角度	
与官僚沟通是可能的：我们使用同样的语言，有同样的思维。	官僚影响和提供信息而不是沟通。
认知角度	
官僚的思维与我们相同：既符合逻辑又通情达理。	官僚只使用逻辑：他们被训练得像计算机一样思维。
政治角度	
官僚机构是服务机构，对社会负责，受政治和政府的支配。	官僚机构是实施控制的机构，越来越多地支配着社会、政治和政府。

　　* "没有头脑"、"没有灵魂"这两个词引起了现代组织的某些雇员的强烈抗议。应该指出的是，这些术语反映了官僚生活强加给官僚的一种趋势，而不是具体人的实际特征。

今天，这些误解和理解体现在人类为了人的精神所作的斗争的三个不同领域里。

传统的官僚机构。表1—1涵盖了我们习以为常的官僚机构内部斗争这个领域。这些都是地方、州和全国的权力领域里的机构。但是现在又增加了两种：计算机官僚机构即没有官僚的官僚机构，和全球性官僚机构即全球化的官僚机构。

计算机官僚机构。随着计算机的问世，官僚机构成为一种心态。我们每敲击一次手提电脑的键盘，都是在按照这台完美理性机器、这台没有人的敏感性的机器的要求行事。

全球性官僚机构。在这里，启蒙运动方兴未艾。它声称把光明带给了"黑暗的"大陆。它传播着现代经济和民主的福音。

官僚机构正在发展而不是在收缩，它传遍全球，侵入了我们的头脑。光明在何处？

1.3　现代主义的自我批评

启蒙运动似乎出了点问题。谁能告诉我们是什么问题？

启蒙运动期待自由的男人（最终也包括自由的女人）用自己富有想象力的理性来构建自己的政治秩序。在中间的过渡阶段，行政机构的机制将维持微妙的秩序平衡。

10　到了1900年，按照社会学家马克斯·韦伯的说法，这种临时秩序变成了"一只铁笼子"。官僚机构认为秩序高于自由。官僚机构的成员不信任想象。作为光明之源的理性变成了半理性。如果不能想象事物有可能变成什么样子，理性就成为使其他传统变成现代西方原版的复制品的逻辑。

2000年后，在个人生活中，在电脑的使用中，在全球化过程中，我们依旧面临官僚机构引发的同样的问题：当朝着相反的方向发展的力量掌握了工具的时候，人的想象怎样才能够自由地构建起适合人类的秩序？

对于这种相反的发展持批评态度的现代社会科学提出了典型的现代问题。关于生活日趋官僚化，现代官僚机构研究之父马克斯·韦伯提出了如下问题：

1. 我们如何保留在任何意义上残存的"个人主义的"自由？
2. 即便是在有限的意义上，民主有可能实现吗？
3. 政治怎样才能继续存在？（韦伯，1968a［1918］：1403-1404）

这些都是深刻的问题。但是，提出这些问题，是为了保卫现代性最重要的概念不被它自身削弱。后现代主义质疑着今天使用自由、民主、甚至政治一类概念的有效性。这些概念不再涵盖现实中的经验和实体（这也是一个受到威胁的概念）。更重要的是，后现代主义者对给出的选择提出疑问。启蒙运动本身界定着个人、自由和民主的含义。现代社会科学继承启蒙运动，它使用的工具已经受到了影响，它又怎么能够保护个人、自由和民主的神圣不可侵犯呢？

然而，马克斯·韦伯的问题意义深远。它们让我们把自己定位于现代世界广阔无垠的天地间。最近，人们对现代生活的其他方面提出了类似的问题（e.g.，Hummel，1977；Denhardt，1981；Baum，1987；Diamond，1993；Forester，1989；Schwartz，1990；Adams and Balfour，1998；J. White，1999）。在公共行政管理、私营部门管理、政策和规划的研究领域里形成了一个完整的批判学派。

这个信奉充分的理性、对现代主义充满信心的批判学派，现在受到了不相信或者至少对理性提出挑战的所谓后现代主义的学派的反对。 　11

该学派提出，如果说官僚机构是一种心态，我们是如何进入这种心态的？我们该如何脱离这种心态同时又不失去我们的理智呢？也许个人主义、自由、政治本身等传统的东西并不是我们要探讨的问题。也许问题恰恰在于把人当作了个人，把自由当作放纵，政治当成了权力，理性当作了正当的逻辑。在这种情况下，现代主义的自我批评是不够的。

现代主义对现代制度进行的自我批评始于马克斯·韦伯。韦伯首先是研究官僚机构的学者，即使在今天，他仍然无出其右地为我们明确地说明了建立这个控制工具需要些什么（见第 3 章）。

从根本上看，后现代主义的批评家们对下面列出的这些代价并无异议：

• 从社会的角度，官僚机构抹杀了人的自我，并告诉我们"你是谁"，也就是在计划或者工作中分配给我们的角色。

• 从文化的角度，对我们有价值的东西转变成价值观形式上的幻象：例如，把公正转变为法律。

• 从心理的角度，我们被要求彻底放弃自己的个性以适应计划或者工作的身份。

• 从语言的角度，我们学会一种全新的语言，使我们能在讲话时口是心非。

• 从思维的角度，我们学会严格按照逻辑思维，即使其结果毫无意义。

• 从政治的角度，我们接受管理，学会了轻视政治，因为它远非理性的行政管理。

但是，后现代主义者超越了这份单子开列的内容。他们问到：是否可以换一种方法来思考事情何以至此？我们向何处去？最深远的意义何在？表 1—1 最初于1977 年发表，被视为现代主义反官僚机构的宣言。今天，就连我们现代人也认识到，正如上面提到的那个婴儿的养父所说，情况真的是更糟。

1.4　后现代主义的批评

后现代主义批评者们试图说明到底有多糟糕。他们甚至对现代主义使用的自我批评手段都产生了怀疑。他们对制度的抨击变成了对现代社会科学本身的批判和批　12评。他们直接质疑我们对周围发生的事情的思考方式。

后现代主义的批评至少证实了现代主义的自我批评早已揭露的东西。后现代主义的批评充其量指明了逃避的新途径。在最坏的情况下，后现代主义批评者的抨击不过是重复现代社会科学家们的自我批判，他们的抨击往往被巴洛克风格的华丽修饰和令人眼花缭乱但并不必要的转弯抹角掩盖。

然而，后现代主义的批评是一种挑战。我们必须习惯它。它不仅是对现代性及现代组织最新的抨击，也是对我们如何思考这些问题的抨击。如何评估它的贡献呢？也许我们应该绘制一幅新的图表（见表1—2）。

14　表 1—2　　　　　　　　　　官僚机构与后现代主义的挑战

现代社会眼中的现代社会	现代主义批评眼中的官僚机构	后现代主义眼中的后现代性
从社会的角度 一整套关系界定着我们是谁。社会身份：地位、阶级、性别等。工作只是一个方面（Weber）。	工作界定我们是谁；组织界定着工作和案例之间的关系（Berger, Schutz）。	最极端的情况：社会联系的缺失。自我成为随机运动中的原子（Baudrillard），弹性网络中的节点（Lyotard）。
从文化的角度 文化是自我发展。人创造有价值的东西。意义的形成需参照核心价值观。资本主义的精神是宗教的。 理解。	设计产生文化。形式上的普世价值观和程序取代实质（Webber, Mannheim）。功能。资本主义没有精神。阐释。	文化是经济学。普世价值观的缺失：宏叙事而不是小叙事（Lyotar）。相对主义（G. B. Madison）。归结为权力（Foucault）；文化是资本主义。释经学。
从心理的角度 处于中心地位的精神。个性（Freud）。	异化的精神。组织身份。削弱了的个人与管理者认同：工作联系（Hummel）；自恋（Diamond, Schwartz）。	处于非中心地位的精神。我们都是依赖他人的处于非中心地位的自我，弥散于机构中，受到贪得无厌的欲望的控制（Lacan）。
15 **从语言的角度** 我们与语言即"母语"密不可分。意义在我们的交谈中被创造出来（Searle）。交流。	语言是层级结构的工具；机器"语言"；摒弃意义和承诺的言辞（Wittgenstein, Searle）。信息。	语言是不可控的（Derrida）；差异的规则，短语（Lyotard, 1988: 9）；语言游戏（Jameson）；测试（Baudrillard）。
从认识的角度 有认知能力的主体（自我）。我们是寻求对客体的认知的主体：通过科学获得关于现实的大道理（Kant）。	认知者和认知对象相互重叠，但：沦落于技术（Husserl）；设立条条框框（Heidegger）。	主体的死亡。认知者依赖知识和权力（Foucault）。小道理。假象（Baudrillard）。
从政治的角度 我们从事权力政治。"负责任的"政治家；公民的权利义务（Weber, Lasswell）。	行政管理取代政治；管理者取代政治家；办事员取代公民（Habermas, Heidegger）。	微观政治（Foucault, Jameson, Lyotard）。我们是生活在集体中。个人成为权力的作用结果（Foucault）。

1.5　对后现代主义的概述

后现代主义者的主张是什么？哪些新的概念取代了现代主义的概念？有哪些新主张和新理论？只要浏览一下表1—2便可得到答案。表1—1中涉及的转换开始呈现出更清晰的轮廓。

从社会的角度，某些后现代主义者担心，我们从社会人向从事某项工作或案例的组织雇员的转换可能造成了社会性彻底消失（e.g. Baudrillard）。

从文化的角度，现代组织最新的文化游戏（日本式的管理、质量管理、全面质量管理等）突出地表现为面对解体为恢复控制所做的不顾一切的努力。我们现在明白，文化正在从土生土长、逐渐培养起来的价值观的中心，转变为公司和政府悉心雕琢的一种重新设计。人们揭露了公司和政府掌控文化的企图，说这是企图掩盖资本主义企业的真实情况，即质量和效率的丧失。相反，人们讲述了很多小故事、想出很多招数来使自己适应幕后的现实。人们认为，世界各地文化霸权的受害者们重新发现"文化"是欧洲的特殊发明。"教化"所谓新兴国家的企图，被视为大国文化殖民主义。这些大国继承了某种特定的宗教遗产，服从于某种特定的欧洲经济学观点即再投资资本主义。

从心理的角度，在官僚机构里，人们使自己的控制和良知服从于管理者的控制和良知。人们失去了工作的成就感。工人说起他做的某件事情时会说"完事了"揭示了对阶级的某种隐藏的伤害（see Sennett）。如卡尔·马克思所说，工人被自我异化了。后现代主义者现在认识到从传统到现代的分析早已看到的东西：管理者与工人之间心理功能发生分裂，这种分裂导致人们进行分析时所使用的单元既不以管理者为中心，也不以工人为中心。 *13*

后现代主义者指出，在语言使用上，一旦我们离开母语的环境，开始有意识地创造语言并且把它作为一种工具，另一面也就开始活跃起来，这就是通过控制语言，是不可能完全控制人的行为的（Derrida, Jameson, Baudrillard）。

从认识的角度，"古典资本主义和核心家庭时代一度存在的核心主题，在今天组织官僚机构的世界里已经消失"（Jameson，1991：15）。到20世纪初，人们已经观察到其影响：科学的来临让人们从现实中寻找一般性规律即真理，科学成为技术的俘虏。尤其是某位后现代主义者，他发现某种恶性循环：认知者受到已有的官方"真理"的影响，结果，他继而又为强化着官方所说的现实（Foucault）的那些学科所吸引。在极端的情况下，我们所看到的东西显示着一种并不存在的现实：比如，证券市场的数字。

最后，后现代主义者对政治意识形态和群众运动感到失望。他们转向小规模政治。他们这样做的基础绝不是从启蒙运动传承而来的对权力政治的认知假定。尤其是，人们指出政治领域的代表制度摧毁了理性，并告诫希望参与政治的人不要沉湎于权力（Foucault；Deleuze and Gauttari）。

本书的其他章节进一步分析了此表。现在我们说明如何使用后现代主义分析的方法。它看到了哪些现代主义分析没有看到的东西？

1.6 实例：后现代主义遭遇污水排放

如果变换航线图，我们就能够以不同的方式前进。我们可以更清楚我们来自何方，向何处去。后现代主义的航线图把我们引向海洋深处，从而打开了新的通道。后现代主义探究的问题是：现代社会科学在多大程度上摆脱了现代性思维种种假定的束缚？现代性能够进行自我批判吗？

16 这使我想起了一位顾问，西南部某个城市的市政经理要他调查一下该城的污水清理厂为什么经常出问题。污水清理厂超负荷运行，一遇大雨经常泛滥。这位顾问到了厂子，人们缄口不言。最后，一名工人显然觉得他们会因为厂子的问题而遭到指责，他说，"我们为什么要跟你说"，那位顾问说，"因为我不会卖了你们"（匿名，私人通信）。

我们不会把婴儿扔掉的。我们不会为了程序而舍弃实质的东西。后现代主义的分析并不局限于找到某个事件的人为原因；它研究的是人是如何陷入这种局面的。

对于使用这个方法的顾问来说，对事物刨根问底意味着搞清它的来龙去脉。你不会只找最直接的原因或者只做一方面的分析。你怀疑客户和办事员被耍弄了：沉默是否是与世隔绝造成的？被迫在一个不可能的局面里工作，再装作一切都是可能的样子去谈论工作，这是否是一种摧残？（see Lyotard，1988：11）

公民和纳税人或许与这场骗局有关？应该质疑只有一种真实情况的假定。还应该质疑这样的假定：凡是存在的就是真实的，即只有一个真理，一个没有未来的现在。

也许，这个问题不应该从权力的角度而应该从机会的角度来认识？

假如这里讲的话语并不直接涉及某种机遇的话，是什么使他们不去顺应自然，也就是说我使用的词语在你身上引起共鸣，我没有说完你便明白了呢？顾问与工人的这次遭遇可以提供一个机会，让他重新思考清理污水的需求的来龙去脉。那位顾问必须顺藤摸瓜。但是，即使打扫干净了清污池，也未必能找到问题的根源。

到这里我们谈论的是后现代主义分析的腔调。现代主义的分析探讨的是这是什么；后现代主义的分析探讨的是，究竟是什么使我们不能换一种方法来想象事务。

按照现代主义的方式，如果要想把事情做成，那位顾问必须做一个对所有各方都坦诚的中间人，同时必须搞清楚事物核心的真实面貌。按照后现代主义的方式，如果要想把事情做成，那位顾问必须搞清楚现代主义的工具如现代主义概念、现代科学、现代理论现在在哪些方面行不通。

真理是这两种分析都要探究的问题。不过，现代主义的分析寻求的是普遍真
17 理，后现代主义的分析寻求的是出现在具体情形中的小道理。那位顾问必须搞清楚这些小道理是如何形成的，这就是从宏叙事转向小叙事。

那位顾问从一个部门转到另一个部门，与此同时，他在一处听到的故事为了了解另一处的情况创造了条件。他寻找的真理并不遵守某种标准，而是从被掩盖起来的东西里面寻找能够被发现的东西。相反，他会明白，他对工人们工作的总体了解最终必须服从本部门对此的解释（see Derrida）。

按照后现代主义的分析，市政经理得到忠告，他应该抑制运用权力迫使别人按照他的意愿办事的倾向。不仅工厂的小道理会被掩盖，而且还会造成无法用语言表达的代价。

那么，工人们为什么要在权力面前开口说话呢？有一个婴儿，他们绝不能扔掉它。但这并不是关于厂子的真理，甚至不是一个小道理。他们必须保护的，是自己在两难境地中发表意见的能力。这个两难境地指的是，如果发表意见，就等于接受对你知道的事情的责任，如果不发表意见，可能被管理层视为同样有问题。不管怎样做，都会强化管理者对工人图谋不轨的怀疑。

发表意见需要勇气。但是，正是因为能够说话，使我们成为真正的人。这正是在工作中不能舍弃的婴儿。当然，当小道理遭遇政治权力的时候，考验就来了。但即便是权力，对于后现代主义来说也是一把双刃剑：权力取决于反抗的情况（see Foucault）。当权力压制言论时，工人们可能不把会正在发生的情况告诉管理层，也就无须反抗，这个结果比工人们因为反抗而参与了要更糟。

后现代主义的分析质疑认识事物的传统方法；那位顾问以及我们其他的人都必须努力以非传统的方式来思维和说话。我们生活在我们现在所说的话当中，我们在其中有了活力。在我告诉你做什么的时候，我不是向你发送信息，我是在敞开一个世界，在这个世界里，你和我的存在，仅仅是因为我们能够说应该说的话：别不管那个婴儿！

同样，当争执的一方必须用另一方的方式来讲话的时候，他的需要不仅得不到满足（see Lacan），而且还会成为受害者而不是合作伙伴（see Lyotard）。

总之，后现代主义的分析提出的问题是，即使当选择似乎在互相排斥的时候，是否还存在着使未来仍然有可能性的条件：请不要退回这个婴儿。

1.7 危险 [18]

官僚社会颂扬这样的理性，它能够对可计算的东西进行测量、计算和聚合。我们不都相信凡是真实的东西都是可以测量的吗？官僚机构挥舞着这把工具——一手挥舞着理性，另一只手挥舞着科学——粗暴地践踏着经验、情感、信仰、信念、目标、意义、感觉、判断、思考和反抗。但是，如果没有这些，如果不了解所有这些是如何在人的生命中连接在一起的，就不可能看清真相，不可能相信我们认知的方式，不可能判断我们必须做什么（Socrates）。

人类的这些任务不会受益于仅仅将问题解剖开来进行分析的理性。仅仅将问题解剖开来的分析者最终会把我们也肢解掉。

1.8　善与恶的政治

仅仅有理性并不是可靠的伴侣。如果听任理性决定我们的生活方式，它就会禁锢和扭曲我们人类的可能性。那些明白这个道理的人勇敢地指出了后果：理性会堕落为行政上的邪恶（Adams and Balfour，1998）。他们会被指责走得太远。其实他们走的还不够远。

奥希维兹不是反常现象。

问题在于我们能否在所有的选择变成邪恶之间的选择之前阻止这种堕落：比如选择拒绝给某个囚犯一棵圆白菜而使他挨饿，还是给他圆白菜却造成他因拉痢疾而身亡（see Borowski，1976）。

每一天，在每一个细小和貌似微不足道的方面，我们都在做这种邪恶的事情。一旦我们当中的任何人掌握些微权力，就可能对其他人做这样那样令人无法启齿的卑鄙的事情。这可能会以两难的形式出现：要想前进，你需要 X 表格；但是我们只有在你前进了以后才会给你 X 表格。要想在汽车产业里工作，你就需要一张工会卡；但是要想得到工会卡，你必须在汽车产业里工作。这样的行为得到整个机构和全部现代性的逻辑的支持时，便会产生不可抗拒的力量。

然而，仍然会有我们能够区分善与恶的地方。在那里，我们明白什么是正确的，我们只是在算计了个人得失之后不去做而已。在那里，正确的东西就是那些维护和增加人的潜能的东西，恶的东西是那些阻碍那种潜能的东西。

19　官僚机构的理性每天造成的伤害并非微不足道。在官僚社会里，我们每个人手中都掌握着许多其他人的命运。代价是昂贵的。

在国家层面上，一位参议员呼吁提供"最好的保安"，他触及的是秩序与自由之间的得失："这个国家从未出现过警察国家，我不知道，我希望永远不会出现警察国家"（Shelby，2002：A 14）。

是谁或者是什么促使他做出选择？以警察国家来应对恐怖主义不仅仅是一种失策，而且是对人类的践踏。吃或者不吃圆白菜，人类都不得不死亡。我们曾经走过那条道路。一位研究美国总统的学者所说的话抓住了我们黑暗的内心深处的源头，他在同样黑暗的日子里说出了下面这句名言："为了民主，我们可以做出任何牺牲，尤其是暂时牺牲民主"（Rossiter，1963［1948］：314）。

2002 年 9 月 13 日，另一位美国参议员对着空荡荡（只有多数党党督一人在场）的参议院大厅，就美国的开国元勋发表了以下讲话："他们在起草保护普通百姓免受暴政压迫的宪法"。他在讲话中要求参议院先讨论国土安全问题再批准某位总统助手的任命，并提起他的前辈参议员的精神，他说，他的前辈们是不会对"套在他们脖子上的这种绞索袖手旁观的"（西弗吉尼亚州民主党参议员哈里·伯德，C-Span 2）。

包括司法部门在内的官僚机构并非民主可靠的守护人。在秩序的力量面前"暂时"牺牲自由永远不会是暂时的。如果像马克斯·韦伯所说，"在现代国家里，真正的统治者必定而且必然是官僚机构"，是他在隐藏什么？还是我们漏掉了什么？（see Weber，1968a［1918］：1393）

对官僚机构的批评为的是政治自由和未来人类的可能性。本书正是从政治的角度，再次提出自己可以成为一本使用手册，去帮助人们了解并让人们警惕使人沦为纸张、计算机字节或者金融战略的牺牲品的统治。当然，只有当人们认可它、使它如此的时候，这本书才会有它的实用性。

请记住那个婴儿！

第 2 章

官僚机构是社会：社会性的缺失

20 　　官僚机构是把社会行为转变为符合理性的组织行为的一
种手段……是控制官僚机器的人最好的权力工具。

——马克斯·韦伯

系统应该改善自己的表现，对系统进行完全控制不符合
矛盾法则；事实上会降低本应提高的表现水平。

——让-弗朗索瓦·利奥塔

信息吞噬了自身的内容，吞噬了交流与社会性。

——让·鲍德里亚

　　官僚机构取代了社会。在官僚机构里，我们的全部关系失去
了人情味。在社会里，一切关系都是有人情味的。我的女儿凯特
出生的时候，我们举行了欢迎她诞生的仪式。在研究生院教我的
教授担任主角。"你好！"他用低沉的声音对她说道。她立刻哭开
了。"我们向你问好呢，"他接着说道，声音压过了哭声，"我们
今天欢迎你"，等等。

　　我们如何看待别人、别人如何看待我们，界定着我们。这样
的行为不仅界定我们是谁（婴儿、父亲、教授），而且界定了我
们的存在。

　　社会——我们的社会关系——回答了人类提出的"我是谁"
的问题。不过，这里面包含着一个极为人性化的问题："我存在
21 吗？"我们的父母、朋友和邻居们回答：是的。一个陌生人可能
回答说，你对于我来说什么都不是。但即便如此，这也证实了你

是存在的，也就是说他"对于我来说什么都不是"。只有当我们被他人彻底忽视的时候——就像在"我们不认识他"这句话中所说的那样——才会感到全然不知所措。我们知道，有的人会因为自己的存在被别人否认而自杀。

社会确定我们相对于他们是谁，从而承认着我们的存在。有人地位在我们之上，有人在我们之下，有人与我们相同，正是这些证实了我们在世界上有一席之地。对于父母而言你是子女，对于你而言他们是父母。男孩对于女孩是男性。只有在有人能够称为上流社会或者工人阶级的时候，中产阶级店主才有社会地位。不过我们也有机会做出反应：你不是我的孩子；我要做变性手术；我父亲属于上流社会，因此我也是；如此这般。

相比之下，我们在现代工厂或官僚机构里的关系是指派给我们的。问题已经不是我们（相对他人）是谁，而是我们（相对工作）是什么。直到现代，工作才完全控制了人。工作组织取代了社会组织。这有什么可大惊小怪的吗？

现代工作组织塑造着作为人的所有方面，首先是选择我们与谁为伍的自由。"社会"（society）一词源自拉丁文中的"结交"（socius）一词，社会是我们与之交往的对象。"组织"一词可以追溯到希腊语中的 ergon 和 energy，组织选择和控制我们在工作中与谁相遇、结交谁、依靠谁。工厂或办公室的工作关系取代了我们的社会关系中的朋友和所有的亲属关系。官僚机构作为现代组织的基本类型取代了社会。

我们是谁、在工作当中遇到谁，这取决于坐在办公桌（bureau）后面、行使着办公室权力（希腊语：kratos）的某位不知姓名的人，这就是官僚机构：bureau-cracy。我们自然对这种官僚经历感到厌恶。作为人，我们能够建立和维护自己的社会关系。这些关系现在失去了其重要性。相对于工厂或办公室，社会本身失去了重要性。

现代主义批评者说，组织的支配统治过分了，社会性失去了价值，人们注重的是能够应付工作，这实际上减少了现在组织做出效绩的可能。

后现代主义批评者认为，社会性和社会的概念都已经不再适用。社会性本身被组织构建的我们相对于工作的关系掩盖。

人性丧失了什么？我们如何看待在官僚化的社会里获得的勇敢的新天地？新的 *22* 社会和组织现实是什么？

官僚机构取代了社会。它对我们这些与其他人相联系并且在工作中与其他人合作的人有什么影响？我们首先看看人们实际上做些什么。

2.1　人们如何行动

我们相互之间的关系界定着社会。我们在官僚机构里对待他人的态度为何与在社会当中不同？官僚机构如何改变社会关系？现代主义者提出了以上这些问题。后现代主义者的问题是什么？

以下部分的两个小节讨论这种差异。批评现代性的现代主义者（他们致力于现代的经验）和后现代主义者（他们质疑那种经验得出的假设）都对人类社会的方向产生了疑问。前者看到的是现代性的反常现象，后者看到的是现代性的终结和后现代性的崛起。

官僚机构中的员工

想象你在一个盒子里。操作手册告诉你如何使用不同的撬杆来操作连接在盒子上的工具，再用这些工具来对盒子外面的物体做工。通过盒子的玻璃底部，你可以看见那些物体，你也可以看到从其他盒子那儿伸出来的工具，这些工具也在你做工的物体上做工。你假定其他盒子里有像你一样的人。你不时地想跟他们说，要他们拿开工具别碍你的事，或者和你一道抓住某个物体。然而，你无法这样做，因为你们都在盒子里面。

好消息是，如果先征得在你上面的盒子里的人的允许，你可以和其他盒子里的人发生联系。你可以看到这个人，因为你的盒子的顶是玻璃的。你通过一个传声筒与他联系。坏消息是，只有当他决定打开下阀门时，上阀门才能打开，然后才能传达命令。总之，这些盒子的系统已经设定好，于是你可以做分派给你的工作。不过，人们对命令或者对工作的描述没有多少质疑，与同事也没有联系。

23　　祝贺你！你正在官僚机构里工作。从你的盒子和在你旁边做工的盒子，你会辨认出官僚机构如此典型的分工。你会看到层级结构：略高于你的盒子掌握向你发号施令的单向渠道，控制着你是否和如何与其他人的工作发生联系。

那位开辟官僚机构研究的社会学家说的正是这个意思："官僚机构是把社会行为转变为符合理性的组织行为的手段"（Weber，1968a：987）。官僚机构的主导形象是组织图。组织图把人放入工作的盒子里，盒子的设计使之成为实现所有盒子整体目标的完全符合逻辑的手段，这就是组织。组织看上去是这样的：

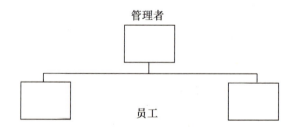

官僚机构的有利条件和失败之处均源自同一份蓝图。工人们干分派给他们的活，他们很快想出比工作手册更合乎情理的方法来与工作发生联系。[1] 在工作上发生联系的工人在集中做同一项工作，因此，他们很快便对协调使用工具的可能性做出反应，以便从自己的观察中搞清物体的反应。总之，他们与工作的自然联系鼓励他们把层级结构的形状颠倒过来：

----

① 在有关语言和思想的章节中讨论此种情况给现代组织造成的特殊问题。

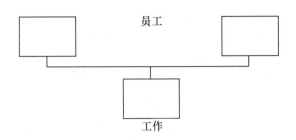

　　这种冲突代表了官僚机构的社会关系中最主要的紧张状况。这是官僚机构与社会之间的冲突。如果这种推翻原有结构的做法成功的话，组织便解体或被摧毁。但如果组织能够阻止人们以自己的方式与工作和其他人发生联系的话，用韦伯的话说，它将变成无与伦比的控制工具。　24

　　与官僚机构相关的社会关系——客户与官僚机构之间、公民与官僚之间、官僚机构的管理者与办事员之间、最重要的是工人与他们的工作之间——所有的不正常状态，都源自人类建立社会的冲动的最初涌动。

公民对官僚机构

　　普通人每天都体验着官僚社会上下颠倒的本质。① 他们感受到官僚机构普通办事员与他们打交道时的冷漠和毫无人情味。当然，他们以为其他老百姓也是如此，他们没有意识到，与他们打交道的是禁闭在工作的盒子里的办事员。公民们希望得到公民的待遇，但是，工作要求办事员把他们当作工作的客体对象。有这么一个普通人走进纽约市车辆管理局的大门，此人是一位骄傲的有车族，是个有资产的人，因为他可以拥有一辆汽车，他是有些自负的人，因为他刚刚驱车穿过交通拥堵的街道，换言之，这是一个有层次、有地位、有独特个性的人。一进门，别人就要他排队，按照这样填表格，然后表格填的方式不对被打回，要他重新排队再等一个小时左右，回答办公桌后面那位工作人员的问题，被支去排另外一条队，等等。

> 　　他们让我感觉像个小孩，像是我没有头脑一样，一切毫无意义。先排一条队，再排一条队，然后他们打发我回保险代理那里去取我应该随身带着的 F—1 表格。我告诉他们，我是请了一天假专门来办汽车牌照的，不能再请了。他们把汽车牌照给我，然后我把表格邮寄给他们不行吗？他们说不行！规定是这样这样的……又是一天泡汤了。
>
> 　　　　　　　　　　　　　　　——作者在某个车辆管理局外采访的人

　　"他们让我感觉像个小孩……"这个客户犯了第一个并且是非常普遍的对官僚　25机构的理解错误。事实上，他在官僚的眼中连一个孩子都不如。他变成了一桩"案

---

　　① 和在全书中一样，社会与官僚机构之间的每一个差异都首先从体验的角度进行探讨。在专家评述之后，提出关于官僚社会的理论，而专家的研究成果则是理论的基础。

子"。官僚没有时间也不允许涉及客户的私人问题。从官僚的角度，他们越是把客户非人化，变成一个没有特性的事物，处理手中的案子就越容易和顺利。

这时，客户犯了第二个理解错误。在刚刚离开的那个世界里，在官僚机构大门外的那个世界里，生活的许多领域里绝对需要考虑你与之打交道的人的特殊个性。友谊和推销能力就在其中。你去向朋友求助，他以人性化的、亲密的方式给予你帮助，这完全是因为你是特殊的，因为你是你，是朋友。如果你在挨门挨户推销，无论是推销化妆品还是人寿保险，你最好考虑到你的推销对象特殊的心态。如果你了解到某位妇女的配偶刚刚给她定了很紧的开销预算，或者你推销人寿保险的对象就在当天有亲人过世了，那结果可能就会不同。

官僚与工作

提供公共服务的方式多种多样。救世军提供公共服务。你所在的当地教区的居民集资在圣诞节接济穷人。社交界妇女举办慈善募捐舞会。你向衣衫褴褛、站在街角伸手乞讨的人施舍。这些施舍的方式当中究竟哪一种算是官僚机构的方式有待考察。最后两个例子有可能与官僚机构无关。

官僚机构是从许多方式当中挑选出的一种特别的提供公共服务的策略。韦伯指出，官僚机构的主要特征是提供服务的特殊组织策略，它的特点是"符合理性的组织行为"而不是"社会行为"。实际上，它把社会行为转变为符合理性的组织行为。

新加入官僚机构、希望保持这份工作的人和去官僚机构、希望得到服务的同时保持头脑清醒的客户，最好弄清楚社会和官僚机构内在的行为规范之间的差异，即"社会行为"与"符合理性的组织行为"之间的冲突。

26　即便对有经验的官僚来说，如果不这样，就会永远陷入迷茫。一位天主教会慈善机构的社会工作者讲述了她如何试图使社会服务机构调查情况的人员对她的服务对象给予个性化关注：

> 在与服务对象打交道的过程中，我们最终必须把某些人送到福利机构、社会保险局和教育局去，他们会跟社会服务机构调查情况的人员见面。
>
> 然而，没有人对你有什么问题感兴趣。调查情况的人员像你在申请银行信托借贷时那样对你进行审查。
>
> 最终，你对那些无聊的问题感到非常厌倦，于是问道，你们难道就这么不通人性，都不会把客户当成人来对待吗？接着，这些具有敬业精神的调查情况的人员便会告诉你工作手册不允许这样之类的蠢话。
>
> 如果你仍然按照这个思路来询问调查情况的人员——或者用他们的话说，就是对调查情况的人员进行骚扰——他们就会读福利部门的规章制度给你听。
>
> 所有这些使你不停地排队，跟他们总也没有关系……

正如人们所说，官僚机构是把社会行为转变为符合理性的组织行为的手段。任何一个组织有序的机构都会这样做，他们会扯皮，会完成他们的主要目标而不是你的。

　　　　　　　　　　——天主教会慈善机构不愿透露姓名的接受采访者

　　最终，无法接受官僚服务机构的种种限制的办事员，便会离开或者被迫离开官僚机构。一位前社会工作者讲述了导致她被解雇的种种挫折：

　　　　在两年半的时间里，我在一家照顾不能自理和无人照顾的儿童的私营儿童看护机构做社会工作者。这些孩子都来自纽约市，因此我们的机构由纽约市出资，我们必须遵守纽约市社会服务部儿童福利局的规章制度。

　　　　我的工作是向孩子及其家人提供生活环境调查的服务。目标是为孩子制定长期计划，最好能让他与家人团圆或者找到能长期领养他的家庭。我负责的个案数量稳定，每两周做一次家访。

　　　　我很难适应纽约市和雇用我的机构制定的一些规定。对客户我们总是不允许带任何感情。我的工作不负责决定客户可以领取福利资金的数额。他们几乎都在领取公共资助，显而易见这笔钱不够用。

　　　　我记得自己曾掏钱购买圣诞礼物，好让家长们在与孩子们过节的时候把礼物送给他们。有时，我还给客户带食物，因为他们领取的公共资助显然是不够的。

　　　　我从来没有把这些向我的雇主报告过。

　　　　我们的机构有个规定，家长每隔一个星期天可以来探望孩子。我记得我对此非常不满，因为我觉得这样接触太少。我记得询问过这个决定是怎么做的，我的上司告诉我他也不知道，一直都是这样的。

　　　　我一直觉得，官僚过程在社会工作者与客户之间设立了一道深深的鸿沟。这引起了很多挫折感，因为我猜我感觉到我对这些人是有人情的，但又不能按照我的想法给他们以帮助。有太多的规章制度、太多的表格，它们妨碍了我认为应建立在需要和感情基础之上的良好关系。

　　　　因此，我在那里并没有待太久。

　　　　　　　　　　——G.伊莱恩，时任某个青少年拘留所人事主任
　　　　　　　　　　　　（写给作者的报告，1974 年 5 月）

　　虽然感到困惑、愤恨和强烈的挫折感，天主教会慈善机构的社会工作者和儿童看护所的社会工作者都抓住了官僚机构的主要特征。他们唯一的问题是认为这些主要特征引起了不正常的现象。用他们自己的话来说，这些主要特征是：

　　1. 官僚机构"实现的是自身的而不是你的主要目标"。

　　2. "规章制度和表格"妨碍了"建立在需要和感情基础之上的良好（社会）关系"。

　　为什么会如此？为什么应该如此？

作为案子的"客户"和决策者

28   官僚机构是管理很多人的有效手段，所谓"有效"是按照官僚机构自身标准的有效。全面深入地管理很多人是不可能的。因此，只有那些个人复杂的生活中与正在处理的任务相关的事实才会受到组织的关注。

    为了实现这种简化，现代官僚发明了"案子"。在接办的层面上，人的个性被转变成处理的案子。只有当一个人符合立案条件的时候，才允许处理他的情况。更准确地说，官僚机构的建立从来都不是为了处理或者与人打交道，官僚机构只"办案"。

    什么是案子？案子从来都不是真实的人。案子是从人身上抽取的一系列特点；潜在的客户必须集中表现出这些特点，才会作为服务或控制对象而受到官僚机构的关注。对案子的条件所下的定义，对客户和政策的形成都有广泛的影响。

    比如在 1984 年，一个负责监督纽约市问题重重的财政状况的组织注意到一个奇怪的现象，这时案子的定义变得至关重要：该市的公共救助"待处理案子的数量"在全国和地方经济高增长时期却不断增加。纽约州纽约市特别副总审计长办公室企图对公共救助的这种增长做出解释并对未来趋势做出预测，因此需要构建案子的定义。

    副总审计长办公室对公共救助的定义是，利用两个大项目向当地人提供福利，这两个项目分别为"未成年子女家庭救助"（AFDC）和"家庭住房救济"（HR）计划。AFDC 的定义是"向有未成年子女、由于父母一方死亡、长期离家、丧失就业能力或者失业而无人赡养的家庭提供帮助"。HR 的定义是向"不符合联邦 AFDC 救助规定的穷人，包括有较重残疾或精神疾病的人，缺乏培训或工作经验的失业青年人和收入很低的家庭提供资助"。它还被进一步界定为"向等待'补充性保障收入'项目（Supplemental Security Income）资格审查裁定的人提供临时资助，该项目的资助对象是一些年老、失明或有残疾的人"。

政策分析人员与案子

29   如果不明确什么样的人有资格进入纽约市的"资助名册"，就无法解释或预测该市财政的负担有多大。州副总审计长办公室用这些定义，建立了一个计量经济学模型，以便解释需要处理案子的数量与按照城市生产总值（城市经济实力的一个指数）衡量的城市经济中的变化之间的关系。

    技术工作人员的结论是，繁荣对穷人的任何缓慢影响都是迟滞的。根据以往此类迟滞的模式，工作人员预测出该市的 AFDC 处理案子数量的增长在近期内将放缓或下降，1984 年 5—10 月期间领取救助人数下降了 1 万人——约下降 1%——这一事实已经表明了该趋势。

    即便那些对纽约市能否承受得了公共救助案子数量之多不怎么感兴趣的人，也都可以从中汲取教训。"案子"不仅是某个需要救助的人是否正式进入官僚机构的视野的基本定义，也是一个官僚机构对未来的需求以及整个政治体制在提供政府服务和实施控制时进行计算的基础。等到某个人被允许作为案子纳入官僚机构视野的时候，那个人早已不是作为人而存在了。

人们在社会中的自我认识与客户进入官僚机构时在官僚眼中的正式身份之间存在差距。政策和行政体制的设计，如果以对相同情况的计算为基础，能够满足以差异来界定自我的人口的需求吗？如果这是不可能的，计算便有可能是精确的，甚至从美学角度给人以快感，但是，计算与通过计算发现的现实之间却几乎或者毫无关系，当然，计算中的确包含了人们理解的现实。

员工与管理层：控制与可见度

办事员与客户之间关系的去人性化，与员工与管理层之间关系的去人性化相似。

官僚机构的目标是"理性"行为。可从两方面衡量行为是否理性：第一，行为是否是实现明确目标的理性手段；第二，行为实施的方式能否显示手段与目标之间的逻辑。官僚机构里的行为必须不仅仅是行为，还必须接受控制。如果不受控制，就不是行为。或者说虽然采取了行动，但是官僚机构本身不会正式去关注它。

社会学家塔尔科特·帕森斯（Talcott Parsons）在下定义时提到对逻辑与可见度的双重要求："行为在下列情况下为理性的：追求的是在现有条件下可能实现的目标，行动者采用的是可以获得的方式，方式本身由于可以理解并且可以通过实证科学加以证实的原因而最有利于实现目标"（Parsons，1937：58）。

办事员们难以接受这种双重性。他们都会问，"为什么任何人都可以看到我的工作已经完成了，而我却必须花好几个小时来打报告？"可见度的要求，在本身工作可见度已经很高的公共服务部门管理者看来尤为恼人。纽约市消防局一位消防大队长抱怨：

> 火扑灭了就是扑灭了。是个人都看得见。我们已经完成任务。大家都很满足。
>
> 我愿意与参与的消防队长们重温发生大火时的情况。我认为事后总结是必要的。你可以从中受益。其他人可以看到那些你没有看到但发生了的事情。
>
> 不过还得写报告。上面就会放马后炮，就会死抠规章制度：值班员的衬衣扣子扣了没有？皮鞋擦了没有？扣子都扣了吗？
>
> 假如我的队伍非常优秀，在救火时表现上乘，我会因为掉了扣子跟他们过不去吗？
>
> ——消防队大队长，1977 年

然而，官僚机构是一种控制工具，一种无可比拟的控制工具。控制是此类组织

30

力量的源泉，那些负责控制的人自然会强调下属工作中的可见部分。因此，确定标准操作程序，在观察这些程序的执行情况的基础之上进行评估，是自然和正常的要求。这种强调可见度的结果也是必然的。最终，控制主要是检查是否遵守了程序，而不是看效果如何。

31 能够控制的是工作，这些只是些装着具体工作的箱子。管理层根据从理性角度理解的目标自上而下地界定工作，工作则是办事员们实际做的事情。做这些事情的时候必须与正式报告中的工作描述相似。官僚机构的一个弱点是，在工作和事务之间出现差异时，管理人员往往把正式报告当成实际做了的工作。换言之，由于控制人员（即管理层）管理的可见程序，现代理性行为的首要条件——即行为必须在逻辑上与某种实在的目标或目的相联系——最终被放弃。形式战胜了实质内容。

但是，逻辑既不是人的动机，也不是人的精神。在寻求对执行分派工作的人进行控制的过程中，管理层仍必须与既有动机又有精神的人打交道。然而，控制专一的逻辑依然存在，尤其是当工作人员似乎"失控"的时候。这种逻辑使人们看到这样的场景：简单的机器人等待着适当的刺激去做命令他们做的事情。

343名消防队员在世贸中心献身之后，一位咨询顾问的报告以批评的口吻指出必须加强训练、始终服从命令、严格指挥和控制、改善与警察的协调。这些都是控制问题。

正如世界各地所谓态度强硬的咨询顾问会告诉我们的那样，控制比关怀更重要。这不仅忽视了消防队员普遍具备的献身精神，而且反映了官僚机构对待许多公务员的奉献精神的典型态度。消防队员的牺牲对于幸存者造成什么影响？他们当真要我们相信，牺牲的动机仅仅是为了抚恤金或者家庭压力吗？2002年1月至7月26日之间，共有661名各个级别的消防队员申请退休，2001年同期退休人数为274人（Baker，2002）。如果实施那位顾问的建议，会对人产生什么影响？

专家对所有这些问题的观点是什么？

2.2 专家之言

现代主义的批评：韦伯、舒茨、伯杰

加入官僚机构的人抱怨，他们的社会关系现在受到了组织的控制。现代社会理论家们一致认为，这是一种系统性变化。马克斯·韦伯在他的著作《经济与社会》32 中写道，"官僚机构是使社会行为转变为符合理性的组织行为的一种手段"（Weber，1968a：987）。我们与何人共事，这不取决于我们的喜好，而是取决于我们和同事按照逻辑是否能被视为达到某个工作目标的合适工具。

社会性的破裂是真实的。社会行为是真实的。它们对于与之有关的人来说是真实的。它们被做成真实的，因为每一个社会行为的目的都是至少要让另外一个人理解。组织主宰了社会性，这不仅侮辱和损害着社会过程，也侮辱和损害着社会

目的。

　　什么目的？共同谋生的目的。谋生，创造共同的生活世界，包含了工作之外的其他关怀。这种关系中的每个成员都参与了一个社会过程：他赋予他人所做的事情以及自己对他人所采取的行为以意义。如同在工作中一样，这些元素如果缺少了哪一种，人们便会抱怨理性使基本人际关系发生了转型，这些基本人际关系包括爱情、亲情和友情等各种关系。一个陌生人比你的家庭成员或者亲戚更有可能成为你关系密切的同事。他的义务甚至是忠诚，并不是对着你而是对着人事部。"在枝叶繁茂的栗树下，我出卖你，你出卖我。"《勇敢的新世界》一书作者这样写道。

　　后现代主义者看到的是转型之外的东西。他们看到的是社会性的彻底缺失。"语言游戏"取代了承诺与关系。社会关系现在仅仅被看做交谈。其严肃性被"玩弄"语言游戏削弱。不过，后现代主义者在这里也发现了希望。官僚机构的游戏被化解为小的子游戏。人们认为，每场游戏都出自人们对在不同的环境里的经验体会的描述，而不是官僚机构中心说了什么。

　　语言游戏的概念最初的基础是真实体验，也就是它的发明者哲学家路德维希·维特根斯坦所谓的"生命形式"。后现代主义者中有一种忽视这种以现实为基础的趋势，他们关注的是人们所说的东西作为文本的内容，而不是他们做了什么，即背景是什么。

　　这究竟是给我们的分析增加了深度，还是属于一部名为《英语教师的进攻》的电影的内容，有待于在介绍后现代主义批评者的部分里进一步探讨。首先看看对现代性进行批判的现代批评者。

　　最早从马克斯·韦伯开始的现代批评者们指出，官僚机构的长处是剔除了人的因素。社会学家艾尔弗雷德·舒茨分析了真实的人如何经历这种情况（这是所谓现象学的一种研究方法），他明确了代价是什么："他们的关系"取代了社会特有的"我们的关系"。接着，他的学生彼得·L·伯杰提出，这些发展的基础是我们认识世界的方式。他的知识社会学说明官僚化的社会怎样停滞在曾经是社会的创造、维护和再生产的自然周期的中间阶段。

33

　　后现代主义批评他们走的不够远，在对此给予回应之前，看一看韦伯、舒茨和伯杰的批评到底走了多远也许是有用的。

韦伯

　　研究官僚机构最优秀的、目前仍然处于领先地位的专家是马克斯·韦伯，他也为我们界定了官僚机构外部的社会行为，他的定义是当代社会学大部分内容的基础。

　　社会行为。在社会学的理论基础——《经济与社会》一书中，韦伯提出了关于行为和社会行为的定义："只要行动的个人为自己的行为加上主观的意义，无论意义是显性的还是隐性的，是省略的还是默认的，我们便说他有了'行为'。只要其主观意义考虑了他人的行为并且因此在行为的过程中带有方向性的话，行为就是'社会的'行为（Weber，1968a：4）。"韦伯说的意思是什么？他的意思对于区分官僚机构中和社会中的社会行为之间的差异有什么意义？

如果我们从个人的角度理解韦伯，他的意思就清楚了：我在做某件事情并且对我做的事情赋予意义的时候，我便有了行为。比如，我可能在挥舞着斧头劈柴。这一行为本身不过是体力活动，但是如果我挥舞和劈砍的动作加上最后要燃火的动机，就变成了行为。

至此，韦伯关于行为的观点还仅仅是定义性的。他只是告诉我们：我就是这样以完全武断的方式界定"行为"的。但是，他当然有秘而不宣的目的，我们对社会行为的定义进行分析的时候，他的目的便清楚了。

34 社会行为不仅仅是作为行为者的我为之加上个人意义的那种行为，而是我在行为过程中需要考虑他人会如何解读其意义的那种行为。比如，如果我独自在丛林里想生火，我可能见到什么就砍什么。但是，如果乔和我在一起，我不想让他把我的拼命挥舞劈砍误解为对他的攻击，因此，我便有板有眼地砍，一次砍一块木头，希望乔能够从我的小心谨慎和劈砍的方向中明白我赋予我的行为的意义："喂，乔，我在砍这块木头呢，你看见了吗？不是砍你！"我在设计自己的行为时，考虑到了他人可能的反应。于是，我已开始将具有纯个人意义的行为转变为社会行为。这种行为对我自己和至少另外一个人产生意义。

韦伯从这里接着构建"社会关系"。"'社会关系'这个词将被用来表示多个行为者的行为，在具有意义的背景下，每个人的行为都考虑到他人的行为并且以此为目标"（Weber，1968a：26）。比如，现在我们至少有两个行为者——你和我；我们俩行为的方式都是要让对方能够理解这个行为。比如，我现在写这些，意图是想让你们明白其中的意思。你们希望与我建立一种读者与作者的（社会）关系，于是你在读的时候便带着读懂我的意图。我们的行为都考虑了对方，我们便处于一种社会关系中。

现在，让我们想想，官僚们在多大程度上能够与他们的客户发生社会行为或者建立社会关系。要想回答这个问题，我们只需思考：

1. 官僚在多大程度上希望客户理解他们的行为？
2. 官僚在多大程度上希望与客户建立所有的行为都以相互理解为基础的关系？

在我们普通人的生活里，我们把人作为人来对待。我们试图理解他们，并且给他们机会来理解我们。但是，官僚们的立场是什么？他们是否等待与客户建立相互理解的关系？他们会等待吗？事实是，早在此前，官僚机构的机器就必须开动起来。韦伯希望告诉我们所有在官僚机构里工作或者与官僚机构打交道的人，我们因为不能把客户作为人来对待而感到的压力不是偶然的。这不代表官僚机构出了什么

35 问题，这是官僚机构固有的。官僚机构如果真想表现出现代组织效率更高、有能力操纵大众，这些都是至关重要的。官僚机构是行为的理性组织。

我们还需要解释韦伯的另一个术语。符合理性的组织行为是什么？

符合理性的组织行为。韦伯在另一篇论文《论理解的社会学的某些范畴》中明确了符合理性的组织行为的特征。他提出了三个发展阶段。其中，最后一个阶段受控于一种逻辑，即人的关系应尽可能地完全服从于一个更大的目标。在最初的阶段

里，在社团中，"正常的加入形式""应深深地植根于"参与其中并且"在参与中培养人们加入社团"。这就是个人服从社团实践的群体行为（Weber，1913：471）。

在第二个阶段，人们通过越来越有意识并主要为自愿的协议来实现社会安排。于是，现代社会以及日益要求个人为更大的社会目标服务的社会行为诞生了；它成为一个必须研究的问题。这一事实本身反映了日益加强的个性化。社会安排必须对这种个性化加以协调。日益理性化的社会行为往往受控于自愿的契约，不过，这种契约最终可以通过国家和教会等"强制性机构"加以实施（486）。

最后，甚至社会都屈服于理性主义的发展。理性主义认为，意义来自目标明确，我们人类有责任找到实现这些目标的逻辑手段。在社会后面出现的是现代组织，即工厂和官僚机构。我们在这些机构里的行为方式使我们走在现代化的前面，同时这也反映出个人忠诚和个人责任的缺失，取代它们的，是角色扮演中的算计和小心谨慎。"向'机构'过渡是动态的"，韦伯写道。符合理性的组织行为变为"机构授命的行为"（468）。

在西方的人类存在的历史中，符合理性的组织行为主宰着社区和社会之后出现的那个阶段。这些阶段及其主要行为类型如下：

社区　　=以相互理解为基础的群体行为。
社会　　=社会行为，即普遍规则与在规则之内运用理解的决定权相结合。
官僚机构= 符合理性的组织行为，即按照上级指示设计所有行为；决定权缩小。

首先由韦伯概述的、将官僚机构视为一种新型社会关系的观点此后朝着三个方向发展。塔尔科特·帕森斯和实用主义者承认，符合理性的组织行为是人类在 20 世纪中为了生存而使自己适应的大型组织的必要条件（Parsons，1951）。韦伯和卡尔·马克思的继承人尤尔根·哈贝马斯批判了注重人情的真正的社会关系的衰落，他比其他社会学家都更深入地探讨了这种新型人际关系在教育、技术和政治等领域里造成的后果（Habermas，1970）。韦伯的思想在其中发展的是第三个方向，它极大地促进了人们去理解我们与官僚机构打交道的亲身经历。艾尔弗雷德·舒茨的现象社会学探索了这个方向。

舒茨

我们在这里所说的现象学，不过是一种从最基本的方面去理解我们在官僚机构中的生活经历的方法。这种现象学从普通的日常经历入手，挑出偶然的和不重要的事物，最后把任何经历中最基本的东西揭示出来。

韦伯指出，社会行为组成普通社会生活，符合理性的组织行为组成官僚机构生活，而舒茨探讨的则是普通人如何体验这些不同之处。他看到，这种普通的体验把我与你的关系分为两类：一类是我把你和我自己看成是同属一个群体，是"我们"的一部分；另一类是我把你视为异己，是"他们"的一部分。因此，现象学指的是两种重要和不同的人际关系："纯粹的我们的关系"和"他们的关系"。

我们的关系。在纯粹的"我们的关系"中，我与其他意图相似的人建立起我的社会生活。在"他们的关系"中，已经为我和我同时代的人预先构建好了社会世界，我们要做的是了解制度已经分配给他们的重要性和角色。不难看到，"我们的关系"描述的是密友之间的情况，而"他们的关系"描述的是官僚与客户之间的情况，官僚只能按照官僚机构预先界定的条件来思考客户的情况。

37　　我们也可以看到创造性或革命性政治行为与机构化的政治行为之间存在同样的区别。在创造性政治中，至少两个人必须努力去确定各自想要什么或者意图是什么。假如目标或者意图相似，他们便设计共同的社会行为，这种社会行为把他们联系在一起，共同努力去实现那些目标。一旦这个行为有助于实现他们的共同目标，他们可能希望重复这个行为。他们的假设是：我们做了一次，就可以做第二次。但就在此时，官僚化开始了。做第二次的时候，无须重新理解愿望或意图问题，参与者只需辨别这种愿望或意图。如果符合某个政治行为已经实现了的愿望或意图的范畴，他们便只需要说："这样做符合第 1001B 号政治规则，我们按照第 1001B 号政治规则做就行了。"典型的例行公事式的行为取代了富有独创性的行为。官僚机构尤其是它们的组织结构正是这类例行公事，它们变成了不断循环的模式，也就是说，它们成为了制度。

他们的关系。"他们的关系"一般恰恰相反。工作规则中包含的例行公事、陈规戒律和工作方法以及对所有的人一视同仁的要求，主宰着"他们的关系"。很容易便可以看到，官僚与客户之间的关系是一种极端的例子。不是说密切的人际关系毫无用处，而是说这种关系代表的是一种偏差。与客户的生活过于密切的官僚会被认为不可靠或者腐败。

舒茨提出的"他们的关系"的概念与韦伯关于非社会性行为的概念是一致的。如果我们还记得那位在汽车牌照办公室工作、受到办公室规则和客户数量压力的职员，舒茨的概念便能够帮助我们更好地理解那位职员的处境：

　　比如，我无法假定与我同处在"他们的关系"中的对方肯定能理解我所说的话包含的特殊意义，或者我说话的更广泛的背景，除非我给他明确的提示（Schutz, 1967：204）。对于一名受到很大压力的职员来说，我没有足够的时间去揭开把人当作案子对待而使人蒙上的毫无个性特征的外衣。"结果是，我在措辞的过程中无法知道别人懂不懂我说的话"（204）。

38　　两个不同的世界。按照舒茨的观点，"我们的关系"与"他们的关系"这两个世界有着明显的不同。客户在与官僚打交道时处在理想的"他们的关系"中，客户是不能与官僚交往过密的，"除非我决定去拜访他或者给他打电话。不过，如果这样的话，我就脱离了'他们的关系'，开始了面对面的直接联系"（204）。舒茨接着说，

　　在"我们的关系"中，我假定你的环境在各个方面都与我的相同。如果我对此有疑虑，我可以当面问你是否是这个意思，这样便可以检查我的假定是否

正确。而在"他们的关系"中，用这种做法是不可能的（204）。

对办事员与客户关系造成的后果可能是灾难性的。一位申请福利的母亲和她的子女们可能由于子女的数量差一个而不够"立案"的资格，他们会受苦甚至会死亡。一位病人在医院里得不到治疗，这不是因为医学原因，而是因为没有医疗保险卡，所以没有资格入院。

伯杰

失望的客户总是抱怨官僚没有人情味像是机器人。这种看法也常被视为俗人之见而不受重视。然而，作为首屈一指的社会学家和重要思潮的创始人，韦伯和舒茨证实，在大众的看法中包含着一个非常重要的真理。创立了一整套知识社会学的社会学家伯杰也提出类似证据支持这种看法。

伯杰对社会行为向官僚行为的转换有着清醒的认识，他和他的同事们主张，"技术生产"在产业和官僚机构中"带来毫无个性特征的社会关系"：

> 事实上，在官僚机构过程中相互作用的不是具体的个人而是抽象的范畴。官僚关心的不是站在他面前有血有肉的人而是他的"档案"。于是，官僚机构变成了一个独立存在的"移动中的纸张"的世界，至少在原则上如此（Berger，Berger，and Kellner，1974）。

构建社会。这种对社会与官僚机构之间的差异的理解，根源于伯杰和与伯杰同为舒茨门生的托马斯·勒克曼（Luckman）更早的一部合著。这部著作描述了社会 39 最初是如何建立的。书中写道：

> 人类创造了社会。人们开始这个过程时各自表达自己的需要、愿望或者对社会的设想，他们面对面地与其他人交往，与其他人一起构建社会世界。这种表达自身意图的第一阶段被称为外在化（externalization）。这个从简单的社会关系开始、以机构的建立告终的构建社会世界的过程被称为客观化（objectification），从中产生的结果——即我在我之外遇到的社会现实的构建——被称为客体（objectivations）。这些客观事物是存在的现实中的一部分，当人们遇到它们，就会把它们当作未来行为的准则。也就是说，人们将社会现实中的模式内在化，并且按照模式中明确的和含蓄的标准行事。构建社会世界并在其中生活是一个事物的两个方面，在这个社会世界中生活即所谓的内在化①。用作者们的话来说，"社会是人的产物。社会是客观现实。人是社会的产物"（Berger and Luckman，1967：465-466）。

在此，社会构建的三个阶段被视为完全正常和合法的。人们自然需要外在化，

---

① 伯杰和勒克曼在外在化、客观事物和内在化这三个方面融合了韦伯、马克思和涂尔干的社会学思想。

自然需要表达自己对世界的设计，并且用这些设计去影响世界。人也需要外部物体，无论是人还是无生命的物体，并把它们组合成模式：每当早上起床想去上班的时候，并不需要重新构建纽约市的地铁系统。人具有学习客观世界中模式的自然倾向，也就是说使它们内在化。

理解官僚机构涉及这样一个问题，外在化涉及的社会生活中的创造性活动，与个人由于必须把现存社会结构作为日常行为的指南和背景而不得不从事的被动行为之间有一道鸿沟。

伯杰指出，最初面对面的接触是所有社会关系形式的基础。在他看来，面对面的关系是社会生活的基础。"与他人的最重要的经历"正是在这种情形下发生的。按照哈贝马斯的观点：

40　　　　在面对面的场景中，对方在我们共享的活灵活现的现实中展现在我面前。我在将我展现给他的同样生动的现实当中认识了他……我看见他微笑，然后因为我皱眉头而收住笑，接着看到我笑，他又笑起来，等等。我的每一个表情都是针对他的，而他的又是针对我的，我们两人同时经历着这种不断交换互动的表达行为……

　　　　在面对面的情形下，对方是完全真实的……只有在我面对面地与他交往的时候，他才成为那种真正意义上的真实（Berger and Luckman，1967：29）。

这里，伯杰使用了和韦伯、舒茨几乎相同的语言来描述社会中最重要的互动，他已向我们展示了在官僚机构中几乎看不到的情形。官僚机构中缺少的，正是这种面对面关系的充实，而且它的缺少完全是人为的！

使社会官僚化。然而，伯杰所做的不只是描述社会的创造性阶段与外在化阶段之间的差异，而我们也许已经开始把后者作为一种客体与官僚机构相联系。他说明了官僚机构怎样以及为什么是社会的自然产物。这又有助于我们理解为什么官僚机构的非人特征会作为人的纯自然倾向的逻辑拓展而不是作为纯粹的偶然和错误而存在。

这里，官僚机构是一种客体。在极端的情况下，官僚机构是物化（reification）的一个例子。在这个过程中，人忘记了自己的潜能和自己作为创造者的过去。他们对待社会机构，仿佛这些机构有着高于和超越人的控制的独立的生命似的。

此时，外在化是一个过程，人的主观意识在这个过程中制造出某些产品。这些产品体现着外在化，成为我们与他人共享的世界中可以利用的东西。客体是超越外在化的阶段。虽然外在化对于社会和人类的生存是绝对必要的，但物化则是一个制造者和产品之间的联系被斩断的过程。人制造出来的世界现在被他们视为一个怪异的现实。物化是一种无意识的现象。经历物化的过程中，意识会逐渐减少，直至人忘记他已经创造了自己的世界。最终，意识消失了，以致"人与他的世界之间的真实关系被

41　有意识地颠倒了。人类创造了世界，却被看做世界的产物，人的活动被看做非人类过程的附带现象"（Schutz，1967：205）。于是，学生变成大学的"产品"，工人变成管理的"工具"，在机构中扮演角色的人变成在系统中起作用的子系统——办事员。

这些例子说明，社会和官僚机构作为外在化和物化的范例，是截然对立的两极，同时也说明，关于官僚机构是社会关系之外的某种事物的说法是官僚机构所固有的。换言之，只要官僚机构能够压制意识，引导客户把它们视为物化，使他们认为如果没有物化的官僚机构存在，生活将是不可思议的、"不自然的"，那么，官僚机构将长久存在下去。

伯杰的分析表明，人的基本关系被非人化的关系取代，这是官僚机构自身存在的条件。因此，如果进行尝试的是官僚机构本身的话，试图将官僚机构与社会之间的关系"人性化"的所有尝试都应该被视为是自杀性的或装点门面的。而如果尝试来自社会，那便是宣战。

后现代主义的批评：鲍德里亚、利奥塔

对官僚机构的生活进行批评的现代主义者都表现出对社会的创造和维护的关切，而所有的后现代主义的批评者们的目标，则是揭示即便在腐朽中也存在着再生的机遇。多数人关注新的知识——还有新的社会结构——是如何在现代夭折的。他们认为问题出在当代西方思维方式固有的影响上。他们认为，这种思维方式阻碍着创造和管理社会的新思想成为主导思想。后现代主义批评本身的焦点是根据社会衰退和社会支离破碎的种种证据来预测新兴的社会安排。

一切都可以从社会核心价值观中获得意义或者发现意义，人们认为这些社会价值观解体了。建立新的共识的努力付之东流。正如让·弗朗索瓦·鲍德里亚所说，在"语言游戏"盛行的时代，这种共识是不可能的。共识掩盖了认知的真实目的，即发现而不是随声附和。

后现代主义者从三个方面认识社会性的变化：社会在继续，但官僚机构使之转型（Lyotard：system），变成随机的布朗运动（Baudrillard），或者转换为纯权力的关系——也就是说，社会变为纯粹的权力关系。

美国人也许会问，后两种可能性是否代表某种变革：所有的社会关系不是都被视为交换关系了吗？按照托马斯·霍布斯（Thomas Hobbes）"政治人"的观点，我们不是总对那些把我们的生活变得孤独、凶险、残忍和短暂的人心存恐惧吗？根据这种观点，社会性堕落为政治，而这并不是我们所谓的后现代主义。把我们自己看作利奥塔批评鲍德里亚时所说的某种随机运动中的芸芸众生也并非荒唐。

我对这种美国背景提出警告。其他国家的社会批评家们往往把一些不切实际的想法加在美国身上，说什么"不过美国……"如何如何。这就使他们脱离了身处其中的现实，却不一定让他们了解美国的现实。

美国背景下的社会

关于美国的社会问题只有两种观点，一种是政治理论家 H·马克·罗洛夫斯（H. Mark Roelofs）的观点，另一种是所有其他人的观点。罗洛夫斯认为，美国缺乏社会性、社会或者社会运动的概念。此种批评也许会使美国人感到难受。其实则

不然。美国人珍视自己的个人主义。

　　不过，对于后现代主义者尤其如果是法国后现代主义者问题就来了。像包括英国人在内的所有欧洲人一样，法国人有很强的社会性的观念。失去社会性，在他们看来不可思议。团队精神（Esprit de corps）会怎样？卢梭（Rousseau）的社会契约会怎样？友爱会怎样？同样，英国人根深蒂固的社会地位偏见、伯克的政治传统和阶级制度会怎样？在德国，人们（至少在男生中间）在小学就形成的对友情（Freundschaft）的终身承诺会怎样？根据法律建立的、可以进行合理阐释的组织（Gesellschaft）规则具有约束力的本质会怎样？仍然令人向往的、自然形成的社团（Gemeinschaft）会怎样？

　　忽视欧洲与美国之间的这种差异，有可能导致非常错误的假设。比如，一位法国的后现代主义者觉得美国缺乏社会性观念。他会不会做出推论说"美国是最发达的现代国家。随着我们进入后现代时期，我们发现美国缺乏社会性。因此，美国必定已经沿着后现代的道路走得相当远了"呢？如果这样他便错了（见鲍德里亚关于超市"尤其在美国"的发展情况的介绍，Baudrillard，1994：77）。

43　　正如罗洛夫斯在纽约大学讲课中所说，美国不仅没有社会性的概念，而且"美国是世界上唯一没有研究过马克思的 19 世纪国家[①]"。这使我们基本上还没沾上后现代主义的边。

　　美国盛行个人主义。他们如何看待阶级、地位、性别和民族性呢？别人怎么看待我？我是靠个人奋斗成功的。别人算老几！结果形成了一种政治气候，在这种气候中所有的人都卷入相互争斗、难以休止的战争，这是以其他方式进行的自然界的战争。对主权在民的思考表现出社会的轻率。其原因在于人们既无法恢复有社会性的过去，也体会不到未来社会性和机遇的缺失："这些缺失的概念主要涉及社会结构和社会运动……由于缺少社会结构和社会变革的概念，我们无法在政治想象中树立革命的概念，哪怕是用和平手段实现的革命"（Roelofs，1976：240，241）。

　　如果我们对这些警示进行思考，就需要对社会性进行认真分析。我们必须记住以下这个问题：有人认为，在社会解体的进程中，现代官僚机构正在自食其果，那么美国激进的个人主义会对以上观点产生什么影响呢？处在社会孤立状态中的美国人能否想象到这些对现在的影射或对未来命运的警示？这里，我们需要对几位后现代主义者逐一进行分析。

　　后现代主义者应对现代问题时，并不给出新的答案，而是提出新问题。于是，比如鲍德里亚和利奥塔就勾画了后现代社会生活的新图像。在这幅图像里，正如后期现代主义现在被视为后现代主义一样，问题发生了变化。对于始终站在现代性最前列的官僚机构而言，问题变成了：在后现代时期，现代组织（即官僚机构）的功能是什么？

鲍德里亚

让我们来想想自己是谁。我们是不是越来越多地以我们吃什么、喝什么、穿什

---

① 原文如此。——译者注

么、看什么、听什么、吃什么药、到何处旅行，简单地说就是以我们消费什么，而不是在工作中的角色，来说明自己是谁？

鲍德里亚这位重要的后现代主义者注意到，近来需求（或者说欲望）的生产使现代性对于商品生产的执著黯然失色。生产者的社会越来越缺少产品的市场（或者说产能过剩），于是我们变成了消费社会。我们的需求变成了有价之物，变成可以出售的东西。我们自己变成了可以在市场上进行交易的物体，也就是马克思所谓的商品。我们的需求越多，可以转变的东西就越多，我们的市场价值也就越高。

消费需求的生产不仅模仿着从前所谓的真正的需求，而且制度做出的回应是生产出"拟仿物"（simulacra）。什么是"拟仿物"？

还记得你最后一次在街上碰到乞丐的情景吧。你可以说身上分文未带，这叫做掩饰。你也可以给那个乞丐一张刚在复印机上复印的一美元钞票，对他说，"拿着这一美元。祝福你，朋友"。这两种做法哪种的伤害更大？你有某个东西的时候却说你没有，这是掩饰。但是，当你什么都没有的时候却说你有……这就是制造了某种"拟仿物"。假如整个世界都变成拟仿物的产物怎么办？正如马丁·海德格尔所说，即便是谎言仍然会涉及某个真理，拟仿物不涉及任何东西，但却受到重视。它们越是被重视，涉及的东西就越少（这应该使人想起 2002 年股票市场上的网络公司泡沫或者安然公司）。

拟仿物的制造开拓了新的市场。比如，有人造出一种新的疾病——办法很简单，就是把一些已有的疾病重新排列，组成一种"新的"综合病症，最好是症状模糊的新综合征。接着，这便为制药公司的产品创造了新的、不明确的需求。这位制造者堪称制造消费的英雄。

国家官僚机构在这种转化中起着什么作用？韦伯把国家描绘成通过合法手段建立的、在特定地域行使强力的专权机构，这绝不是偶然的。但他的目的何在？国家——政府和行政当局——在消费社会里是否会扮演同样的强制执行者的角色？正如在现代社会里人被迫获得自由一样，我们将被迫不断制造和展现新的需求，这样有什么意义吗？[①]鲍德里亚再次建议我们重新审视我们的处境。

我们上"超市"去。超市界定着我们在新的超级社会里是谁和做些什么。

> 物质商品不再是商品：它们甚至不再是人们可以译解和利用其意义和信息的符号，它们成了测试，成了询问我们的人，我们被召去接受询问，答案则包含在问题中（Baudrillard，1994：75）。

鲍德里亚认为这一切都是晚期资本主义的影响。资本主义从一开始便将所有的物和人都变成商品。劳动和物品一样可以对等地买卖并且最终被消费。"整个世界

---

　　① 在本书中，按照哲学讨论的传统，凡是提到智人便使用"人"（man）这个词；在介绍德国哲学家的时候更为必要，因为德语中"人"是一种通称，同时指男性和女性。

仍然在制造，工作不断地、微妙地变成另一种东西，变成了需求（正如马克思理想化地设想的那样，但他设想的东西并不是在同一个意义上），变成了像闲暇那样的、并且在日常生活中与之对等的社会'需求'的对象"（26）。

　　现在，一个铁的法则被打破了，更确切地说，这个铁的法则被大大超越了。我们看到商品崇拜按照逻辑延伸到一切事物。我们现在把盲目崇拜的对象当作比现实还要真实的东西。这便引起了若干有讽刺意味的结果：

　　● 资本主义从前应对的是被认为真实的事物。而当资本主义必须应付种种阻碍（由于商品化而无视事物对人类的用途），事物被（从人类生活中）抽象化，（与其他事物）脱节，和去疆域化（或失去根基）的时候，这种关联便丧失了。

　　● 现在，就连资本主义都遇到了自身的局限性：它把所有的事物都当作潜在的商品看待，于是创造出太多代表现实的符号，以至于现实却不存在了。现实被充满拟仿物而不是有使用价值的事物的超现实取代，这些不仅仅是模拟的事物，还有毫无疑义的象征符号。

　　● 我们开始认识到，即使在资本主义制度下，我们对资本主义的描述也不是真实的，而是一种拟仿物。今天，这种拟仿物变得比资本主义还要真实：我们在对这种超真实的物品进行着买卖。

　　在失去真实的同时，资本主义试图恢复自己的权威。它试图生产的不是价值观或者商品，而是复制或模仿已不复存在的现实，即超真实。这里，我们可能会想到股市泡沫、创新的财会手段、用虚拟货币购买的 dot.coms 一类的虚拟股票，打击虚拟的恐怖主义。

46　　消费者早已适应。养老金泡汤了吗？"反正那不过是纸上的钱"。是不是可以向安然公司的老板问责，而他却并没有责任？"他的电视形象不错"。所谓的联邦监督人员是否形同虚设？"他们尽力了"。你会向市场重新投资吗？"当然会。不然你把钱往哪里放？"股票推荐有真实性吗？"天晓得！"

　　用鲍德里亚的话来说："每一个社会都为了生产和过度生产而消费，它们希望从中找回失去的真实。今天，正因为此，这种物质生产本身就是超现实的生产"（Baudrillard，1994：23）。

　　媒体恐怖主义。市场和国家并不是后现代时期唯一被转型的机构。鲍德里亚专门挑出媒体来进行重新分析。媒体——报纸、电台、早期的电视——从前起着"调停"作用。媒体弥合了现代社会中关系疏远的人与人之间的距离。

　　鲍德里亚坚持说，这种连接的功能已经丧失。媒体不但没有加强沟通、起到弥合社会差异和修复社会关系的作用，反而在"大众中间"制造"社会性的内爆"。

　　简言之，媒体机构起初是用来起连接作用的。而现在，媒体机构却割断了我们的社会关系，使我们与他人疏远了。但最重要的是，媒体机构把我们从相互关联的个人转化成为没有面孔、没有头脑、千篇一律的人群。导致这一切形成和发展的，是类似恐怖造成的那种大众情绪的专注。鲍德里亚说：

　　　　媒体使自己成为对恐怖主义进行道德谴责和为了政治目的而利用恐惧心理

的工具，同时，它们以最复杂和模棱两可的方式传播着恐怖行为野蛮的魅力，这时，它们本身就是恐怖分子，因为它们自己着了魔（Baudrillard，1994：84）。

重新命名的必要性。为什么提出这些新概念？为什么不说当我们看到电视商业广告或者出去购买产品的时候，我们实际上买的不是产品，而是商业广告提供的满足呢？为什么不干脆说我们自身受到恐怖主义刺激的诱惑而要摆脱自己乏味的生活呢？我们还可以说，"拟仿物"这个超现实的梦境中的东西，是广告世界里的广告。

从意识形态上看，这些新概念有什么意义？以往金钱、资本、剩余价值、劳动这些旧的概念掩盖了剥削关系。这些新概念掩盖了什么？它们为谁的利益服务？不过，也许宣传者宣传的东西有时吹过了头，我们很快就会被带回到现实中来。 47

鲍德里亚会反驳说广告代表的是某种存在的东西。"拟仿物"是一种概念，它让我们注意世界中不真实的东西。拟仿物只有在与某个真实的东西相关的所有参照都失去的时候才能被创造出来，它指的是某种不存在、但是有符号说明它只是不在眼前的东西。

那么，为什么不坚持已知的词语呢？掩饰是一种谎言。拟仿物是什么呢？是某种没有现实的东西吗？也就是非现实的东西。超现实是拟仿物的全部天地。为什么不说超现实是一种非现实呢？我们开始看到困难之所在：新的概念必须表达一个全新的世界。后现代主义者的立场是，我们被那个世界的种种变化控制，并且毫无发言权。

有一个新世界吗？鲍德里亚的世界当真是新的吗？

我在本书第一版结束时提出，"人们最初在 20 世纪 60 年代注意到的每一种变化都被企业家利用，他们生产新产品和新的服务来应对'新的需要'"。我补充道："最终，制造非人性的分裂的正是官僚机构本身，它使社会受到削弱，文化失去规范，心理造成依赖，语言上丧失表达能力，政治上无能"（Hummel，1977：221）。这是否把我变成了组织理论家戴维·伯耶（David Boje）所说的后现代主义者呢？

同样，马克思主义者乔治·卢卡克斯（George Lukacs）对马克思的如下观点进行了评论：仅仅把事物看成是按照使用价值进行交换的商品，就会制造"一种新的存在"（Dinghaftigkei）。卢卡克斯补充了这样的想法："因此，假如人类作为生产者或者消费者直接接触的那个事物的存在通过其作为商品的特征被扭曲的话，那么，这个过程必然会更加强化自己，人在社会活动中赋予作为生命过程的客体的这些事物的关系也就越间接"（Lukacs，1967：104，作者译文）。

"消费者"的提法是否使卢卡克斯成为有先见之明的后现代主义者呢？他是否预见到这种高深的抽象？他的历史观是否是"遭遇事物的形式"的历史观？这种观点与宣称世界是一个由抽象主宰的世界之间没有多大差异。

不过，有几个关键问题是对鲍德里亚有利的。像所有后现代主义者一样，他给了我们新的理由来重新思考一些悬而未决的问题。其中一个问题是，官僚机构作为权利的工具是否不因行政对象的变化而变化，也就是从对人有意义的角度来说是真 48

实的东西，变成非真实但却有价值的东西，比如人们自身需要的地位的变化。

那么，就有一个抓住事件具有的双重性和往往是自我矛盾的意义的能力问题，例了之一就是媒体对恐怖主义的报道。恐怖主义既为媒体高管所痛恨，又被他们推销着。不过，这些高管的立场本身就是矛盾的：他们自己陷入了困惑。如果他们谴责恐怖主义，把最恐怖的画面压下来不报道，他们便将恐怖主义提升为一个暗藏的神话。鲍德里亚写道，"媒体包含着意义与反意义，它们同时进行全方位的操纵"，他补充说，任何东西都无法控制这个过程（Baudrillard，1994：84）。

另外，他对心理分析提出了挑战，具有讽刺意味的是，他的挑战在后现代主义的主要心理分析家雅克·拉康（Jacques Lacan）那里得到令人满意的回应。拉康笔下的人生是对为了欲望满足而做的漫长的追求。欲望是无法满足的，它们包含着成年人企图通过通常为母亲的客体的欲望和满足来满足无助的婴儿的需要的尝试。鲍德里亚有过类似的评述，他把拟仿物描述为吸引和控制着我们的欲望的符号。但是，人们无法获得假定掩藏在欲望对象背后的现实，因为我们知道"真理、参照物和客观原因已不复存在"(3)。

总之，鲍德里亚给了我们一个新的开端，他使我们看到一些老生常谈的负面影响。比如，有人说控制越紧，行政部门的效率越高；工作中的社会关系越清晰（人事管理），就越容易控制。研读他对经济基础的虚拟性的探讨，会让你感到同样微妙的、虚拟的和诡秘的行政部门悄然而至。这个行政部门带来的出乎意料的影响连它自己都无法看清，因为人们无法看到在某种意义上他们不在寻找的东西。人们自觉自愿地按照计算机的语言来表述问题，这也许就是一个例证。

此外，鲍德里亚对后现代主义的描绘与其他后现代主义者的描绘有很好的结合，因而获得了可信性——这正是后现代主义者们所憎恶的。至于美国的问题，必须由其他人来探讨鲍德里亚没有论及的问题：由于没有社会的保护，美国人作为个人是否特别容易受后现代主义影响呢？

利奥塔

另一个长期存在的问题是官僚机构对规则的依赖以及规则对自由的影响。哪种自由能存留下来呢？韦伯提出过这个问题，他给出的是现代主义者的否定回答。后现代主义者利奥塔重新提出这个问题，他在那些规则当中发现了自由的新源泉。我们可以把他的回答看作对历史学家科林伍德论述过的老话题的新认识："只要按照规则行事，就一定会在你与情景之间造成某种脱节"（Collingwood，1939：104）。

利奥塔的研究说明：一个组织越想限制员工的工作，员工就越会注意到工作的组织结构（即工作）与实际结果（所干的活）之间的差别。这便给采取对抗行动带来空间。官方的"元叙事"（Grand Narratives）被大量从工作经历本身中产生的小叙事（petits recits）取代。

利奥塔不赞同鲍德里亚和福柯的观点，他批驳了社会性解体的提法。不过，他也反对社会性今天仍然有用的概念。只有在存在某种核心的、绝对的思想，而社会行为能够从中找到共同意义的情况下，这种认为社会性有用的说法——韦伯的价值核心——才站得住脚。利奥塔怀疑是否存在这样一个恒定不变的核心。他发问道，假如不存在这样一个指导我们人类互动并从中寻找共同意义的对象，中央指挥部门发出的命令，在没有其他解释来源的情况下，如何得到贯彻执行？

现代主义者常说，概念"掩盖"了现实。这正是与利奥塔看法的不同之处。在掩盖社会现实的同时，"社会性"的概念掩盖的比揭示的东西要多。

利奥塔希望揭示什么呢？他希望我们超越我们的屈服，这种屈服使后期现代组织用规则俘虏我们并确定我们的身份（Lyotard，1984：74）。他敦促我们采取能够采取的措施，换言之，要有生活。

超越概念。利奥塔在此使用了康德的观点。现代思想已经形成了解读世事状况 *50* 的特殊方式：这就是概念。我们用概念把看到的独立的感官数据（"直觉"）与理性和逻辑的背景相结合。正如康德早已说明的那样，我们因此能够从许多事物之间的差异当中找到共同点。这样我们就获得了效率的巨大力量。我们现在可以用同样方式、以预期获得的同样效果来处理许多事物甚至是人，而不被他们之间的差异给弄得手足无措。比如，现代法律系统认为法律面前人人平等，并且在形式上平等地对待所有的人。人们重视的是程序的平等，而忽略了人与人之间和实际结果之间的明显不平等。

利奥塔用自己的例子说明了技术如何改变了我们自己为事物制作图像的方式。他指出，通过照片而不是肖像使"现实主义的幻想"产生乘数效应，这在现代被认为是"更快捷、更好"的（Lyotard，1984：74）。我们也许可以补充：官僚机构处理案子而不是人的做法也是如此。利奥塔批评了所有这些情况都不够重视人与人之间的差异。他的观点与某位著名的物理学家反对对人类事物中的一切进行测量的观点是一致的："许多好的事物被遗漏，许多好人被错过了"（Feynman，1998：90）。

我们可以悠闲自得地坐在那里固守包括现有社会等事物的现状。然而，社会的中心已无法维系下去，这是个坏消息。按照利奥塔的观点也有好消息。

在所有的游戏中，每次出招都会导致反招。游戏在这些出招与反招之间的此消彼长中向前发展。我在别人的反招当中感觉到自己正在参与游戏。出奇制胜（和无法预料！）的招数构成了游戏。在企业或官僚机构中，只有在这些反招当中，也就是员工们令人畏惧的处置权当中，游戏才变得鲜活起来。

游戏不是规则。口头发出命令并不意味着命令得到执行。人的生命是相互作用的，后现代主义对待人的生命的态度，始终应该努力去表现那些不可表现的东西，即那些我们可以想象但难以表现的东西（Lyotard，1984：81）。这里，为了给使社会的发展赋予生命的新游戏让位，利奥塔希望替换"社会性"的概念。

语言游戏。为了取代"社会性"，利奥塔借用了维特根斯坦的"语言游戏"的概念。他的意图在于揭示社会性尚未被揭示的方面。然而，概念是被用来"掩盖" *51* 现实的，就像一张地图与它所"覆盖"的地面相吻合一样。语言游戏会覆盖社会概念经曾掩盖的东西，同时也会揭示差异。把社会视为韦伯意义上的社会行为的和，这在人们快速变换工作、地点、隶属和情境的时代，已不再被认为是有用的。所有这些变化了的关系中包含着的局部语言游戏是我们定位的工具。我们学习做这些游戏。从语言入手的新方法会考虑我们建立关系的不同方式，强调它们之间的差异，重点则是那些不变的社会事物。

利奥塔认为，有人拓展了他的如下观点：在各文明讲述的伟大故事即元叙事面前，社会的中心正在黯然失色。达官显贵已经作古；我们的海军舰队在遥远的海疆灰飞烟灭——正如罗德亚德·基普林（Ludyard Kiplin）所说的那样。不过，这是否意味着社会性的丧失呢？他认为持有这种观点的人是错误的。社会的纽带并没有消亡，一些作者提出（请参考鲍德里亚），"社会的群体并没有蜕变为被抛入布朗运动的荒唐中的原子"（Lyotard，2984：15）。

从"语言游戏"的角度理解社会性，这使我们得以认识系统理论已经认识到的东西。就连处在交流电路节点上的脆弱的人际关系也都有影响。这是福柯有时使用的影像，但是，在这里我们必须以系统理论为背景去理解它。这里，"施为性"（performativity）是至高无上的。系统理论揭示，即便那些从事并不重要的工作的人也保持着自我调整力，这有利于系统抵抗不确定性的出现。

利奥塔并没有说所有的社会关系都是系统的功能："……这仍是一个悬而未决的问题。"他只是利用系统理论的洞察力去解放社会中自由的力量。他断言"语言游戏是社会生存需要的最低关系"。他利用的是系统观点，而却对整个系统理论进行了批判："一方面是被操纵的话语和单边的信息传递，另一方面是自由的表达和对话，如果将它（语言游戏）的意义贬低为在这两者之间的传统选择的话，未免太肤浅了。"将信息及其传送和接收归结为维持系统的功能，则"不恰当地赋予了系统的自身利益和观点以特权"（16）。

在这番话中，利奥塔尚未对人们受到官僚机构支配的经历进行批判。但是，他开始看到自由的新机遇。的确，我们被系统的规则操纵着，不过，我们对此的认识实际上使我们超越了仅仅依靠反应来走出妙招对局。给官僚时代开个处方："……在游戏中尽量回避躲闪……使之失去方向，以便'出招'出其不意（一份新的声明）"（17）。总之，从系统的大门走进去，然后从你自己的大门走出来。

利奥塔承认，可以说官僚机构企图限制由此导致的在话语的战争中的创新，官僚机构企图强制推行一套规则。但是，他声称，"官僚化是这个趋势的外部局限性"。在任何一场游戏中，交锋继续进行。因此，语言的"招数""从来都不是一次性界定的（即便给了它们正式的定义）"（17）。这里，为了我们不至于把他提出的解决自由问题的方法当成系统理论家或者交际理论家提出的解决方法，他介绍了R.G.柯林斯（R. G. Collingwood）和维特根斯坦提供的教训：规则永远不能完全掩盖我们能够说的和我们实际说的东西（见第5章）。

总之，利奥塔让我们注意到，在官僚机构对自由的限制之外还可以有其他选择：你越是限制自由，就越会使那些被限制的人去寻找逃避的机会。我们也许还记得在苏维埃共产主义统治下的波兰工人们常说的话："他们假装付给我们工资，我们假装工作。"

后现代主义者究竟为我们先前所作的现代主义分析做了什么补充？

2.3　官僚体制是社会

在官僚社会——现代组织——中，我的社会身份即组织身份。个人变成了案子。社会身份在我与他人之间形成互利的关系。一方面，社会身份界定着我的社会存在（我的权利）的范围。另一方面，我的组织身份则界定着我能够行动的范围，即我的笼子的大小。作为案子，界定我的不是我与他人之间的双向关系，而是组织的设计者们所作的单项定义。

例如，办公室之间的正式关系不是由办公室里的人界定的。界定这些关系的，是自上而下组织这些关系的人。办公室之间的全部关系构成官僚机构，这就是办公室的权力（bureau＋kratos）。 *53*

社会服从于一个由案子、类型和截面组成的人为结构。它们构成由中央设计和管理的工作组织。我们的社会角色被我们的组织角色取代。官僚机构的权力来自这种让渡。它取决于将人们排斥在组织的设计和管理之外。对于那些管理的人而言，组织变成一个无与伦比的权力工具。

后现代主义的分析不仅发现社会性的（超越现代主义的批评）进一步堕落，而且也发现了全新的方面和发展。生产组织发明了一种新产品，这就是消费（鲍德里亚）。然而，我们的社会角色越来越多地被操纵，社会自由和自发性受到限制，人们认为这也为自由创造了机遇。这些发现设想了我们从自我批判的现代主义观点出发，在逐渐官僚化过程中观察到的发展的另一个阶段（见图 2—1）。

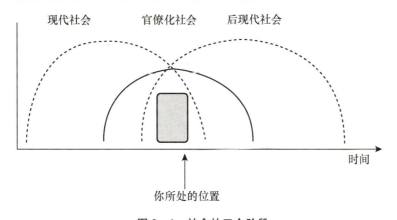

图 2—1　社会的三个阶段

我们可以这样说，后现代主义的批评揭示了社会结构衰退的另一个阶段，这个阶段同时创造着新的机遇。自相矛盾的是，后现代主义者们既看到启蒙运动的失败，又看到了自由的复苏。启蒙运动认为，自由人能够创造性地运用理性中的想象部分去构建自己的秩序，现在这种观点已经无效。官僚机构专注于按照自己的意志 *54*

构建一切，即自下而上地传输权力、自上而下地发号施令，从而颂扬了理性的逻辑。理性具有创造性的部分——即设想一种超越现代组织仅仅专注于权力秩序的能力　却被忽视并逐渐衰退。对于人们来说理想的顺序，即自由→理性→秩序，现在被认为过于简单化。当我们说人具有理性能力的时候，必须区分具有智慧的潜能、具有判断什么对人类有益的能力和有逻辑性之间的差异。有逻辑性却没有智慧，会造成某种极端的愚蠢和荒唐。

总之，我们可以对自己在从社会→官僚机构→后现代主义的历史兴衰过程中所处的位置做如下设想：

社会结构特别是整个社会规模的结构，并不是突然形成的。现代社会的结构不会突然让位于建立在工作基础之上的官僚化社会。在显示现代社会兴衰的常态曲线中已经包含了官僚化的成分，但是，独立的现代社会的成分在官僚时代也仍然存在。同样，后现代主义"社会"的源泉——这里我们必须给社会一词加上具有讽刺意味的引号——在现代社会及其继承它的官僚机构中都已存在：即便在社会组织中也已经有了某种工作的组织。按照柯林伍德的建议：我们之所以能够理解过去的社会结构和未来的后社会结构，是因为两者在我们的时代都存在（见图2—1中"你所处的位置"的标志）。

第 3 章

学术前沿系列
公共行政与公共管理经典译丛

官僚体制是新文化："经济学"

无论目的何在……彰显理性存在的恰当性……这就是
文化。

——伊曼努尔·康德

"专家"类型的人与老牌"有教养的人"之间肯定在明
争暗斗……这种斗争影响着个人文化中最私密的部分。

——马克斯·韦伯

财富——"这是上天赐予的礼物，意即，'这是我的爱
子，我所喜悦的'。"

——约翰·D·洛克菲勒

官僚体制取代了文化。

这一倾向可以追溯到现代的初始时期。第一个例子是一位哲
学家与国王之间一段著名的对话。"你们要独立思考，"哲学家对
国王的臣民们说。他的意思是：你们应该各抒己见，畅所欲言。
国王不希望臣民们对他的政策进行公开辩论，于是便说道："随
便你们怎么说，随便你们怎么想，但是有一条，就是必须服从！"
（细节见 57～59 页）。

矛盾摆到哲学家面前。让臣民们变成自由公民，会唤醒反叛
的幽灵。国王会反对任何突然的举动，人民本身希望和平地前
进。毕竟，人们都说向自由的进步必须有序。思想的自由必须通
过秩序来实现，尽管自由与秩序是相互对立的。

考虑到这个矛盾出现在赋予了我们最纯正的官僚体制的国度
里，我们认为这是普遍规律的一个特殊现象是不无道理的：秩序

会征服自由。官僚体制的秩序从一开始就是自由文化的敌人。凡是利用官僚体制来培育文化的地方，官僚体制将取代文化。这是什么意思？究竟什么是文化？

3.1 文化是什么？

文化是我们遵循的一套价值观。社会最初是人们组织起来追求那些价值观的方式。随着我们更注重实现价值观的方法而不是价值观本身，官僚体制便接管了这一功能。

不过，这一切都是表面的。从这个角度，我们无法对种族主义、贫困、战争和帝国的建立做出解释。这些不是我们的社会追求的直接目标，至少不是我们的社会所主张的目标，然而，这些却是我们视为重要的东西造成的后果。在美国的传统里，是什么使我们对我们文化的目标如此坚信？作为地球上最富有的国家之一，是什么使我们对国内的穷人不管不顾，强行向海外扩张？我们的真实面目被神话掩盖：我们嘴上说的与我们实际做的截然不同。

当然，其他国家、人口和民族，也都有自己相应的文化。我们表面上尊重他们。我们当然尊重你们！正如我们在国内追求平等和社会公正一样，我们在全世界也有此追求。因此，为什么使用武力呢？神话背后掩盖的是国际层面上运作的现实，这个现实与政治学者 H·马克·罗洛夫斯（H. Mark Roelofs, 1976）指出存在于美国政治思想中的分裂相似：

我们传说中的价值观	我们现行的价值观
我们是一个国家，在伟大领袖们的领导下，不断追求着平等和社会公正。	我们每一个人都是在与他人的竞争中，通过努力工作而获得财富，从而得到人的尊严的个人。

一边说的是我们的愿望；另一边说的是我们实际做的是什么。不过，请注意，实际实行的价值观涉及的是经济领域的。这些价值观普世通用。作为美国人，我们也将它们应用于政治：不在与他人的竞争中通过勤奋努力而获得财产的人，在我们中间是没有地位的——无论是争取政治上出人头地还是在工作中获得财富。经济的价值观不仅是美国日常政治的基础，也是我们衡量一个人的价值的尺度。

这距离官僚体制所有的价值观之间的距离并不遥远。在这些价值观中，最重要的是效率，它最初仅仅是为我们实际追求的目标服务的理由而已。有谁会反对提高工作效率？再进一步说，为什么不提高政治的效率呢？

但是，随着效率的提高，人可能获得自由，随之而来的是纪律、精确、负责任、可靠性、客观性、工具主义的理性，形式上的平等，这些都对我们形成约束。这些都在工作中对公民有帮助。但是，如果我们说的不是有教养的公民而是负责实施我们的政治目标的专家，会发生什么情况呢？于是，这些价值观变成他们自身的文化。他们曾经为之服务的目标消逝在背景之中。哲学家尤尔根·哈贝马斯和社会学家马克斯·韦伯对这种变化进行了评论：

社会的价值观	官僚机构的价值观
公正	稳定
自由	纪律
暴力	可信
压迫	结果的可计算性
满意	形式上的理性
贫困	形式上的客观
疾病	形式上的平等对待
爱与恨	
救赎与天谴	
成功与失败	
——哈贝马斯 1971：76	——韦伯 1968a：956–958；224–241

　　让我们再深入一步来看看文化是如何起作用的。文化不仅仅是一纸开列价值的单子。这个词本身包含着培养的意思——农学与园艺学中也有这个词。在这个意义上，文化完全是欧洲的发明。这个概念包含了流行于 18 世纪的人可以自我培养的思想。正如园丁修剪玫瑰，把它扎上棚架，让它充分展示绚丽多姿的姿态那样，人类被认为是可以发展的。

　　更深入地探究历史，我们发现文化的另外三个组成部分。有三种力量推动着人的教化。自由人用理性来制定自己的目标；成功被当成是宗教救赎的象征。这就是靠个人奋斗而成功的人的文化。 *58*

　　有教养的人最著名的倡导者是教育家威廉·冯·洪堡，他说："在那些真正自由的人当中，工业的每一种形式都在更迅速地得到改善，所有的艺术都得到更优雅的繁荣发展，所有的科学都拓宽了领域"（von Humboldt，1993［1854］：50–51）。

　　哲学家伊曼努尔·康德的话进一步界定了文化的含义。他的话必须慢慢地品味。以下便是文化的意义以及文化的作用："无论是为了何种更高的目标（在自由状态中）而彰显理性人的适当性……这就是文化"（Kant，1790/1793：B392，393；A388，经过转译）。

　　最终，马克斯·韦伯揭示了宗教的成分：经济活动是最终赋予意义的活动。在欧洲，经济成就成为神圣的标志。上帝施恩于你。你注定要上天堂。一种来世的信念推动了现世的禁欲主义：新教伦理成为资本主义的精神。

　　在全世界流行着的，正是这种通过个人的意愿行使的，被理性武装起来的，有救赎的承诺保证的世俗文化概念。即便是在退却当中，帝国的诗人仍然有这样的把握："我们的海军舰队在遥远的海疆灰飞烟灭……船长和国王俱往矣……你亘古的牺牲永存，一颗恭谦与悔悟的心"（Kipling，1941［1897］）。

经济学文化的起源

　　现代文化是经济学的文化。

　　现代经济学始终是骑在墙头上的矮胖子。它出现于大约 400 年前，当时，科学技术的力量使大规模生产和大规模营销成为可能，新兴的工商阶层正在寻求用终极价值来证明自己的正确。

他们要应付的，是如何满足比家庭或者家族的需求要广泛得多的国家这个"大家庭"的需求。这种国民经济使用的是技术和政治以及宗教终极意义的工具。

59　　　在技术方面：使用的工具是关于如何管理国家这个大家庭的新主张，也就是通过将利润向企业再投资来扩大财富。

在政治方面：基础是权力——政治，即政府必须将传统"家庭"经济的力量（掠夺式资本家，地方法律）清除出场（see Friedrich, 1937：84，88ff.）。

在终极意义方面：判断是非的标准是宗教的。新兴的阶级把替天行道的思想运用于自己的目标。他们的论点是：我们在来世的命运是预先决定的。然而，上帝并非反复无常。如果上帝奖励你在现世的辛勤劳动，他是在向你表示，你注定会进入天堂。

与世界其他地方的价值体系不同的是，现代西方文化把经济成就与神明保证的生命的终极意义联系在一起。

由早期希腊人命名的活动——家庭（oikos）的秩序（nomos）在西方仍然包含着神圣的含义，而我们对此则越来越没有把握。

官僚体制的干预

那么，如果发现官僚机构进行公开干预，从外部支持和控制内部不稳定的东西，大可不必大惊小怪。今天，现代经济学制造了一场全球性危机。在现代经济学里，发展的需要是硬道理，它的目标是用一种全球文化替代传统社会。在这个层面上，一种国际官僚体制开始击垮国家的单个"文化"。

我们如何理解由此产生的冲突呢？当我们对世界银行或国际货币基金组织或世界贸易组织等官僚机构进行分析时，可以清楚地看到这种替代情况。这些组织向需要经济发展的国家提供援助，或者在出现金融危机时提供帮助，或者推动自由贸易。但是，所有这类举动都是为了建立一种西方式经济学的普世文化。

问题又回到文化的意义上。文化是富有的西方大国发明的概念，他们所说的文化究竟是什么意思？他们所说的"经济学"这个词包含了再投资资本主义，这个词是什么意思？追根溯源，这两个词可以使我们了解西方国际官僚机构处理国家经济生活的基础。

我们已经预见到问题的根源：要想教化人，需要的是意志和纪律，需要秩序而
60　不是自由。人们要想解放自己作为人的潜能，就必须服从秩序。这一矛盾一直困扰着人们的尝试。最初被称为启蒙运动的文化，变成了自由与秩序的较量。只有当两者都服从同一精神时，秩序才能成为自由的源泉。

一旦某种成功的文化失去精神动力会怎样呢？

文化的精神

西方文化在鼎盛时期，无论是精神还是形式都具有独特性。如果把西方文化当成一种世俗思想，那么，只要想法的基础是为了实现自由的理性，人便可以把任何事情作为重塑自我的目标（Kant，1790/1793：B392，393；A388）。欧洲人自我修养的特点是宗教精神占据主导地位。这便从神灵的角度赋予财富的创造以正当理由。今天，它仍然存在于我们当中宗教意识最淡薄的那些人当中：如果你劳动，你就有人的尊严。

在凡夫俗子看来，激发创造文化的那些民族的精神，也许是一种尚未界定的人类精神。但事实上，渴望获取财富的社会认为，它的经济是与天意连在一起的。迟至 1900 年，当有人向最伟大的资本家约翰·D·洛克菲勒询问他的财富时，他曾无比虔诚地说道："这是上天赐予的礼物，意即，'这是我的爱子，我所喜悦的'。"经济的成功成为最高的价值。经济变成了文化。

比如，某个国际货币基金组织今天开始启动，制定了援助陷入财政困境的国家的条件。与其他救助手段同时引入的是人是可以教化的信念，这是特定的宗教和经济学伦理的潜移默化的遗产。新教伦理尽管最终失去了宗派意义，但在西方已经变成赋予经济成功以终极意义的神圣背景。在西方接受教育的国际官僚们也许假定这一精神是无所不在的（see Weber，1958a：182）

如果这种精神不起作用怎么办？更确切地说，如果在其他那些我们尊重并且错误地称之为"其他文化"的国家没有这种精神怎么办？如果其中一些国家宁愿保持他们自身的传统和精神怎么办？这时，西方主导的发展机构便只剩下一条道路。官僚们的宗教使命感现在仅仅"像业已死亡的宗教信仰的幽灵一样在（他们的）生活中徘徊"（Weber，1958b：82）。这个幽灵也许足以把一个不起作用的机制强加在土生土长的生活方式上。前世界银行首席经济学家约瑟夫·斯蒂格利茨这样说道：

> 当危机来临时，国际货币基金组织会提出一些不适时宜的、所谓"标准 *61* 的"解决方法，却不考虑会给他们要求施行这些政策的国家的人民造成的影响。我很少看到人们预测政策对贫困的影响，也很少看到认真探讨和分析供选择的政策的后果。建议只有一个。也不征求意见（Stiglitz，2002：xiv）。

在美国国内，按照西方文化行事的官员们试图通过外部行政部门的意志和纪律来维护经济。如果这类行政部门是现代机构，他们可以尝试利用政府官僚体制来强制实施原来的价值观。

我们是不是看到官僚体制甚至取代了经济文化？的确如此，但这并不意味着文化可以完全被这样取代。一种文化靠自身的精神存在，不可能被机制取代。假如我们曾经有过被救赎的象征——财富——所激励的文化，假如我们曾经有过一种经济文化，那么，由于没有精神，我们今天则根本没有文化。

在以前那些成功人士飞黄腾达（而其他人却被剥削，被击垮）的领域，现在只剩下了机制。私营部门和公有部门的现代组织的机制取代了创造性文化。

简言之，官僚体制取代了文化。而正在被取代的文化，是可以用以下的公式最恰当地进行描绘的"文化"：文化＝经济学。经济学的"自然"文化现在为被人为控制的文化所取代。

今天，经济文化的命运如何呢？官僚体制如何改变经济文化？我们首先看看人们注重什么，接着了解一下现代专家的看法，然后再听听第三种声音：后现代主义者的声音。

3.2　人们注重什么

支撑现代文化的经济支柱，拖泥带水而不是干脆利落地步入了 21 世纪，它坍塌了。现代经济一直依赖那些理解资本主义的资本家们。企业成功的保障是将利润再投资，赢得市场份额，然后再投资，如此往复。再投资资本主义的座右铭是：把钱投回去！后期现代资本主义的座右铭是：赚了钱就走人！

62　　人们信奉的价值观已经列入濒危物种的名单。正在发生着三种过渡。在美国国内：再投资资本主义在向冒险资本主义过渡。在全球范围内：本地文化的自治在向西方的经济主导过渡。而在以前的工厂或官僚机构里：理性（即按照逻辑）地追求数量在向追求所谓的（非理性）数量与质量的平衡过渡，谁为二者之间紧张状况的代价埋单的问题却没有得到解决。

冒险资本主义的来临：投资者，首席执行官和会计师

现在，投资者们受到新技术带来的种种可能的诱惑，不仅对其投资领域表现得愚昧无知，也显示出过于喜欢冒险。新的信条是：赚了钱就走人。

同时，首席执行官和首席财务官们也忙着翻新记账的手段，对这种疯狂起着推波助澜的作用。他们给予内部和外部的监督者些许好处，便收买了这些人的职责操守。他们收买了那些本为了防止资本主义内部出现问题而设的专业人员。追求的是短期收益而非长期投资，不考虑此举对整个制度的信誉有何影响。企业家精神的负面影响，即缺乏社会良知（在与社会其他部门进行生意往来的时候非常容易出现的问题），终于对企业领导人们产生了影响。对社会体系一无所知的他们，看起来怡然自得地适应了这个事实：他们自己的私人财富制造机器是一个社会系统，而社会系统会因为他们信誉扫地而被摧毁。通过残酷无情乃至愚蠢的行为，公司领导人进行着掠夺和侵吞，这有可能摧毁哺育他们的资本再投资体系。

在一个巨大的泡沫中，资本主义违反了它的三项基本原则：
- 了解你的投资

- 保留至少一本没有作假的账本
- 把利润再投资

文化帝国主义的来临：世界公民

　　然而，国内的腐败文化并没有妨碍企业家们把古老经济学教义的原则强加给全球各地。当客户们造了反，街头爆发了骚乱时，债权国及其官员们便在华盛顿召开会议，讨论自由、文化和世界经济秩序。两家主要的国际官僚机构争吵不休。世界银行指责美国和欧洲"对农产品进口设立高壁垒，从而造成穷国的巨大损失"（Andrews，2002），意思是说负责帮助各国渡过金融危机的国际货币基金组织，愚蠢地坚持要这些国家在已经证明西方经济学原则具有灾难性后果的情况下，接受这些原则。 *63*

　　这种状况至少让人感到困惑，就像把"经济学"这个标题放到本章的题目之下一样让人困惑。然而，从来自美国各地和全球的形形色色的与会者们的发言中，可以听出正在发生着巨变：

- 财政部部长保罗·奥尼尔曾宣称，如果不能保证钱不会直接"从这些国家转到瑞士的银行账户"里去，美国将不再出手救助那些失败的经济（Tony Smith, "As Currency Sinks, Brazil Seeks Fresh Aid," New York Times, New England Edition, July 31, 2002: W1 and W7; citation from W1）。

- 一位前总统经济顾问在谈到美元贬值问题时声称，"这标志着我们丢失了道德高地。我们处在向所有国家传授管制、破产程序、国际会计标准的尴尬境地。在一个理想的世界里，我们现在应该承认自己存在许多问题，欢迎世界其他国家提出建议"（Lael Brainard in David E. Sanger, "The Global Cost of Crony Capitalism," New York Times, New England Edition, July 21, 2002: WK3）。

- 一位拉美国家前经济部部长在谈到美国援助提出的条件引起相反效果时说："无论你到哪里，都会听到人们说，'他们照搬了模型，却陷入了困境。所以模型显然不起作用'"（Pedro Pablo Kuczynski quoted in Susan Ferero, "Still Poor, Latin Americans Protest Push for Open Markets," New York Times, July 19, 2002: A1 and A14; citation from A14）。

- 秘鲁厂主范尼·庞塔卡抗议将一家电气工厂卖给比利时，他这样说道："我不得不斗争。政府要卖掉我们的公司，让别的国家发财。这就是我抗议的声音"（Ibid, A1）。

- 某个海地人说，"我们不知道他们什么时候才解决问题。我们在受罪。罪受到一定程度就会死的"（Cited in David Gonzales, "8 Years After Invasion, Haiti Squalor Worsens", New York Times, July 30, 2002: A8 and A7; citation from A7）。 *64*

- 前世界银行首席经济学家批评全球的官僚们（Stiglitz, 2002）。

　　唯一稳定的价值似乎是变动本身。

非理性的来临

今天，组织文化是与"远见"联系在一起的。人们认为有远见的首席执行官或行政管理者可以随意利用雇员的价值观。发人深省的是，当今的经济理论没有假设经济活动具有终极目标，尤其没有超越经济活动本身的宗教目标。它只是假设，人们对永无休止的权力有着天然的渴望，正如哲学家托马斯·霍布斯所说，这种渴望"至死方休"。从更高的意义上讲，这种能够选择我们自身目标的能力的理性，用最近一位美国总统的话来说就是"远见"。

当我们观察今天的组织时，无论是重塑的政府机构，还是重组的工商企业，没有什么比价值观激进武断的变化更为显而易见了。实现价值的途径也变了。而且新的管理体系层出不穷。

这一相同起因产生了两种效果。政府本身的效率降低了。在经济圈中，似乎没有人在意那些许许多多消失了的私人公司。这两种情况产生了相同的结果：政府丧失了为没上保险的人和老年人等客户服务的能力；而私营部门则丧失了原本可以成为消费者的工人。

这里发生了什么情况？真正的理性是否会再度崛起？企业或政府文化的创造和再创造，能否仅仅通过对价值观的修修补补，在没有精神的情况下进行？（见表3—1）

表 3—1　　　　　　　　　　在组织中质与量的冲突

强调量的组织注重什么	强调质的组织注重什么
大……因为大会带来规模经济。	信奉完美。
强调低成本……因为幸存者使成本更低。	信奉实施细节的重要性，细节是做好工作的基本要素（强调做好实际工作）。
不惜代价保持和平……因为只有压制住麻烦的制造者，才能确保计划的执行。	信奉个人的重要性。
把分析作为解决一切的手段……如果你能够将其分解为数字，你就掌握了发生的情况。	信奉高品质和服务（强调把事情联系起来看）。
决策比实施更重要……决策正确，办事情就会有章法。	相信组织的大部分成员是革新者，必定都愿意支持在失败中探索前进。
控制一切……因为人和事一旦失控，就会出现不可预测的情况。	相信为了加强沟通应该不拘礼节。
发展是对不安全的防范，即便是在自己完全不了解的企业里。	信奉和承认经济增长和利润的重要性（在管理人员了解的企业里）。

近20年来，人们在机构改革方面做过许多这样的尝试，所有的尝试都微不足道，缺乏生气，说的是天花乱坠，但却都昙花一现。

吸引力仍然在于做出什么样的承诺。这使人们依稀想起了最初的号召，这就是要培育人们心灵并寻找机会在有用的工作中加以运用。

全球价值观之战 [66]

这里正在发生什么情况？文化和道德与经济学、全球主义和全球官僚有什么联系？事实是，当创新和发现必须依靠规则连接在一起时，经济、政治和文化的精神便死亡了。

经济：当我们分析再投资资本主义的原始假定时，我们看到其最初的双重驱动精神——一个是宗教精神，另一个是世俗精神。赋予资本主义意义的宗教精神一直延续到 20 世纪。直至今日，它仍存在于我们的工作伦理中。是工作给予现代人以尊严。相对于所有其他因素，我们仍然倾向于把西方文化的全部成长和发展归功于新教伦理，即资本主义的精神。通过这样的道德观，资本的发展为自己找到了终极意义：财富被认为是上帝的示意，告诉你会在来世得到救赎。

政治：对人造文化的世俗追求起源于启蒙运动。最初，理性是为了解放人选择自身命运的理性能力，很快，它变成了纯粹的工具：对于设计手段非常有用，但却无法选择适合人的目标。

到了我们这个时代，我们面对的是一个没有宗教或任何其他类型的终极意义的资本主义。我们成为工具主义理性的囚徒。这种理性相信，只要我们按照逻辑行事，就会代表我们自己在运用理性。

今天的资本主义，没有内涵，没有对人负责的理性，所有的迹象显示，它正在回归一个更早期的形式：无论是在国家还是全球范围内都是赚了钱就走人。

经济学家批评政府的监督人员疏于控制，会计事务所没能履行监督资本家的专业职责，他们的批评听起来尤为空洞。宗教的意义遭到摒弃，而这曾经确保受委托人具有责任感和以人为本的理性。今天，冒险资本主义无法标榜自己具有合法性。它仅仅是它本身而已，我们可以用公共或者私营部门的官僚机构取而代之。

人们认为 2002 年世界经济危机的主要责任在此类官僚机构。但这并不奇怪。奇怪的是人们普遍认为，官僚体制推动着资本主义，而不是资本主义的自我推动 [67]（此外，还需要理智的行政管理）。我们从以往的经验学到的规则现在能抵御吸引着资本的种种想象带来的风险吗？资本主义的想象已经走得太远还是不够远？什么是资本主义腐败的文化？

标准的解释

没有规则，贪婪就会肆虐。虽然关于自由市场有种种论述，但令人费解的是这种为资本的信息设立规则的标准解释，是按照马克思主义的教义提出的。官僚体制控制的经济学文化认为，如果没有规则，贪婪就会肆虐：比如，安达信会计师事务所的私营部门官僚们就没有执行会计规则。但是，这样的批评却不能够解释现代资本主义的起源。资本主义从以往的冒险投资中发展而来，所不同的是，投资者内心有一种终极动力：不是赚一把就走，而是把钱用于再投资。

从启蒙运动到全球化

今天的世界文化是追求经济价值的文化。整个现代经济学是资本再投资的经济学。人们假定，获取财富被假定是生活的动力，假定那些在生意当中获取财富的人有把利润向生意再投资的动力，于是创造出一部巨大的经济发展的机器。

文化本身就是现代的一大创造，它汇集了那些使人专注于现代经济的种种做法的大成。

官僚体制——教育官僚体制——是新生文化的教父。今天，一个全球性经济官僚体制正在帮助那些被认为如果不是原始至少也是"欠发达"的民族。最早的官僚是有教养的人——正如今天他们在某种意义上仍然是有教养的人一样（Weber，1968a：998ff.；see Oakeshott，1991：99-131）。我们可以从这些专家的身世以及他们最初的历史使命后来的发展上，对文化帝国主义有所了解。

理性文化

在世俗方面，世界一位伟大哲学家为对人的活动进行政治重塑进行辩解，这种
68 重塑，与马克斯·韦伯在新教的职业道德中的发现极为相似。伊曼努尔·康德写道，技术、意志和纪律是需要培养的。只有这样，我们才能够培养自己制定目标和设计自己的世界的能力。个人的发展不仅仅是受教育，而是熏陶 Bildung——塑造，形成和适应。这一目标被称为个人的启蒙：Aufklarung，即弄清生命是怎么一回事。

但是，为了不使现时的政治权力不快，这项任务需要一点折中。希望接受教养的人，一方面被慢慢地引向自由，同时也要服从（Kant，1790/1793：§83 [B388，A 183]；and Kant，1784）。一直侍奉国王的官僚们，现在承担着为全人类（逐渐）的启蒙运动服务的伟大试验。

官僚文化

官僚文化中等待我们的是什么？

美国的"精英"——那些负责越南战争的主管官僚们——的表现，预示着我们现在的命运。他们毕业于精英学校，没有实际经验，因此，他们无法形成想象力或者意愿去质疑或者重新设定目标。手段和方法的专门知识取代了判断力。随着死亡人数不断上升，负责战争的人们坚持着这样的信念：发达的文化能够在战争中战胜欠发达的文化。B—52飞机的炸弹坑里每发现一具尸体，都会乘以几倍假定为已经被掩埋者的数字。这种计算方法忽略了敌人的坑道。现场情报报道的"杀伤比例"要低很多。一位研究政治学方法论的学者考察旅行回来之后，于1967年宣布，根

据"死亡人数统计"，在即将到来的总统选举之前，战争就会结束（Alfred DeGrazia，1967，communication to his class）。用梭罗的话说，我们变成了我们自己的工具的工具。

作为经济学的文化界定着现代人：他是发展全面的人。他工作，拥有用自己的血汗挣来的财产。他有理性作为自己的工具，但也俯首于信念，把它当成指南。但是，最主要的是，他就是他，就是人，一个个人：是他的灵魂的主人，是引导自身命运的船长——至少在最初是没有女性的地位的。

然而，现代人正在被改变着。现代官僚体制和后现代官僚体制是怎样改变这种"经济人"的价值观的呢？

3.3 专家之言 [69]

纵观整个文明史，文化就是经济学。在现代西方文明及其殖民地，它最初表现为资本再投资经济学：为了持续发展而返回企业的剩余价值（利润）的生产（"资本主义"一词很可能起源于现代早期投资者每人贡献出一定数额的钱，为某条船去做有利可图的航行提供资金的做法）。

三种经济文化

有三个阶段标志着建立官僚体制促进和保护经济发展的历史。我们可以把这三个阶段看成不同类型的文化：

● 经济文化：假如你注重经济成就本身，你就有了一个重视经济学的文化：一个经济文化（非西方文化中可以想见的其他文化有：注重思想成就的知识文化；注重行使权力的政治文化；注重艺术的美学文化等）。

● 以经济为基础的宗教文化：假如你注重经济成就，把它视为生命的终极意义的指标，你就有了一个以经济为基础的宗教文化（这是西方资本主义最初的情况，西方资本主义的动力是建立在宗教救赎的希望上的。然而，你的文化最终会把经济学变成一种宗教。马克斯·韦伯指出，西方的文化是朝这个方向发展的）。

● 经济学的宗教：假如你有的是失去了宗教意义的经济学，你仍然还有经济学的宗教（当这种经济学的宗教目的消亡的时候，你便有了独立或不受约束的经济。这些经济继而会放弃明确的、为生命提供意义的任务，尽管任务的幽灵可能依然在厅堂里游荡。我们有了占有欲望强烈的个人主义的毫无疑义的文化：在这种文化里，更多地占有，成为以贪得无厌为标志的主要价值观。它尊崇为至高无上的东西是获取的技巧。经济学的文化，如果不从自身角度看，就特别没有意义，不理性，不人道。文化和经济被认为具有同等价值）。

作为文化的官僚体制——一种脱离人的价值的财富文化——实施着这些变革。 [70]
说明官僚体制如何改变文化，就是说明官僚体制如何改变经济学，因此有了我们本章的题目——官僚体制是新文化："经济学"。

"很明显，人通过自己的活动按照对自己有用的方式来改变自然物质的形态"（卡尔·马克斯，《资本论》）。所有地方、所有时代的所有经济大概都是这种情况。但是在西方，这种改变自然的活动后来赋予人的生命以终极意义。成功获取产品，成为宗教救赎的一个标志。

因此，进入 20 世纪很长时间之后，财富被界定为"上天赐予的礼物，意即，'这是我的爱子，我所喜悦的'"。然而，随着时间的推移，一种越来越复杂的经济学文化，被贬低为没有更高目标的纯技术。在这种文化里，经济学还可以满足人的生存需要，但是，却不再从终极人类价值中获取意义。它与宗教赋予意义的功能的联系已经不复存在，经济学成为对人来说虽然必要但毫无意义的东西，一种痴迷，一种癖好，而它从前曾经是责任和信念（见卡尔·马克思对自然和商品崇拜的论述；约翰·D·洛克菲勒对财富的论述；马克斯·韦伯对新教伦理和资本主义精神的论述）。

官僚体制的文化合理化

经济文化的合理化——在丧失了更高的人的理性的意义上——是一个危险的发展。官僚体制在制造这种威胁中起着关键作用。今天，正是官僚体制仍然在平整和保护着经济的运动场。全世界目前在文化上的分歧，仍然转变为经济学上的分歧。决定这一切的，是不受约束的美国联邦储备委员会、世界银行、国际货币基金组织、欧洲委员会、（领导着世界经济的）八国集团等。假如这种经济学仍然回荡着信仰的幽灵（即曾经是资本主义的灵魂、现在已经逐渐消失的新教伦理），我们怎么办？假如我们不再把它作为有意义的生活最充分地拓展的象征怎么办？

威胁是针对意义的。我们的文化的最初基础，是把经济成就视为上帝恩宠的象
71　征。即便在今天，我们仍然信奉吃苦耐劳，劳动的成果赋予个人以尊严。假如这个也不复存在了怎么办？这在经济和官僚机构的实践中会有什么影响？

危险需要探讨。现代大侦探（马克斯·韦伯）认为，资本主义精神最初的源头可以追溯到加尔文主义。这种伦理今天仅仅作为一种天经地义的做法存在着。"什么！他不想工作？那他就不应该得到帮助。"就连这种盲目的公理也有可能消失，很可能被后现代主义的解释取代。比如，社会学家和人类学家皮埃尔·布尔迪厄强调，充满着各种实践的世界，是我们在诞生时默默发誓要进入的世界（Bourdieu，1990）。

韦伯：私营部门和公共部门官僚机构的文化

借助挖掘人们的基本价值去了解人们在做什么的方法，首先是由韦伯发展起来的。韦伯问道：在缺少哪些假设的情况下，在一个特定文化中，人们的行为将失去意义？他对现代资本主义企业提出了同样的问题。他发现了一套特殊的价值观，据

此，现代资本主义者——比如不同于古罗马的资本主义者——指导自己的行为，认识自己的世界。同样，他发现一套总的基本价值观，无论是私营部门还是公共部门的官僚机构工作人员都按照这套价值观指导行为。当然，企业家出于部分与政府相同的目的而利用官僚组织。从研究当中发现了资本主义和官僚体制的规则，没有这些规则，资本主义者和官僚的生活——作为现代文化的补充部分——将失去意义。

资本主义的规则

有兴趣了解官僚体制与人的价值之间冲突的人，可以从官僚体制的规范在我们周围无所不在——不仅在公共服务中，而且在私营企业的官僚成分中——的事实中学到一些东西。

所有时代的所有商人没有不想赚钱的。但是，今天在商场只有一条成功之路，这就是承认现代资本主义是比以前的任何经商之道更高明的赚钱方法。布丁的例子可以证明，企业家如果不采用现代经商之道，就无法与采用这种方法的人竞争。这 *72* 里似乎有一套核心规则——现代资本主义的规则——如果遵守这种规则，就会使现代商人比更传统的商人处于优势。

在曼哈顿 14 街上，有一家我最喜欢的甜面包圈店，店主就完全明白现代商业的这条规则。如果这家店打算继续做下去并且克服收入低造成的生意淡季，就必须积累资金，扩大安全边际。资金可以用于两个途径：可以储蓄起来以应时艰，也可以投资添置一台甜面包圈机，增加销售，扩大盈利。增长和安全紧密相连。

但是，要想知道需要多少储备金或者多少利润可以用于再投资，就必须计算运营成本（租金、工资、材料、机器的折旧）。此外，店主必须确定，售出多少甜面包圈才能盈亏平衡。每小时平均多少顾客的流量能够使他们达到不赔不赚？

换句话说，店主就是高度现代化的商人。他们懂得，利润不一定要花掉，也可以成为商店稳定和发展的一种保障。他们懂得，只有对每一项——不仅仅是材料、机器和劳工，还有顾客和消费——都进行了计算，才能够合理利用投资和再投资。

他们了解了现代资本主义的规则：通过计算每一个项目来实现合理的再投资，以期实现资本的稳定和增长。这条规则从分析的角度可以分为两部分：目标和手段。目标是资本的增长。手段是计算——或者借用我们在讨论官僚体制时已经熟悉的术语，也就是理性。换言之，商务官僚化成为实现现代资本主义的规则即资本增长的手段。私营部门中会计师事务所的官僚体制，是支撑资本企业的第一根支柱。

这一点对于理解公共部门和私营部门的官僚体制规则很重要。官僚体制的规则从一开始就是控制。第一位现代资本家，正是通过使自己的会计方法、人事任用官僚化以及市场的算计，才真正实现了现代化，因此，他比他之前那些不重视计算的 *73* 企业主更高明。

马克斯·韦伯对于理解现代资本主义及其控制工具官僚体制，以及作为政治体制的控制工具的现代公共部门官僚体制，可以说是功不可没。在这两种情况中，官僚体制是一个独特的西方信仰的必然结果。西方相信，世界上每件事都可以计算，因此也就可以被人类控制。这种企图把世界置于计算的理性——合理化——控制之下的尝试，不仅成为资本主义的内在工具，而且也成为一个外在条件。比如，在韦伯把现代资本主义的生产类型界定为"以通过资本计算，在企业中连续生产商品的获利可能性为目标"时，他在提醒我们注意整个官僚规则的理性控制元素（Weber，1968a，164）。

以上便是资本企业的内在规范。会计意味着控制，因此，这些企业完全是在本章一开始所列举的官僚体制的规范中运行。但是，韦伯在其他文章中进行的广泛研究，也证明现代资本主义的生存，必须是在包括官僚体制的规范在内的一般理性规范成为存在的外部条件的环境之中。

在总结现代资本主义能够发展的条件时，韦伯归纳了以下三点：

1. 生产过程的技术条件的完全可计算性，即机械的理性技术。

2. 公共行政管理和法律秩序的完全可计算性，以及由政治权威对所有契约提供的可靠的、纯形式上的保证。

3. 企业及其成败的条件完全脱离家族或私人预算单位以及相关财产利益。（Weber，1968a：162）

上述各点归纳了资本主义的规则——通过资本再投资盈利——对于现代技术、现代官僚体制和现代经济学同时发展的依赖。

官僚体制的规则

官僚体制的规则是控制。由于历史原因，不论官僚体制是主人还是工具，情况都是如此。

通过理性主义实施控制。在资本企业里，会计部门在实现官僚化中首当其冲。理性的会计方法蕴含在常规程序和办公室结构之中，本身也受理性的监督，它们使企业家能够"说明"企业的所有运作以及它们彼此的影响。对此类会计做法最终评判标准的"底线"是盈亏报表。会计的官僚化，是使融资、原材料供应、机器和劳动力的工作，以及销售与利润的结果紧密结合的出发点。会计部门要求使劳动过程合理化，即对劳动过程进行量化描述和组织，从而调整劳动过程，使之成为追求利润最大化目标的手段。这种手段与目标的有效逻辑联系，构成了现代理性概念的定义。官僚体制成为西方文明中固有的理性过程的实际承载者。

那么，在公共服务部门，是什么使这种对理性的注重成为了官僚机构的运行规则呢？答案似乎是，现代官僚体制从一开始就被设计为可以用于公共服务部门的控制工具。在这个意义上，它始终更像是主人，而不是工具。

韦伯的贡献之一在于，他引起人们注意作为经济实体的资本主义需要社会和法律世界实现官僚化。官僚机构向资本主义提供的最主要的价值在于，它使劳工、股东及消费者的行为可以预测。尤其在法律方面，官僚体制使得那些符合资本家利益的行为固定化。老式的资本家有追逐风险、赚足了钱就走人的内在倾向。当生产方式和外部环境的稳定性使为不断增长而进行的资本再投资有风险时，这类资本家便消失了。国家官僚体制代表队伍日益壮大的企业家阶层，制定他们之间的契约规范，并动用权力强制契约的执行。他们也管理工人买卖自己劳动力的方式，并开始管理市场，以保护企业家不受国内外市场波动的影响。

公共部门的官僚体制为私营企业提供的核心价值是稳定性，以对抗以往行政部门里常见的、由于不可预测地随意运用和实施政策而允许波动的倾向。当然，以往的这些政策，都是王公贵族和地主们的政策。因此，官僚体制从一开始便通过提供有利于运用经济力量的稳定的条件，为限制和管制运用政治力量的目的服务。

官僚体制通过其结构来保证合同、劳工以及市场条件的相对固定性。政策包含在职责当中，不依赖个人的良好意愿。更确切地说，政策成为机构的运作规程，而这些规程如果被遵守的话，会保障机构内临时担任职务人员的收入、地位以及机构的认同。通过使行政部门的机构不具有灵活性，官僚体制使不断变化的世界固化。因此，指责后来的官僚体制不灵活，就是忘记了官僚体制作为一种行政概念的起源和性质。

当马克斯·韦伯首次分析现代官僚体制的核心特征时，他也通过比较分离出了它的核心价值。但他是与以前行政部门的主导体系进行比较的。如果脱离上下文，即如果不与以前家长制或世袭制的形式比较，韦伯著名的关于官僚体制的六个特征（以下将讨论）就没有意义，也完全没有揭示出它们的价值取向。

对韦伯六个特征的总体观察表明，他的主题是将使控制固化的新行政管理形式，与封建帝王、古代帝国那种偶然、任意且常常不可预料的决断做对比。六个特征中的每一个都描述了实现永久的可预测的管理控制的条件。为了通过对比来更有力地阐明这种对控制的注重，我在下面摘出每个段落的中心思想，从控制的目标的角度加以解释，并将它们与更早的、主要出自韦伯本人的行政管理形式加以联系比较。全文可在若干重印版本里找到（均引自韦伯 1968a：956-998）。

现代官僚体制的特征　　　　　　　　*76*

1. 官僚体制的特征是拥有"固定的正式管辖领域"。

从字面意义上讲，管辖权的意思是阐明法律。管辖领域成为了执法领域。这些领域有明确的界定，在法律和理性的合法性体系中，有系统的分工和具体的职责。这便是理性主义分工的开端。

在自身的内部结构里，官僚体制起初是一种用以管理外部世界的理性主义的行为模式。一旦这个世界自身形成了秩序，官僚体制就需在其内部结构中反映这种秩序。

相比之下，现代官僚体制的前身是家长制和世袭制即父亲的统治。至今仍然存在的前现代组织包括家庭特别是某些种族群体中的大家庭、政治机器以及黑手党。在此类前现代组织中，在传统的范围内，父亲兼统治者认定的就是法律。责权可以委派下放，但这并非系统性的委派下放，必须服从作为最高统治者的父亲的意愿。管辖权的边界模糊且相互交错，这反映出缺乏清晰的社会组织。这是令人沮丧的，尤其对于新兴的现代企业家、商人和产业家阶级而言，因为他们在劳工、原材料、市场和相互约束的合同方面需要稳定的法律和行政管理。

a. 官僚体制的特征是"正式职责"。职责由法律和担任上级职务的官员确定。

办事员们经常爱说这样的话，"我不过是尽我的职责而已；没有个人的因素"。从心理角度讲，职责强大的源泉来自外部。办事员服从的是可以按照理性追溯的外部指令。

相反，在前现代组织里，完成工作是出于个人的义务感。这种义务感来自良知，也就是说它是内在的。下属经常会说，"他对我有恩；我必须知恩图报"。下属的所作所为像是在服从一种内心声音的呼唤。在前现代组织中，某人被服从的原因是无法通过将行动与预先规定的一系列职责相比较而从理性上进行解释的，这些已经成为精神分析学的内容。

77　　b. 在现代官僚体制中，权威的"分布是稳定的"。韦伯在此详细说明了第一点：强调稳定就要求可预测性和控制。对官僚而言，这意味着他们知道不同部门总是会发出不同的指令：工资部门要求你上交记时工卡；人事部门决定你是否胜任工作；生产线上的工长发布任务指令。在另外一个意义上，官僚学会了把特定的行为方式与特定的职能部门联系起来。常设机构中明确地包含了权威。

进一步延伸的一点是，"权威……是由采取强制手段的规则严格界定的"。换言之，在行政管理行为发生之前，规则便存在和颁布了。处罚的范围有严格的限定，并由专门机构负责。

相比而言，根据前现代主义的规则，权威集中于父辈统治者手中，权力即便下放也没有明确的分配，或者根本没有分配。当代的一个案例是白宫工作人员不稳定的命运。他们的权威不仅会与他人的重叠而且没有持久性，因为总统可以随时将他解职。对他们的职能通常没有清楚的描述，他人对此也缺乏清楚的理解。可以将这种状况与任何一个常设的内阁部门的权威分配进行比较。

我们不妨看看家庭这个前现代组织的残存物，对照一下按照规则界定权威的做法。在家庭里，只要子女没有做出父母不认可的行为，可能就谈不上什么规矩。规矩往往是在事后制定的。值得注意的是，家庭管理的目的不是控制，而是发展。为了应对各种各样可能的行为和家庭的需要，强制的范围是无限的：罗马时期的家长可能会杀死孩子；即便随着子女经过个性化成长最后达到物质上的独立，当今的父母可能会在心理上折磨孩子，以建立内疚和羞愧的控制机制。家庭的任何一名成员都可以对另一个成员进行心理上的折磨；没有负责折磨的正式机构，尽管往往会有一个主执行人。在传统家庭里，这个角色通常由父亲担任。

同样，在政治机器里，从未公布过有关贪污和政治贿赂的奖惩规则。它们因被奖惩者而异，虽然人们都理解其中的伦理。

78　　c. 官僚体制的特征是"连续不断地履行职责"。这种安排有利于客户预期在某个功能领域里规则的实施和行为是不变的。

相反，前现代组织没有这种可靠性，职责的履行依靠的是兼职管理人员的一时兴致，他们对管理和指派给他们的权威的兴趣变幻不定。缺乏连续性，就不可能形成对发现同样的市场条件、同样的合同执行、同样的对商业自由或对每日劳工供应情况的管理的预期。而这又导致企业家无法对手段和目标进行理性的计算，或者无法为了支持行政部门的持续运作而对课征国税进行理性规划。

其次，固定的职责分派和执行会带来"相应的权利"。权利指的是人们的习惯性预期，只要他们不断履行所分派的职责就会获得完全相同的奖励。没有明确的职责界定，没有以不断的赏罚分明来保证职责的履行，就不可能形成办事员或者公民的权利。

相比之下，在世袭和家长统治的体制中，正是由于缺少持续履行职责的行政结构，因此没有"权利"，只有统治者赋予的、由管理者来尽情发挥的特权。

最后，那些受聘履行职责的人必须"具备一定的资格"。这一规定提高了行政结构和工作环境中行政行为的秩序性。按照统一规则、根据资格能力选拔办事员，就可以期待他们的表现有序和统一。再者，此类标准现在是根据任务而定的，而不是仍然依赖统治者的意愿。总之，在官僚体制中：

（1）有根据任务而定的资格要求；

（2）这些资格要求是建立在规章制度中的；

（3）这些资格要求得到普遍应用。

相比之下，在前现代组织中：

（1）没有根据任务而定的资格要求，首要的是对统治者忠诚；

（2）没有正式的规章制度，只有根据统治者一时意志产生的特殊规则；

（3）统治者的意志会因情况而异。这样是无法运营铁路的。

2. 官僚机构被"职务的层级结构……权威级别的高低……有序的上下级关系" *79* 统治着。

这样就又推动了有利于控制的秩序的形成。司法管辖领域提供了纵向分工，层级结构提供了负责不同领域和重要性的行政管理层级之间的横向分工。它也成为把握纵向分工的控制机制。后面这一点对于官僚机构的控制非常重要：分工会减少任何个人自行其是的可能性，当分工使一位办事员所作的事情只能完成一项授权的行政行为中的一小部分时尤其如此。在这一点上，单个办事员会依赖直接上司指示他何时并且如何行事，以便与其他办事员的行动协调统一。正是这种基于分工的依赖，以及层级结构中更高级别的领导对于这种依赖的管理，构成了现代官僚机构巨大权力的因果关系法则。办事员只能依靠上级提供最终的规范并对他们的行为给予奖赏。在此过程中，他们必须向上级提供信息作为奖惩的依据，于是，他们便将让渡出自己行为的管理权。职责被构建成金字塔式的层级结构，担任最高职务者是最终的判官和管理者，这保证了对所有职务实施中央控制。

总之，层级结构意味着，权力按照职务从高到低进行明确委派，清楚地认识自己在层级结构中所处的位置，以及直接上司负责管理的原则。

而前现代组织表现出权力是交叉委派的，形式上的上级部门不一定权力更大、责任或权威更多。由于个案的不同，人们所处的位置、权力和责任也不确定。不断的权力争夺和不断地绕过上司成为担任公职的常态。政治仍然是日常工作生活中的一个事实。

依靠层级结构为自己的行为提供指导和奖赏，并因此把依赖当成一种生存的方式，这在前现代组织当中是不可能形成的。没有这种依赖，前现代组织便无法形成 *80*

长期可靠、涵盖广大地理及人口范围的控制手段。

合理的分工和层级结构对分工进行管理的相互作用，成为现代官僚体制无可比拟的权力工具的范围、强度和可控性的基础。

3．在官僚体制中，管理的"基础是书面文件"。

书面文字记录使官僚受命做什么和他们实际做了什么一目了然。这样，才可能按照理性组织行政管理，使手段和目标相一致——包括根据下级上报的书面报告对行政管理进行修正。在私营企业里，会计的书面记录就是一个例子。电脑方法也是一样，由于可以检索，这些同样是可见的。公共服务部门中的例子包括记录和报告。行政管理活动被记录下来，不受办事员个人的意愿、无能、不诚实、离职或者死亡的影响。至少对活动可以通过层级结构自上而下进行监督，最终可以从外部由公众进行监督。在这一点上，行政管理有可能成为政治上可控的、在职权范围内维持人们的行为秩序的执行者。

相反，在前现代组织中，沟通和控制往往是通过口头、根据人易犯错误的记忆而进行的。个人对认识和理解中偏见的控制，个人决定搁置私利，这些都能保证可靠性。一旦没有了这种诚实，行政管理便随之瓦解。

倘若没有永久的记录，很难为了未来进行纠正和控制的目的来对行为进行审查和分析。由于缺乏正式的规章制度、评估和反馈，人们会对由中央实施控制产生怀疑。

4．官僚体制的职务管理需要"完全的专业训练"。

_81_ 在此，韦伯不仅重复了自己早先的观察，即现代官僚体制需要在资格上符合一般规则的雇员，还强调职务的管理本身已经专业化和理性化了。

相比之下，在前现代组织中，雇员是否具备资格主要在于是否得到统治者——如上司、组织机器等——的信赖。问题并不在于"你能否做这份工作"，而主要在于"你是否值得信赖"。这不是说政治领导会有意雇用无能之辈，而是说他会寻找有能力的人，但要确保他们首先是可以信赖的。能否胜任的神话仅仅是神话而已，它往往是专业人员杜撰出来的。

5．官僚体制需要"官员具备全面的工作能力"。

韦伯将官僚体制与以往的前现代状态进行比较，发现那时的情况正好相反："公职是作为次要活动来履行的。"

在这一点上，韦伯再次含蓄地强调了行政管理相对其他利益和个人利益的至高无上的地位和连续性。官员把履行职责当成生活中的要务。这使他们不仅没有时间照顾个人或者其他的利益，而且说明形成了对机构的内在忠诚和依赖：官僚体制变成了一种生活方式。

相反，在前现代组织中，个人具备的工作能力首先用于做自己的事情。职位充其量是第二位的。担任官职可以使人获得私人或社会荣誉及收入，而不是机构中的地位和身份。在这样的取向下，我们很难期望官员们按照大众的而不是个人的利益来理性地维持社会秩序。

6．在官僚体制中，职位的管理遵循的是"一般规则"。

一般规则是为了所有人的利益或建立官僚体制为之服务的人的总体利益而制定的。尤其要避免的是那些对一些人有利而对另一些人不利的规则。于是，管理本身变得可以预测，对办事员的期待变得有章可循，形成一种有序和可预测的大氛围——即便是在官僚体制本身的结构中——目的在于向外界展示这种状况。

相反，在前现代行政管理中，管理往往是临时的，指导是偶然和零散的，办事员的期待是不确定的，这便导致人们向职务之外去寻找安全和支持。一个典型的例子是导致警察局或学术部门腐败的那种行政管理。 *82*

总之，重新研读韦伯对现代官僚体制精彩的分析，需要把他列举的那些特征参照历史、参照创建此类行政管理形式的目标来进行思考。他提出的结构、行为和内含的心理等每一个特征，都反映着控制的终极规则。

正如历史所证明的，如此设计的组织过去并且现在仍然恪守着它们的承诺。坚持这些观点，便产生了世界史无前例的、强有力的、庞大的控制组织，也带来一些意想不到的影响。现代主义者和后现代主义者们仍在为这样的观点而争斗：理性化的世界不一定是合理的世界。这一切是怎么变成这样的呢？

3.4　后现代主义的批评与现代主义的批评

在追溯文化变迁的历史的过程中，后现代主义批评者们在线性时间中跳跃。令人眼花缭乱的步伐掩盖了一个问题：现代主义在对事物的现状进行批判时，是否需要后现代主义助其一臂之力。

后现代主义者可以毫不费力地利用更早的批评者来为自己效劳。比如，现代哲学家路德维希·维特根斯坦（见第 6 章）就被召至后现代的大纛之下。总之，在涉及后现代主义者自己的前辈的问题上，要么时间不再前进，要么他们会制造一点神话。然而，这场游戏需要两个人来玩儿。我举一个来自现代主义阵营的自我批判，今天听起来颇有后现代主义的味道。这样的表现使人们对是否需要从后现代主义的角度进行解读提出质疑。

我们来看看这个根本问题：官僚体制本来是用来把理性带入世界的工具，却如何变成自由、理性和仁慈的秩序的绊脚石？我们先研究一位现代主义哲学家，然后去发现一位现代批评者在关键问题还没有被提出来的时候，是如何应对一位后现代主义的批评者的（见福柯与洛维特之间的"较量"）。

康德 *83*

现代理性的政治起源

让我们回到启蒙运动——让时光倒流几个世纪。那是一个理性与哲学家和君王们对话的时代。其中一次对话导致的影响，在今天的社会和组织中仍然可以感受到。现代化、理性化、工业化——这些都是启蒙运动的产物。现代人也是。我们是启蒙运动今天的继承人。

启蒙运动

在德国，这场交锋始于一位哲学家的挑战。勇于思考（Sapere aude）——这位哲学家大声疾呼（当时的人仍然懂得拉丁文）。勇于思考！独立思考需要勇气。那一年是 1784 年。倡导独立思考的人呼吁在公共事务中进行推理和辩论。这一号召很快传到开明（但仍然是普鲁士帝国）的国王耳朵里，他做出的反应是："随便你们推理，你们想要对什么推理就对什么推理，但是，你们必须服从！"

这是多么令人作呕的发展！"看呢，"发出挑战的哲学家这样评论，"人类事务发展本身表现为异化和出人意料。"必须争取理性的自由，但秩序也是需要维护的。

他发现，这种状况将我们置于秩序与自由之间一个使人关系疏远的非逻辑境地。这位哲学家明白，他需要对我们进行安抚。当我们在更宏大的层面上分析人类事件的时候，伊曼努尔·康德说道，"其中几乎所有的事物都是矛盾的"（这里参考的康德的话均出自题为《什么是启蒙运动》一文，如未另做说明时，see Kant，1784：53-64）。

康德这位推崇科学的确定性和清晰性的哲学家，接受了人类生活处于更混乱状态的现实：人注定生活在矛盾中。他的同胞们喜欢秩序，但也渴望自由。然而，康德希望，自由的公民们可以在现存秩序的统治下逐渐被教化。矛盾甚至有助于发展人与生俱来的潜能：个人的自由，在被称之为公民社会的整体中，"是与合法权威相对立的。"

84　　事情的发展并非如此。显然，理性要想使自身从传统秩序中解放出来，就需要一个组织来承载着它前进。弗里德里希大帝的敕令——可以辩论，但必须服从——确保了既定秩序的统治——如果不是在未来，至少是在当时。这个制度载体的设计，将推动公众去运用理性，但是必须以有序的方式运用（有一支庞大的军队就隐藏在暗处）。我们的欧洲前辈们被在科学、商业、工业领域里运用理性吸引，他们希望使理性的力量最大化。

康德的机器：早期官僚体制

康德看到传统与启蒙是相互联系的。它们一个产生了国家秩序：单个臣民由于不能独立思考，因此需要统治者或国王的庇护；另一个试图发展恰恰相反的潜能。启蒙运动意味着个人可以自由地发展，成熟起来承担责任：作为公民，他们不需要别人告诉他们做什么。在那个时代，要想解决这个矛盾是困难的。有太多事物是相互对立的。比如，传统秩序的结构怎么能与用来促进理性的自由的任何组织结构相调和呢？康德提出建立共和制而不是民主制度。在论述启蒙运动的同一篇文章中，康德绝非偶然、不无巧妙地指出，已经有了一个现成的制度来实施理性的进步：

> 现在，为了共同生活所做的某些事情需要某种机制，通过这种机制，共同生活的若干连接点必须被动地表现出来，以便通过政府人为的热忱来为公众目

标服务，或至少避免对这些目标造成损害（55；本人的译文并加强调记号）。

当这个行政"机制"被作为公职托付给公民时，人们必须服从它："不可否认，[在运用建立在推理基础之上的反对意见进行公共辩论的意义上]说理是不允许的；相反，人们必须服从。"当康德本人被另一位国王要求停止他的宗教分析时，他不得不接受这个矛盾。他同意服从。

国王王室的座右铭要求他提供服务：我必须服务。身为国王的仆人——他担任教授的薪水是国王支付的——康德只能这样做。他不能畅所欲言，除非他显然不是以自己的教授身份说话（马克斯·韦伯后来认可了这种命令，把它作为一个道德标准［Loewith，1970]）。

比如某位受到启蒙的公民担任了公职。他必须成为"机器的一部分"。他必须同时是某个完整和共同的存在中的一个环节（Glied）。即便像康德那样的学者，也可以"在某种程度上作为一个被动的环节"为之服务（angesetzt）。每个这样受雇用的人就像是一名值班军官。假如他对上级的命令提出质疑，就将带来毁灭性的后果："他必须服从"（Kant，1784：56）。

（我们既赞赏马克斯·韦伯在更晚的 20 世纪对官僚体制的特征所作的总结，也赞赏他提出的职责道德标准的起源。）

康德的矛盾

矛盾的起源是人性及其局限性。康德那篇著名的论文就是以此结尾的。他大体上是这样说的：我们做的事情大多数都是矛盾的。让理性深入世界这个矛盾是深深存在于体制载体中的。要想使全体公民受到启蒙则不可避免地会遇到这个矛盾。

如果公民的自由太多，人们往往弄巧成拙。对自由精神的追求会超越他们的控制。假如自由的多少恰到好处，似乎就会为那种精神在时代允许范围内的发展创造空间。因此，康德说启蒙运动承认政府不仅需要自由，也需要动用"纪律严明、人数众多的军队来保证公众的平静"（61）。我们看到马克斯·韦伯早期的一个立场：国家是在一定领土范围内对力量进行垄断性控制的体制。康德关于国家官僚体制存在固有矛盾的话值得重复：

> 很多的公民自由似乎有利于人民的精神获得自由，但却对它［精神的自由]设立了不可逾越的障碍；这种东西［公民自由]少一点的话，就会给它空间按照自己的全部能力去展开（61；斜体为康德所加，本人的译文）。

因此，矛盾是固有的。最终，康德相信他那位开明的国王会执行解放臣民的理性——从而为他们打破国王意志的束缚——的任务。自由和秩序在理性的生产中较量着，成为西方文化的悲剧的一部分。20 世纪官僚体制最主要的鼓吹者和批评者认为，康德所描述的东西，正是现代官僚体制的实质。

⁸⁶ 韦伯

马克斯·韦伯继续把官僚体制当作理性发展的工具。他不仅注意到理性的悖论，还提出现在到了进行补救的时候。理性即选择我们人类目标的能力，已经被它的一个分支的符咒迷惑。工具主义的理性、对行为的后果进行逻辑计算，实际上把理性最初的精神从它的家园里扫地出门。现在，选择我们的生活方式与作为实现这类目标的技巧的理性化形成鲜明对比。

工具主义理性的崛起

到 1900 年，韦伯已经找不到康德所谓的寄生在自由思想"坚硬的外壳"里的"自由精神"了（Kant，1784：61）。正如病理学家能够辨认尸体里凝固了的血液，韦伯只能发现理性"凝固的精神"（geronnener Geist）。这种残存物组成工厂里"无生命的机器"和"有生命的机器，即现代官僚组织"。

> 凝固的精神也是那部有生命的机器，即具有专业化技能培训、有司法管辖权分工、有规章制度、按照职务高低建立权威关系的官僚体制。它与无生命的机器一起忙于营造奴役的外壳，人类最终可能不得不栖居于此，就像古埃及的法老一样失去了权势（Weber，1968a：1402）。

康德和韦伯一致认为，担任公职是有道德含义的。康德认为："一位官员被上司命令去做某件事情，却在工作中非要把命令的意义和功能辩论清楚，这是灾难性的；他必须服从。"韦伯指出："一位官员如果接到他认为是错误的命令，可以并且应该提出反对意见。"但是："假如上级坚持必须执行（命令），那么，他就心悦诚服地执行命令，并且以这种方式表现出自己的责任感高于个人的好恶，这是他的责任甚至是他的荣耀"（1404）。否则，"整个机构就会崩溃"（Weber，1958b〔1919〕：512-513）。康德满怀着希望，而韦伯则看到了麻烦。我们今天都有过这种麻烦的经历。

⁸⁷ 理性衰落的近期表现

在日常经验的层面上，在人们与官僚体制斗争的深层面上，可以看到这个矛盾。人们以前一直用反常、隐藏的功能和外在性等来解释与官僚机构打交道的经验。批判的理论揭示的是一个永久的阴暗面，这几乎结束了这种状况。指出这个矛盾，可以使我们承认，对人的侮辱和伤害很大程度上同样是官僚体制有益的那一面造成的。

在批判的社会科学层面上，这种矛盾解释了批判学派的研究结果。官僚体制强有力地取代了社会、文化、人的心理、语言、思想和政治。然而，还有一个令人质疑的领域。我们这些现代批评者们也应该扪心自问，在我们自己研究官僚体制的现代方法中，究竟在多大程度上涉及了官僚体制的矛盾。

在正规的社会科学层面上，矛盾产生了自己的影响：人们过于纠缠精心编制的数据。有个婴儿是不是死在一间福利办公室的地板上了，他在那里躺了好几天，而工作人员眼看着他咽气，但却小心翼翼地绕着他走？哎哟，这不过是一个统计数据的异常值：精心编制的"文献数据整合分析"能够纠正这种现象。文献数据整合分析显示，在覆盖40个州的261项调查中，21.5万名公民给医疗和公共事业部门打了满分的几乎占75%（Basler，1985：B1；Goodsell，2003：26-27）。然而，普通人是会被这个传闻触动的。在每80%对官僚机构表示满意的人的背后，我们想了解受到压抑的是什么。我们想知道剩下那20%的人是谁，他们的存在对作为我们的"理性"社会基础的自由和秩序之争有什么意义？

我们现在完全有理由听到后现代主义者的敲门声。尽管旧观念影响着新观念，而我们是否认识到，我们的旧观念在某种程度上可以借助于新观念呢？我们是否接受后现代主义的挑战？是否应该走过去把门打开？

福柯：没有人文主义的人类理性？

米歇尔·福柯再次探究理性的核心，他告诫我们不要寻找固定的方法，这种方法"始终依赖着人文主义"（Foucault，1984：44）。在这点上，后现代主义者挑战的是本书讲述的经历以及对此进行的现代分析。

对文化的现代描述往往基于人文主义的问题。人是什么造就的？人性是什么？事物的本质是什么？人文主义主张，可以从自我奋斗、处于宇宙中心的个人的角度定义这些问题。然而，福柯指出，这些定义都是历史特定时期的产物。使用的价值是现世的、地方性的、有阶级局限性的。它们代表在特定的历史时期里为数较少的中产阶级欧洲人的偏好。 *88*

人文主义强调所有阶级成员是平等的，最终强制推行一个非人的秩序。人文主义的规范使所有的人"规范化"（48）。福柯认为，规范化会压制分歧。"可以用批判的原则以及通过在我们的自治当中不断创造自我"来抵制规范化（44）。在此，我们可能认出了一条启蒙运动的原则：人赋予自己一条法则，根据这条法则，人发现了安排生活的自由。但是在福柯看来，这是一个持续不断的过程，永远在不断更新着，循环往复地重复着。但是它不可能通过军队、学校、避难所、监狱、对不正常的人进行公开迫害等方式固定下来并进行分配。任务是抵抗现代官僚机构维持秩序的全部手段，反对他们公开运用理性。并没有一条成为人的最佳途径。我们的任务是承担起用多种方式进行自我生产的自相矛盾的任务。

理性有帮助吗？在这点上，听听权威人士是怎样说的："要么你们接受启蒙运动，保持理性主义的传统……要么批判启蒙运动，努力摆脱它的理性原则"（Foucault，1984：43）。福柯本人建议采取"越轨"行为。他指出：

● 我们必须特别注意历史上成熟理性的爆发期，这时，人们构想和塑造自己是谁，要做什么。

- 我们正在陷入秩序的牢笼，我们必须站在自由和自发性一边——甚至采取"越轨"行为。
- 必须揭露纯粹工具主义理性的权力基础。

不过，有一篇地道的现代主义的批评文章已经预料到这样的分析。这是早在后现代主义出现之前，由现代主义者卡尔·洛维特提出的，他回忆了韦伯本人早期对理性的衰落的批判。

⁸⁹ 洛维特：官僚体制是理性矛盾的牺牲品

一位名叫卡尔·洛维特的韦伯派学者，利用韦伯自己的批判概念，揭露了启蒙运动思想中存在的问题。关注的焦点变得宽泛了。他对整个理性化过程进行了分析，不仅追溯了对官僚体制的影响，也追溯了把人类重视的事情奉为神明的其他机构——经济和宗教——的影响。

韦伯早已观察到理性的总体消亡：它越来越服从于秩序。他注意到，在所谓的理性文化中，进步被看成与理性越来越内在的微妙之处有关。技术比目的更重要。辨别目的的能力下降了。井然有序、被当作工具的理性，带来的是非理性的结果。韦伯称此为"手段在技术上的不断合理化"。他认为，这个越来越唯理主义的过程，在逻辑意义上，正在妨碍运用理性去想象人类可能的目标（Weber，1968a：295；本人的译文）。

洛维特现在接受了这个思想。他补充道，理性化使手段与目的之间的关系倒置。手段变成了目的。最初为人服务的目的渐渐被搁置或者遗忘。这一缺失使理性的概念被局限在法律、政治、经济、教育、政府和行政部门的技术改善上。但是，所有这些都失去了与人的终极需要也就是目的感的联系（Loewith，1970：114-115ff.）。

一个理性化的行政部门会支持和帮助发展内部理性化的经济。在一个非常特殊的意义上，我们的"经济"变成了我们的"文化"。在《新教伦理和资本主义精神》中，韦伯仍然发现，实现终极目标——救赎的动力，就是推动现代西方资本主义的动力。在现代资本主义中，这种动力消失了。经济事业的成功意味着宗教上的救赎，这种思想已经瓦解。洛维特补充道，其之所以瓦解，不是因为经济"由于失去了宗教内容"而变得世俗化，而是因为出现了一种不同的发展：

> 社会资产阶级阶层的经济情绪，最初是以宗教为动力的，即明确的人的需要，由于经济的独立已经达到了这样的程度：尽管有外部的种种理性，已经不再与人的这种需要有任何显见的关系了，这种经济情绪因而变得"非理性"（115）。

⁹⁰　　西方文化重视的一切——经济、政治、教育、宗教——都有其独特的特征，这就是理性的精神是发现生活目的的能力。这曾经是韦伯的论点。文化的政府行政部

门分支击垮了如此定义的理性。实施秩序的机构负责教育公民如何使用自己的理性,但却创造了一种纯逻辑的人为功能,也就是逻辑本身。这种文化、它的宗教、它的想象力的发展,都成为理性化命运的牺牲品。

官僚体制造成了目的的丧失,这完全是因为自从启蒙运动时期官僚体制开始以来,人们一直认为它会通过统治者的命令来封杀公民的理性。经济也是一个原因,因为经济越来越在技术上发展,却越来越少涉及人的需要。

当我们重读洛维特之前韦伯的著作时,便会发现韦伯早就指出过这种令人怀疑的进步。他不仅在其他政策领域里,也在政党结构的发展中发现了这种情况。他在专门提到美国政治机器时这样写道:"根据其内部结构,所有政党在过去几十年中都在竞选活动的技巧方面越来越理性化,变成一个官僚组织"(Weber,1958c [1919]:316)。

现在,洛维特请人们倒回去注意那个倾向。"原本是(实现另一个本来很有价值的目的)一种手段的东西",他写道,"变成了目的或者目的本身,本来作为手段的行为,变成了独立的而不是为了实现目标的行为,于是失去了它们最初的'意义'或目的,即以人和人的需要为基础、以实现目标为目的的理性"(Loewith,1970:1114)。

漫长的启蒙之路在此走到了终点。

由于我们所谓的宗教原因,即需要找到能够说明新的商人和工业阶级好奇的天性是有道理的理由,经济成为文化的基础。经济仍然是我们时代的文化。

官僚体制关注的是那种有秩序而不是充满想象的理性。这种关注导致经济和官僚体制本身发展了没有目标的纯技术。需要做的取舍是使满足人的需要的更高尚的任务与较低的工具主义的理性脱离开来。

在此讲述的范围狭窄的历史中,一位哲学家和一位国王赋予政策及其行政工具一项使命:发展人们独立思考的能力。一个新的阶级——现代最早的公民(资产阶级)——在这场世俗的探索中寻找着意义。但是,一个暗藏的联系插了进来。在西方文明中,在文化、经济和宗教之间形成了一种联系,成为意义的终极来源。在这个情景下,上述一切都必须服从手段的理性化,同时也使它们与人的目的相脱离。后现代主义的分析是否具有新意?

3.5　官僚体制的经济文化

当手段代替了目的,作为伟大的启蒙运动的实验的文化便崩溃了。福柯的著作对我们理解这种结果有何帮助?他是如何解释官僚体制和经济的运行中目的和手段的倒置的?

他分别对监狱、精神病院、军队进行了研究,这些研究揭示了到处都存在对机构体制发号施令的权力的偏爱,尽管政府声称这样做是为了公民的福利。在每一项研究中,他都说明了自由和理性是如何被秩序给颠覆的。

　　但是，我们需要后现代主义的分析来提供这样的认识吗？韦伯早在1904—1905年就看到了理性化的繁荣。他的门生卡尔·洛维特在1932年，刚好在纳粹关闭《社会科学和社会福利档案》之前，在该杂志上发表的一篇文章中重申了他的观点。

　　以一位把自己置于现代性终结时的后现代主义者为例。也许你认为，他不会太关心200年前在秩序与自由的结合中诞生的现代畸形的理性。然而，在他本人对康德的《什么是启蒙运动》一文的评论中，米歇尔·福柯着手研究了这个矛盾。必须采取措施去消除自由和秩序永远纠缠在一起的状况，这种状况导致了充分理性的夭折。福柯集中在秩序本身的概念上。他发现，在这个概念里面隐藏着另一个次要的矛盾。他称这个次要矛盾是"能力与权力关系的矛盾"（Foucault，1984：47）。他在这样界定这个问题的时候，已经为在现代文化中相互争斗的各方提出了解决办法。

　　启蒙运动的矛盾使秩序和自由处于对立状态，也就是我们头脑当中事物的真实面目与它们可能被理解成另外的面目之间的矛盾。这种秩序束缚了理性。想象人的需要的自由理性不再发展。它被理性化了。它充其量会使我们做出纯粹的决策，以找到最有效的手段来实现被神秘地给定的目标。这从一开始就是一种权力的理性。理性作为使手段适应人的目的的能力，现在被人们从理性的力量的角度加以解释。

　　福柯在我们关于秩序的两个经历中，看到了这一矛盾的起源。这些经验自相矛盾。其中一个经验告诉我们，如果我们安排其他人的生活，就能够使他们充分发挥他们的头脑和肌肉，以便提高他们的能力：假如我赋予她能力，我便赋予了我自己能力。另一个经验告诉我们，秩序能够促进发展，这不仅是为了秩序本身，而且是为了映照我们自己的权力：是我使她变成她现在的样子的。在此，权力的诱惑，唆使我偏离了使她自我实现的努力。福柯认为，解决的方法就是使秩序当中对人适合的东西与种种诱惑分离开。

　　秩序的确为发展我们的能力留出和保持了空间。秩序促进自由。比如，一家秩序井然的医院，可以使一位外科医生放开手脚来尽力而为。应该支持这种倾向。但是，当秩序加强了属于权力关系的人与人之间的关系时，这种诱惑则必须抵制。手术助理护士认为医生的命令是玩弄权术，于是就可能抵制命令，由于受到抵制，命令赋予能力的权力便受到削弱。"那么，成败难料的就是：能力的增长如何与权力关系的强化脱离开"（Foucault，1984：48）。

　　秩序是自由之屋门外的看门狗，必须拔掉它的尖牙。

　　秩序会失去会使它曾经帮助成长的人之间的权力关系恶化的倾向。秩序具有促进发展的能力，它会促进自由，同样，理性将失去它对权力的偏爱。为了人的理性，理性会重新获得人的理性的地位。

　　福柯笔下的"官僚机构"将迎来一批新的公务员。他们绝不会想到把权力当成推动理性的计划和规则的手段。会赋予他们的客户为了自己而运用理性的能力。如果没有合适的预算这似乎是不现实的，但纽约市学校的校长们会更重视塑造有教养的人，而不是副校长们提出的维持秩序的需要。

假如官僚体制是一种心理状态的话，为了改变它，我们必须搞清楚造成这种心态的是什么。福柯认为："有可能把我们与启蒙运动相连接的那条线，不是对学说教义的忠实，而是一种不断激活的态度。"这种态度要求"对我们的历史时代不断进行批判"（42）。存在着仅仅由现代主义的自我批判来进行这种考察的危险。我们可能会对人性做出草率的概括——也就是说，接受在特定阶级的特定历史时代即早期资产阶级时代中发现的人文主义。

福柯认为，关键问题在于能够接受自由和偏差告诉了我们什么，而不是秩序告诉了我们什么。在我们所得到的东西里，让我们注意这个问题："那些独特的、临时的东西，那些武断限制的产物，究竟有什么地位？"（45）总之："简言之，关键是把以必要的限制形式进行的批判，转变为可能是以越轨的形式进行的实际批判"（45）。

越轨是关键所在：不是与现行秩序对抗，而是不断地超越界限，寻找人能够独立的新空间。在福柯看来，这需要从根本上改变我们在对事情的状态进行深入分析时寻找的东西："在寻找具有普世价值的形式结构当中，不应该继续进行批判，而应该把批判作为对历史的考察，去探究那些使我们成为我们自己的事件，认清作为我们的行为、思想和话语的主体的自我。"任务是推动"自由的未下定义的工作"（45-46）。

我们每个人都是在为自己创造世界的过程中，同时自由地创造了自己，然后担负起在这个世界中生活的责任。福柯最终认为，自己在"用一只颤颤巍巍的手挖掘一个我可以进去探险的迷宫，在这里，我可以搬动我的论文，打开条条地下通道，走到遥远的地方，发现那些让行程变短、变形的悬垂物，在这里，我可以失去自我，最终遇到那些永远不会再相遇的人。我肯定不是唯一一个为了失去自己的真实面貌而写作的人"（1972：17）。

最终，福柯认为，我们的任务是解决理性的矛盾，这个矛盾仍然在把自己暗藏的意志强加给我们。每当我们使用所谓的当今"技术"时，矛盾便开始起作用：无论这些技术是经济学的、社会调控机构的，还是通信技术的产物（Foucault, 1984：48）。

重要的并不是人以为自己在做什么，或者天真地以为自己在做什么，"而是他们做了什么，是如何做的"（48）。对人的行为的形而上学基础进行的研究，已经被对人的实践的研究取代（see de Certeau, Bourdieu）。

对于官僚体制文化来说，批判是尖锐的、切中要害的。官僚体制价值的所谓均码文化，也许还会继续占主导地位。为了对抗它，我们需要偏离常轨才能获得自由。这时，我们需要的是重新把理性变成仆人，以便界定我们自己，发展我们自己。在此，我们需要做的是为自由和美好的东西打开机遇，而不是封死它们。后现代主义者米歇尔·福柯如是说。

有一群评论者注意到福柯关于理性的"系谱图"，主要关注负责处罚的机构中理性的堕落上。他们揭露了为取代理性中想象和创造的可能性而错误运用理性的一个方面即工具主义理性的现象。评论者们说，"当这继而揭示了程序上的空洞时，现代主义者不得不用自我和社会的切实需要来取代宇宙的真实秩序"（Dreyfus and Rabinow，1983：259-260）。

不过，他们接着说，"福柯已经说明"，用理性来发现据说是关于我们自身和社会的深刻真理，这是一个"历史构建"。这导致人们运用科学来寻找这个真理。这种对科学及其有序规则的依赖又导致"人们试图回避的规范化"——这是一个关于人的大众化的模型。

我们也许看到，现代主义者和后现代主义者之间关于运用理性的争论，是一场持续不断的争论。然而，后现代主义者可以声称自己占有优势，尽管他们并不恰当地否认现代主义者能够进行自我批判：让他们承认矛盾是人的自然状态更容易一些。康德认为，人做的许多事情都是矛盾的。假如他这种说法是正确的，他们在重新设计文化的时候，如果能够接受矛盾的东西，就会使后现代主义者距离生活而不是逻辑更近一步。

官僚机构的心理：组织是一种人格

所有行政部门的官僚化强有力地推动了……职业专家类型人员的发展。

——马克斯·韦伯

本我所在，自我即至。

——西格蒙德·弗洛伊德

人的欲望是客体的欲望。

——雅克·拉康

官僚机构取代了人格。认知与判断的心理功能一度为个人所拥有，而现在却被组织的组成部分取代。感觉与情感遭到流放。

现代人们工作的组织方式试图使无形的东西变为有形，使理性囊括桀骜不羁的想象、变化莫测的感觉和微妙奔放的情感。如果说思想、感觉和情感能够理性化，那么现代组织的设计者便可以提取出它们的功能，并将它们分配至整个组织结构。

官僚机构是一种新的心理。这是什么意思？词语几乎无法表达我们的思想。或许是我们自己没能找到合适的词语？

人格（psyche）是表示灵魂（soul）的古老词语；理性（logos）的意思是用来表达内心思想的词语（word by which the inward thought is expressed）。心理学给了我们表达内心精神的词语。但是，无论我们谁的精神能够自我表达之前，我们必须采用我们之前的人使用过的现成的语言。

现代与后现代心理学之间在这一点上存在显著差异。现代心理学看到的是积极、自立、创造语言的人，这就是启蒙运动的资产阶级的人。我们观察在工厂或官僚机构中这个人及其人格结构发生了什么的时候，看到的是人格的主要部分被撕开并转移到组织结构当中（Hummel，1977）。后现代心理学把人看作一个嵌合体，看作我们的需要与表达这种需要的能力之间差距的函数，即我们想要表达的与现有语言能够使别人听到的这两者之间不可弥合的距离。正如一位后现代心理分析家对他的学生所说的：“我们没有理由使自己成为资产阶级梦想的保证人”（Lacan，1997，350-351）。

现代主义的理解看到人格被扭曲，于是提出如下治疗方法：愈合现代组织撕裂的伤口。后现代主义的观点认为，人的人格基础中包含着不可避免的命运：目前的治疗方法只能使人们站起来面对自己的命运，它不可能对人进行重建。

于是出现了一个有趣的问题：后现代主义对人格的看法使我们比现代主义的自我分析更具有还是更不具有批评精神？

Bureau 指的是办公室；kratos 的意思是权力。当我们批评官僚体制取代了我们的人格时，我们是在用几种语言表达这样的思想，即官僚体制自称具有塑造我们灵魂的权力。现代心理学以早期现代性为基础提出假定，制定并且仍然维护着一个标准。它仍然试图说明在现代制度习俗的影响下我们灵魂的状况。现代晚期的制度本身的实践——无论关注正在做的事情与否——目的在于以组织设计取代心理。后现代主义的分析是如何为个人、为人格和本身自主的人进行辩护的呢？精神分析是否不再捍卫自己关注的核心即人格呢？在从早期向晚期现代性过渡的过程中，我们通过已被上级官僚机构的权力修改过的语言来了解我们的人格。后现代主义能够发现其中的问题吗？

4.1　构建人格

心理学似乎受权力的控制。从现代主义自我批判的角度，正是官僚体制的权力
97　攻击着个人的人格；从后现代主义的角度，首先正因为个人人格的缺失，使建立在令人质疑的基础之上的心理学无法在现代晚期的条件下有效维护人的利益。

图 4—1　人格结构图

我们是否在经历官僚权力对我们的存在的扭曲呢——我们是谁，我们做什么？我们的工作体验不会让我们有任何怀疑。设法把你的良知带入工作场所。设法带来

自己的工作方式。停下来权衡一下会发生什么。在办公室门口或工厂大门口，会要求检查你是否携带了武器。组织会教你如何掌握工作，教你这样做在道德上的是与非。

现代心理学最微妙的形式是心理分析，它在个人的人格中发现了控制和道德的独特功能。它用来描述对工作方式的控制的词是自我；辨别是非的功能是超我。假如我们接受这些术语，我们可以说现代组织从我们的内心秩序那里接管了自我和超我的功能。给我们留下的是什么？传统的心理分析只承认另外一种功能在灵魂的秩序中占有一席之地，这就是具有基本无意识的欲望和能量的本我。

心理分析师们普遍认为，完整的灵魂或人格需要所有这三种功能，正如图 4—1 所表现的那样。我们意识到，在官僚体制中，其中自我和超我两个功能被员工让渡给了层级结构的另一个层面。假如层级结构是组织结构的组成部分，这肯定行不通。组织内部有两种人，一种是管理者，另一种是下属，他们现在必须对员工以前称为自己的灵魂或者人格的那部分东西进行修剪并使之外化。现在，我们的灵魂不属于公司而属于经营公司大部分业务的管理层。我把由此产生的关系称为"工作联系"（Hummel，1977，见图 4—2）。

98

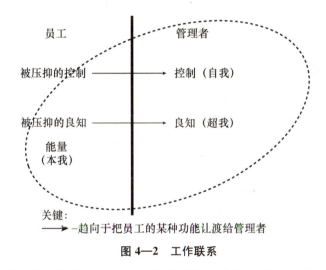

图 4—2　工作联系

只有在三种功能汇集在一起时，我们才谈得上传统意义上的统一的人格。避免这种状况并给新现象起新的名称也许有它的好处。

4.2　后现代主义的分析

工作联系的概念仍然属于现代主义的概念。它使用的是现代主义的假定。我们假定现在或者曾经有过个人这样一个实体。关于工作联系的观点显示，被官僚体制摧毁的正是这种假定的个人。这不是后现代主义的分析，后现代主义假定从来就没有自主的个人。

不过，我们现在必须服从这种新的分析。后现代主义的新观点对我们以前关于自然与人的本性的假定提出深刻的批判，并提出这样的可能性：

99

- 没有自然的心理学。
- 每个时代的人格都受着机构习俗的影响。
- 即便是对那种人格的最全面深刻的认识本身，也受到时代的话语即语言的影响。

现在，心理学充其量成为了人的内部组织的一种特殊表达方式，所使用的语言本身就令人怀疑。最糟的情况是心理学会向组织的设计让步（尽管负责任的心理分析师不会走那么远，他会拒绝把心理分析的婴儿与现代主义的洗澡水一起倒掉）。

正是在这一历史时刻，后现代主义重提了人格问题，此时现代与后现代主义的人格经验发生重叠。它探究的是客户实际表达但又不能用语言说出来的是什么？早期现代心理学并未提出这个问题，而提出心理学与语言障碍的关系问题。它仍然信奉着自然人：

- 相信个人是自由行动者。
- 相信个人为自己说理的能力。
- 相信个人对权力讲真话的潜能。

此时我们仍然充满信心。开诚布公是可能的。人可以充分展示自己的本性。总之，在此我们看到的是启蒙运动的假定：自由，既充满自由想象又符合逻辑的理性，通过自由推理获得的秩序。一旦我们开始对这些神话并且对组织实际上对我们做了什么提出质疑，我们便明白了个人的心理功能是如何被组织接管的。

现在，我们也可以开始质疑现代心理学在现代组织中扮演的角色。假如没有个人，它就不可能起到愈合个人心灵创伤的作用。它能够做什么？对于这个问题，后现代主义者给出一个令人不安的答案：我们所有的人从婴儿时期起便处于一种无法容忍的状况。我们的需要必须用父母的语言来表达，也就是说，用某个最终可能满足这些需要的人的语言来表达。但是，这种语言、这些词语和语法都先于我们而存在。它们不是我们的语言。它们允许我们用语言表达情感，这纯属偶然。我们依赖这种语言和语言的拥有者，即我们的先人，我们的父母。他们的理解势必有其局限性，除非我们使用他们的语言来表达自己的思想。即使这样，我们能做的不过是模

100 仿他们的语言。要想相互完全理解我们用这种语言所说的话是不可能的，因此，为满足我们的需要所做的事情总是与我们感到我们所需要的不吻合。这种差距、这种不足、这种缺失、这种无法满足的欲望将伴随我们一生。

总之，我们有意识和无意识的理性都是按照我们生来既有的语言构建的。没有最初的亚当。没有不能复归和不可分裂的人。我们是人类主体，是我们的语言关系的结果。我们视为人格、灵魂和精神的东西是这些关系产生的作用。

含义是清楚的。在现代组织中，人格并没有遇到任何麻烦，除了有人否定存在着自然人格的思想。组织渗透到我们体内，对我们进行解剖（分析），然后再按照组织的目的对我们进行重新组装。我们可以想想人事考试、选拔程序、组织"发展"，以及貌似使用或者恢复"自然"人格的其他虚假行为。我们被重新组合，以

便适应通行的组织结构（见下文："后现代主义的批评：拉康"）。结果是用不同的方法进行组织咨询。

4.3　心灵的疾病

对现代心理进行仔细审查就会发现官僚体制似乎取代了个人的心理，职位的外部力量塑造着我们心灵的秩序。按照这种解释，官僚体制向我们提出了两个问题。人们认为官僚患上了心灵传染病。出现了自称能帮助我们复原的治疗者（按照后现代主义的假定，那些自称治疗者的人使病因即理性的统治加重，从而落入使疾病永远无法治愈的陷阱）。

西格蒙德·弗洛伊德早已向我们揭示了现代心理分析所批判的疾病的本质。他谈到我们在文化中感到局促不安：das Unbehagen in der Kultur。结果便有了英文版的《文明及其不满》（*Civilization and Its Discontents*）。标题的翻译很好地掩盖了弗洛伊德最初的思想：文化违背了启蒙运动对培养理性的希望，没有为人类建筑一个舒适的家园（Kultur 一词被误译为了"文明"而不是"文化"，das Unbehagen——局促不安的感觉——被误译为"不满"）。

起初，弗洛伊德发现，教化了的世界是每个人在某种意义上都会隐约感到茫然的地方。在人们中间可能不会出现什么具体的"不满"（弗洛伊德不是马克思），但是，有一种朦胧的瘴气的感觉：我们在文化中感到不适。

101

假如有教养的现代人缺乏对自己真实地位的感觉，那么，官僚则更加与世隔绝。官僚们在组织中小心翼翼地守护着自己的地位，他们在生活中没有地位感，即对自己所处（真实）境地的感觉。用马克斯·韦伯的说法，官僚不仅没有头脑（没有理性），而且没有灵魂（没有感情）。正如心理分析家迈克·马考比提醒我们的那样，感情是判断的基础。

当我们说官僚的感情出了毛病的时候——或者像某位退休官僚评论自己的同类那样："官僚的心灵是空洞的"——我们说的是什么呢？按照自我批判的现代主义分析观点，我们在说：

● 理性作为纯逻辑，使现代人脱离生活——充分体验在这个世界上的存在，感觉与世界的融合，受到我们与这个世界的关系的驱使。

● 半理性（仅指逻辑）使我们脱离理性，使我们不能想象有其他目的的不同世界。

● 纠正的方法是把无意识的伤害变成可以用理性分析和有意识的认识，这种方法是用更多的理性来解决因理性过剩而引起的问题，结果导致问题更加严重。

官僚体制推崇无目的的理性，而不赞成感觉、情感和有目的的想象。具有讽刺意味的是，现代心理学告诉我们，任何对这种理性观点的偏离正是我们所患疾病的病因。它告诉我们，要与这种理性疾病作斗争，就需要更多地运用理性。接受精神分析的病人以及接受干预或咨询的客户被要求把无意识的非理性变成有意识的非理性，以便用理性进行分析。对病人或者客户的承诺是为他们找到在包括理性化的组织的现代文化中感到局促不安的原因。然而，假如原因是理性本身怎么办（Kramer，1996）？

4.4　人们如何"感觉"

巡警威廉姆斯

102　有一个故事讲述了官僚体制如何制造出一种心理，这种心理在歪曲和挑战那些在其中工作的人的生活。故事说的是一位警官，他的任务是执法，但只能使用人类在进行判断时使用的最理性的工具。这个故事显示了人格因此而发生扭曲。

现代人格在控制、良知与能量完全融合在一起的时候能够最有效地发挥作用。然而，这样的融合在体制上与在现代工厂或官僚体制里工作的人无缘。由管理者负责自我（控制）和超我（良知）的判断，员工只能让自己的能量受其他人判断的支配。在复杂纷繁的日常工作中，很难找到实例来证明这种不受员工判断所左右的纯能量的分工。但是，这种分工在某个方面即执法领域里是清晰的。在现代体制中，最熟悉法律的人并不是那些执法者。法官并不负责在美国的公路上巡逻。但那些最了解这些公路的实际情况的人也就是那些警官们，通常会被法官召去用理性和法律的语言进行叙述。在当时所有不确定因素的情况下凭着感觉、有时凭着感情迅速做出的逮捕决定，却要从纯理性的角度来证明它的正确性。事发现场的警官采取的行动是要能提交一份某个法院所说的"冷漠而无个性的记录"，在上诉时，这份记录要"清晰确定地说明拘留的实际理由"（State of New Mexico v. Bloom，Court of Appeals of New Mexico，90 N. M. 226；561 P. 2d 925；1976 N. M. App. LEXIS 664–March 16，1976）。

不用说，这种情况从未发生过。警官实际上可以运用的不仅有以逻辑为基础的理性，还有想象力和感觉，即对真实情况以及事情会如何发展的感觉。如果这种感觉有误，其结果会是致命的，正如结果对我们案例中的巡警是致命的一样。能够完全克制感情也是一种法律上的虚构。事实上，感情也许有助于使判断符合正在处理的状况。总之，有意识的自我控制涉及的不仅是工具主义的理性，还涉及富有想象的理性、感觉和情感。就连是非观——不是墨守法规意义的而是作为良知的是非观——对于在事发现场的判断以及根据判断采取行动的动力可能都是极其重要的因素。

警官的这种行动很典型地代表了现代行为对个人的心理产生的影响，原因在于尽管警官在事发现场采取的行动总是需要并且受益于将控制、良知、能量、甚至感
103　觉和情感融为一体的能力，最终在庭审时只能根据其中一个因素：理性。机构使自我与人的所有其他能力相脱离，司法管理者声称只有自己能够做这样的判断，结果记录下来的是那些随着管理层与员工对话的回声渐渐消逝而被遗忘的东西。让我们把司法记录作为这类对话的范例，并且着重理解现代和后现代的心理分析。

法庭上的对话

证人是新墨西哥州警察局的巡警威廉姆斯。他的口供记录是在审判法庭做的，现在正在上诉法庭审读。以下是法官们读到的内容：

有两个人对他们在驱车时被警察扣押并被判犯有携带大麻罪提起上诉。弗兰克·布鲁姆被判犯有携带大麻、严重殴打警官、逃逸治安官的羁押等罪行。拉尔夫·米克雷被判犯有携带大麻和逃逸羁押的同罪，以及殴打治安官罪。两名被告提起上诉，称：（1）审判法庭拒绝查封收缴的大麻，因为收缴是非法扣押、逮捕和收缴的结果，因此是错误的；（2）警官逮捕被告时并不是在依法履行职责；（3）由于州没有披露信息，涉及大麻的定罪应予推翻。

在审议关于查封的动议时，上诉法庭查阅了 1975 年 1 月 27 日巡警威廉姆斯关于自己架设路障检查司机的执照和汽车登记证明的证词。

被告对威廉姆斯进行了交互询问。

问：那么，你在截住米克雷的车时，有什么合理的理由让你相信该车存在安全问题或者没有按照法律要求进行装备吗？

答：没有，我觉得那辆车在贩运大麻之类的东西，有点不对劲。

问：好的，你有什么理由认定车的设备调节或者维修得不恰当吗？

答：没有，我不是机械师。

问：好的，你有什么理由认定司机没有有效驾照或者车辆登记？   *104*

答：所以我才询问他，看他到底有没有。

问：明白了。你有什么理由认定汽车是盗窃的？

答：没有，我知道那是辆租用的车。我怀疑是因为这辆租用的车。

问：那你为什么拦车？

答：你问我为什么拦车吗？

问：对。

答：因为我感觉他在运大麻。

问：这是在你、在你接近车之前吗？

答：是的。

问：你说过如果你没有理由是不会挨个搜查车辆的，对吗？

答：对。

问：那天你搜查别的车没有？

答：搜查了，先生。

问：知道了。你搜查其他车的理由是什么？

答：有一辆我怀疑是偷的车，我在电脑上查了，但是结果不是偷的车，不过，像在加利福尼亚州吧，他们在车丢失后 24 小时才上电脑，24 小时他们可能都开过我们这个地方了，而且根本就不上电脑，我拦了他们的车，看看他们有没有备用轮胎什么的。要知道，通常人偷车都是因为没有钱，他们会把备用轮胎和千斤顶卸下来卖掉。

问：那么，你有什么理由相信，你搜查的车中真有盗窃的车？

答：我刚才说了我有理由。

问：那好，是什么使你认定车可能是偷的？

答：根据举止，根据开的车。你发现一个"瘪三"开着辆林肯大陆牌汽车，是辆 1 万美元的车，可他连鞋都没穿，有点不对劲。

问：一个什么？你管他叫？

答：嬉皮士，瘪三什么的。

……【上诉人—被告人的律师】

105

问：（罗森伯格先生继续盘问）那天你碰到像这样的车了吗？

答：是的，碰到了，碰到了好多辆。

问：你截住那些车进行搜查了吗？

答：搜查了几辆。一般我都看得出来他们是不是拉了毒品。

问：这么说，你向米克雷先生示意在路障那儿停车就是因为你怀疑他运毒品吗？

答：是的。

问：那辆车朝你开过来的时候，是什么东西、它看着什么地方让你觉得它在运毒品吗？

答：是辆租用的车。我们发现运毒品的几乎都是租用的车。

问：知道了。你是否碰到过并没有运送大麻的租用的车呢？

答：没有。

问：你是不是只拦那些拉大麻的租用的车，那些没有大麻的租用的车，你就放行呢？

答：对。我为什么要拦没拉大麻的车呢？

问：在拦车之前这辆车怎么就让你认定是租用的车呢？

答：我认得出租用的车。

问：车是什么样？

答：嗯，这种车窗户上都有一个小粘贴标签，有的贴在镜子后面或者保险杠上。

问：知道了。这辆车的粘贴标签在什么地方？

答：我觉得是在挡风玻璃左边或者右边的顶部。

问：上面写着什么？

答：只有些数字。

问：就是这些数字让你觉得这是辆租用的车吗？

答：嗯。

问：并且让你觉得车拉着大麻。

答：是的，先生。就是这些，还有车里的那两个人。

问：车里那两个人怎么了？

答：他们看着像贩毒的。

问：好，贩运毒品的人是什么样？

答：就是他们那个样。

············   *106*

问：你能不能告诉本庭，你能不能向本庭描述一下，事发当天他们的样子怎么让你认定他们是毒贩子呢？

答：我刚才说过了。

问：是什么？

答：嗯，就是看着像毒贩子。

问：好。

答：我有我自己的判断方法。

法庭：如果我在找贩运毒品的人，我怎么知道该注意些什么，威廉姆斯先生？

证人：哦，法官先生，你得上州警官学校，得上公路了解情况，你才能分辨这些人。我的意思是，你得凭经验，你不能跑到那儿就说，我觉得那个人是贩运毒品的。

法庭：请继续。

问：（罗森伯格先生继续询问）你上州警官学校的时候，他们什么时候告诉你如何辨认贩运毒品的人的？

答：没有，就像我说的，这是靠经验的积累。

问：知道了。是不是因为他们的年龄？

答：不是，我不知道他们多大。

问：哦，是不是他们头发的长度？

答：不是。

问：是不是他们穿的衣服？

答：不是。是根据他们的举止。就像我说的，我有自己的辨认方法，你们没有。

问：好。

答：你知道，我没法跟你解释。

问：所以，车还没有停下来你就知道了，你心里感觉到他们在贩运——

答：不是。

问：——毒品。

答：发现那是辆租用的、租赁的车时，我就感觉它在贩运毒品。

问：车里的人有些情况你知道、但又无法向我们描述是吗？

答：当然。

问：好。

答：紧张。   *107*

问：谁紧张？

答：米克雷。

问：他紧张吗？

答：最初接触的时候，我压根儿没有跟布鲁姆［第二嫌犯］说过话。

问：假如米克雷没让你看他的后备箱，你会怎么做？

答：我会怎么做？

问：对。

答：我会把他带进城，领张搜查证。

问：你跟他说了吗？

答：没有，他压根儿没跟我说我不能看后备箱。

现代主义的分析

从了解现代组织内部控制与良知的外化的现代主义角度看，这位警官在心理上受到攻击的同时，表现出惊人的一致性。他以经验和感觉来为自己的控制进行辩解，这些理由他知道别人是不会接受的。在有机会撒谎的时候，他拒绝了撒谎。他坚持经验与判断的重要性，这时他本可以从法律和理性的角度来证明自己拦车是正确的。他做了大人物也做过的类似事情。于是伊曼努尔·康德指出，许多法官懂得法律，但是表现得缺乏判断力（用康德的话说是"愚蠢"），没能看出运用判断力的机会。康德还说，唯一的补救办法是经验和实例。没有使用规则的规则（Kant，1781/1787：A134，135/B173，174）。

后现代主义的分析

巡警威廉姆斯的证词按照后现代主义的解读看上去就不同了。此时的基础不是自我、超我和本我结合为一体的人格，而是一个寻求对自身的存在承认的空洞的中心：一种存在的缺失和鸿沟。这标志着我们想表达的东西与他人听到的东西之间的距离。这就是当我们想让其他人明白我们要说什么和要做什么的时候揭开的那个黑洞。这个抽去中心的中心就是拉康所谓的"欲望"问题——心灵贪得无厌的欲望和需要的空洞的中心。

108　这个差距表明，我们大家都是相互依赖的，每个人都被其他人的语言界定着，我们每个人是谁、是干什么的不会得到承认，否则就可以得到其他人的充分理解了。

巡警威廉姆斯体验了这个差距。州法律顾问和被告法律顾问揭示了这个差距。一方面是他说他做了什么，另一方面是他们希望他做了什么。他能够说的与他们想让他说的之间存在着鸿沟。在现代法律体制中，这个差距被制度化，即它被禁锢在程序的规则、记录在案的日常固定程序，以及法庭的结构当中。

法官们会告诉你，你做的正确与否，你是否使用了恰当的工具。控制与良知被外化，被嵌入到机构当中。但是，除了实质内容，法律体制还要求你用它的语言进行沟通交流。你面临这样的选择：用我们的语言来讲述你做了什么，否则法庭将不审理你的案子。但是，在实际生活和工作中，只讲抽象理性的语言是根本不可能的！

在现代性中，后现代主义者所谓的欲望就是机构固有的差距。这里出现一个新的矛盾。差距被制造出来并且被夸大到几乎令人无法容忍的地步，但这也许是我们每个人"发现"自己作为人处在其中的必要的空间。欲望可能是一个人最终拥有的、唯一能够证明自己在其他人当中存在的证据，这恰恰是因为差距显示了我们身份的差异。

威廉姆斯意识到了人所处的这种状况，他能够挑战这种状况，并且在第二天又回到路上去拦了一次车。在这个意义上，他是后现代主义心理分析所尊崇的人。他是一个清楚自己的命运并且敢于再次挑战命运的人。所有的警察都明白这个差距。

解读的差异

现代心理分析与后现代心理分析中研究了两种不同类型的人。现代主义假定有一种通过培养而具备了某种本性的人。当此人的一致性被破坏——如在工厂或官僚机构中——这是可以修复的（然而奇怪的是，直到不久前，现代主义心理分析在涉及与员工打交道的问题上一直无视这种需要）。用一位前官僚告诉我们的话说，后现代主义假定有一种"内心有空洞"的人。这是自我中心的空洞。当这个空洞在工作实践中变得越来越大、越来越深的时候，后现代主义分析者能够提出什么？哪种分析更激进、批判性更强？只要有标准，我们就可以用来测定在任务完成方面的差距。但是，如果这不过是不断增长的欲望里的差距怎么办？ *109*

眼下我们能够预见的是：后现代主义分析者知道权力的源头。它是与那个婴儿一起双双降世的。如果父母亲懂得如何让婴儿接受代替它的需要的东西，比如，按照父母的时间而不是婴儿的时间睡觉，他们就掌握了权力。懂得婴儿与自己之间差距的父母知道，所有满足婴儿要求的做法都只是替代，因此，他们知道权力是从哪里来的。这样，管理者由于所处地位而了解下属心灵的空虚并用能够满足它们的替代物如表扬和提升等来填补这种空虚。政治家的权力也依赖于老百姓有永不满足的欲望这一现实，这些欲望总是很容易用承诺就可以满足。相反，现代主义的分析一直在掩盖权力的源头。

要想更充分地解答这个问题，我们可以看看"专家之言"一节中更详尽的讨论。

4.5　专家之言

心理分析寻求的是愈合。治疗是为了修复由于孩提时代受到的伤害而造成今天功能不全的损伤。功能正常的标志是自我、超我和本我的融合，也就是控制、良知和能量的融合。在用于组织的心理分析中，那些已经内化并且不恰当地转变为现实问题的老伤口被暴露出来。这样做的目的是让这个成年人"获得自由"，使他适应组织。即使出于最良好的人道主义愿望，人还是会被规范到去接受当时的秩序。

后现代主义分析在此提出一个挑战。用一位后现代主义者的话来说："我们没有理由使自己成为资产阶级梦想的担保人"（Lacan，1997：350-351）。

从历史角度看，弗洛伊德对人格进行心理分析的模型是他所处时代的产物。完整"规范"的人格的模型主要受益于启蒙运动的假定：如未知的力量可以更多地进入意识并服从理性的洞察。这就是理性人的梦想。它忽视了现代组织的工作条件，110 人格实际正是在这样的工作条件下形成的。只有在我们思考"在现代组织中的实际运作中，心理分析的假定出了什么问题"这个问题的显而易见的答案时，全部的伤害才能显示出来。

现代主义的批评：西格蒙德·弗洛伊德

官僚时代最引人注目的事件当数个人的消失。当我们把西格蒙德·弗洛伊德对人的描述与今天的现实相提并论的时候，这一点变得尤为明显。

提升自我

弗洛伊德认为，人格的历史经历了两个阶段。在第一个阶段即群体阶段里，个人被群体淹没。可以认为人格各组成部分已被区分开，个人的人格结构包括占主导地位的超我、无影响力的自我和被压抑的本我。可以这样用图表形容它的结构：

超我

自我　　　　　　　　　本我

这个图示通过超我确立了群体规范的最高地位。自我作为个人适应现实的自动整合中心缺乏影响力：群体已经设计出所有能够允许的适应模式，并通过超我进行控制。同样，群体的超我严厉压制或惩罚凭借生与死的直觉冲动确立自身地位的任何反社会的企图。本我通过严格限制的、在文化上得到认同的社会渠道获得满足。

相比之下，我们也许会像保罗·罗赞那样指出，在把心理学应用到与他同时代的人身上的时候，"弗洛伊德全部的治疗目的在于解放和独立"（Roazen，1968：247）。弗洛伊德关注的是个人如何成熟，成为自主的才智和权力的源泉，而社会则从中获取力量。每个成员都必须服从群体的思想已经过时。这里还有社会与群体即此前存在的社会生活形式之间的差异。

111 在发展的第二阶段即社会阶段，单个人的心理被重塑。超我从社会获得的规范阻碍了个人生存，这时自我取代超我变得最为重要。本我试图在外部与内部世界之间进行调和，它通过自我认可的渠道自由地表现自己。这并不是完全的自由，但现代社会中的人的确会按照自己的形象大刀阔斧地改变世界。个人主义者的心理结构可做以下描述：

自我

超我　　　　　　　　　　本我

此处的自我处于主导地位。"自我起着统一的作用，保证着行为举止的一致性。自我起的不仅仅是避免焦虑的消极作用，还有维持有效表现的积极作用"（Roazen，1968：234）。弗洛伊德没能把自我推上主导地位，而他的继承者却做到了。由于自我占据主导地位，在超我中包含的社会标准必须根据个人需要来进行修改和调整。与群体时代相比，超我现在受到自我的控制。本我则仍然经常处于被抑制的状态，但是，当它的需要得到满足时，则更有可能是通过自我而不是超我得到满足的。实际上，弗洛伊德主要关注的是如何使人摆脱神经病的痛苦，这些起源于对冲动如性冲动的压抑。

用启蒙运动的话来说，弗洛伊德认为个人的成长不仅对人自身非常关键，而且对整个社会也极为重要：

> 人成长并脱离父母的权威因而获得解放，这是他的成长过程带来的最痛苦但又是最必要的结果。实现这种解放相当重要，人们可能认为，在某种程度上这种解放是每一个达到正常状态的人都可以实现的。的确，社会的整个过程是建立在一代代人之间的对立基础之上的（Freud，1955：237）。

正是由于弗洛伊德在政治上是欧洲自由主义者而在科学上他把个人作为分析的单元的缘故（Roazen，1968：248），他描绘的以自我为主导的人的形象与我们的时代形成鲜明对照。在他那个时代，人是在周围有他人的情况下完成的自我创造。用托马斯·霍布斯的话说，人往往会感到孤独，感到生命的存在，感到恐惧。不过，那个时候的自由被界定为在他人不干预的情况下去成就自己的命运。政治哲学和自由主义神学在这个定义上是相同的。今天，主要的政治和社会现实是公司和政府机构的现实。分析的单元现在充其量是去个性化了的人。 *112*

分裂自我

由于超我脱离了人格的其他部分，由于自我发生分裂，个人的可能性再次被不久前刚摆脱的群体淹没。个人的概念是从拉丁文的 individuus——"不可分割的"（indivisible）一词中派生而来的。个人就其本身而言在群体的世界中并不存在；个人受到社会环境太多的影响，他随着现代社会的发展而诞生，他的存在是由于这样一个概念，即人可以掌握世界，包括社会世界，并且按照个人自身的形象来重塑世界。这是早期现代科学、技术和工业的思想，并且进入了早期的社会科学。

弗洛伊德的心理学虽然是以群体为背景的（对此他毫不否认），但却是一种"个体心理学"（Freud：[1922?]：1）。直到今天，弗洛伊德心理分析和治疗的任务仍然是——至少公开宣称是——重建功能完整的个人。如果问到分析者或治疗者他们对谁直接负责的话，他们的回答是，他们直接对分析和试图治愈的对象即个人负责。

但是，不可分割的个人已不再如此，尤其在官僚体制里不再如此。他变成了可分割的个人。不需要在此对他是否仍然是某种绝对意义上的个人提出质疑。我们所需要的是理解官僚为什么对我们这些局外人看来是如此没有人性。从我们的角度看他没有人性，因为如果我们仍然按照与社会的崛起同时出现的"个人"的定义的话，这个社会就是我们仍然认为自己在工作时间之外与之无关的社会组织形式。同113 样，我们越多地认识到官僚体制关于人的概念对整个社会的渗透，我们对可以分割的人就越不会感到奇怪。

与上述对其他时代的人格结构的描述不同，这也许是对官僚人形象最好的描述：

外化的超我

分裂的自我

本我
（服务于组织服务）

这种形象虽略似由超我主导的群体人格，但却与个人主义的人的结构毫无相似之处。个人面对官僚机构强大的权力和人必须在官僚机构中谋生的需要而解体了，因为社会的范围日渐萎缩，人无法在别处谋生。

应用弗洛伊德：工作联系

我们以任何一个人为例。现在，我们把他判断什么是对社会负责的能力取消，结果是他变成了一个反社会者。接着，我们把应对环境的挑战的能力取消，他便无法生存。现代组织正是剥夺了人对这些能力的掌控。而一旦丧失这些能力，官僚机构的办事员如何生存呢？

无论从社会还是心理的角度，办事员会照样生存，这完全是因为官僚体制代表个人行使超我（良知）和自我（控制）活动的功能。只要个人不离开机构，剥夺某些个人心理能力的同一个机构也会代替他来行使这些功能。

只要办事员与管理者或办公室保持良好的关系便可以生存，个人最初人格的2/3掌握在这些人手中。图4—3对此进行了说明。

超我和自我发生外化后，办事员必须认同或者接受层级结构和分工或它们的代114 表即办事员的上司，否则将无法生存。由于管理者最能够代表层级结构和分工——即外化了的超我和自我的功能——的权力，因而成为建立这种联系的对象。认同和投射可以建立这种联系。

组织需要有人做工作，这也就促使了联系的建立。按照规定只有负责的管理者有权判断一项工作以及使用的方法和工具是否得当，办事员只剩下本我的能量，组115 织本身使管理者与办事员融入同一个工作单位。办事员的工作离不开管理者，管理

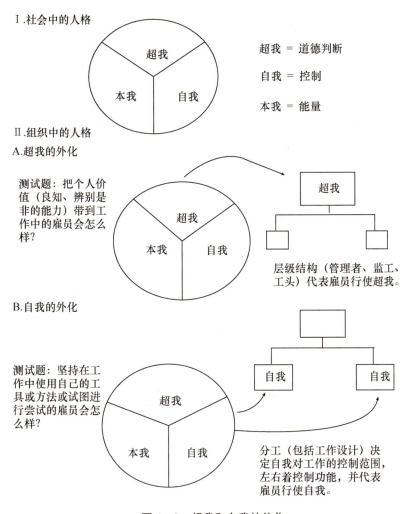

图4—3　超我和自我的外化

者同样依赖下属，没有他们的能量，工作不可能完成。

　　新的分析单位包括在工作场所中的管理者和办事员。从心理学角度，我称此为"工作联系"。工作联系所指的结构是现代组织中最简单的工作单位。形成该结构的不仅有外部的强化力量，而且还是管理者和下属之间的心理联系所起的积极作用的结果。组织使管理者与办事员处于相互依赖的状况，由此产生这种联系。这种联系是人试图挽救失去的个人尊严的一种努力，它把失去的部分东西托付给另外一个人，并且接受那个人为自我的一部分。处于工作联系的管理者和办事员共同构成一种重建的自我。官僚体制中的人性是怎样的呢？我们通过图形来看看这种工作联系。这种工作联系可用图4—4来表述。

　　没有把自己与工作联系融为一体的员工可能处于一种错位的自恋状态，他在不适宜的地方也就是在自我当中不顾一切地寻找失去的自我。按照个人主义心理，保持这种工作联系所必要的人格活动同样是病态的。对管理者的认同是一种倒退，重新激活了孩提时代早期在爱的能力出现之前建立联系的方式。投射为的是通过信念

116

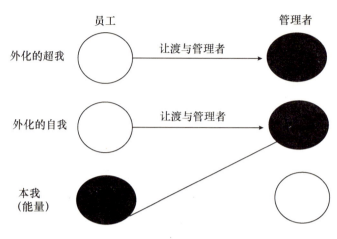

图4—4　工作联系

潜意识的飞跃来弥补自我与失去的某个客体之间的距离；假如失去的客体是人的自我或超我，则需要一种全新形式的投射。办事员与管理者之间关系的基础并非某种现实感。这是一种自下而上的投射关系，它会随时受到来自上层的突然、无法预测和显然是非理性的修正。那些很好地适应了最底层这种双重工作联系的人，是社会培养的被虐待狂。他们喜欢接受惩罚，喜欢惩罚者的权威。那些在社会上半层任职的人最好是些虐待狂。

组织结构的盖子一旦被掀开，展现在人们面前的便是一幅蛇洞被打开的景象。站在组织心理的角度，用冷眼和"中立"的眼光看待新的联系和心理过程，人们看到的是关于人格和心理的全新概念。

现代咨询：迈克尔·戴蒙德

组织心理学自20世纪70年代重建以来，在公共部门和私营部门里探讨这类问题最全面的新模型是心理分析法在组织结构理论领域的一个变体，这就是心理分析组织理论（Schwartz，1990：8）。这也是人们最缺乏了解的方法。它像西格蒙德·弗洛伊德的心理学一样成为大众茶余饭后的谈资，人们随便用性、母亲和童年等概念取笑它。出于这两方面的原因，本节不仅介绍这种方法的一些研究结果，并且试图说明组织咨询员是如何使用该方法的。

心理分析组织理论

是什么影响着现代组织里的人的性格和行为？心理分析组织理论从两个方面看待这个问题：它既是个性问题，又是影响个性的主要环境因素问题。组织如何强制推行价值观、如何构建社会关系，对此人们已有很多了解。直到最近，人们并不太明白个人如何下意识地处理这些价值和结构，不了解这些过程再如何反馈到组织的价值和结构中去。用心理分析组织理论家霍华德·舒茨的话来说，我们对情感的"蛇洞"与组织结构理想化了的"发条装置"之间的关系知之甚少。更糟糕的是，我们不希望了解！（Schwartz，1990：8）这部也许堪称心理分析组织理论最前沿的著作探讨了个人在组织中潜意识生活的问题，不过这是在组织理论的框架中的探讨。

一个关于咨询的案例最先描述了这种分析是如何进行的。我们可以运用其中的一个概念，然后评估由此而产生的认识的力量，归纳其中的部分研究结果。

心理分析咨询案例

采用心理分析法的组织咨询员如何对一个机构内部出现的问题进行分析？在下文的案例中，在某种程度上我们可以幻想一边读案例的事实，一边进行社会或者文化角度的分析。某州人力资源服务局发生的情况在一定程度上可以解释为层级结构和分工所起的作用。在某种程度上可以看作价值的冲突。或许可以通过重组或由局长宣布并且通过培训使员工接受适量的价值观来解决问题。不过这些还不足以纠偏。

心理分析法不仅仅增加这类分析的深度。在这个案例中它还提供了深刻的理解，没有这样的理解，社会或者文化的重建不可能成功。为了能够根据社会或者文化的理解来同时评价这个案例，到最后才给出心理分析的理解，读者需要耐心地一步一步地研究案例的发展。案例如下（from Diamond，1993：193-210）：

某州人力资源服务局除了本局原有项目之外，又获得若干新的管理项目。新任局长杰克·史密斯打算起草一份全局通用的使命说明书。但是他遇到一些部门内部问题："资源分享不够，部门之间缺乏沟通，纵向和横向信息分享普遍不足。"下属们普遍表示接受史密斯，他们说"杰克有本局的背景，这太不一样了"，有的说 *118* "他是我们当中的一员"。不过他们仍然不愿意分享资源和信息。

在分组谈话中，喜欢使用心理分析法的咨询员在寻找感情方面的问题。他发现的确存在感情问题。人们告诉他的情况充满了对两位前任局长压抑的愤怒和怨恨。那两位局长曾当众说工作人员"愚蠢"和"无能"。大家回忆说他们还冲大伙嚷嚷。据大家回忆，一位局长嘲笑办公室的主任们说，他发现员工们不忠诚不听话。

这些不满情绪一直延续到新局长任期内。工作人员并没有为一个他们喜欢的人和他们自己设计的使命而齐心协力地工作，而是继续抱怨过去。在单独谈话时，各项目处抱怨后援处一心只想着如何控制，因此对项目的需要麻木不仁。后援处觉得项目处隐瞒信息、不合作、也不领情，总是把问题的责任推到他们身上。有位后援处的处长这么说："项目处的人都是这种态度：你最近为我做了什么？"

咨询员认为问题出在雇员们还没有忘记那两位前任领导。前任局长引起的不好的感觉和自卫性反应已经成为机构的一部分，影响到他们与自己喜欢的局长共事。工作人员把以前所受的待遇投射到环境上，自称是不欣赏他们并且往往充满敌意的公众的"幸存者"，是虐待狂局长的牺牲品。

咨询员用投射、对象的丧失、迫害移情等技术概念来解释这种行为。参与者所做的表面的反省未能揭示这样的心理事实：即便是你恨的人死了也应该悲伤。人们不会愿意为他们而悲伤。咨询员这样解释：

> 投射指的是一种心理倾向，它拒绝不好的感觉并把它们排斥在自身之外、仿佛这种感觉属于别人或者完全是另外一回事，投射使你很难感到悲伤。每次小组讨论和单独谈话的时候，参与者就会批判和讲述关于前两任局长令人不快的故事。有的说，"他们跟州长是哥们，他们缺乏领导技能，不了解项目处的情况"。还有的说，"波尔科腐败，霍尔姆斯待人不善"，大家都有同感。最后，有几个人提出，"杰克·史密斯继承了霍尔姆斯和波尔科的衣钵"。这是咨询员听到的最尖锐的话。

119　　咨询员的结论是："因为失去你所爱并且在意的人而悲伤似乎可以理解，但是为你厌恶的人而纠结，这在许多人看来是不可思议的……人力资源服务局的人员必须正视，必须放弃过去这些消极的并且影响到他们的相互关系以及与新任局长的关系的感情。他们必须放弃使自己变得愤世嫉俗、丧失对积极变革的希望的迫害移情。"

　　像所有专业语言一样，这里使用的技术术语会把那些不为人们理解的东西排斥在外。不过，这些术语提醒专家，像愤怒或者悲伤这样的现象是包含在整个心理活动当中的，要想进行诊断和提出解决方法，就必须了解这些现象。如果采取文化的方法，可以着重让员工为了编写使命说明书而寻找共同的价值观。心理分析法发现了必须首先愈合的根深蒂固的伤害。只有愈合了这些伤害才能对价值观和使命进行合理的讨论："对令人厌恶的领导的离去感到悲伤这一点非常重要，有助于他们构建对自己作为一个机构更现实（和不太悲观）的认识，修复感情上的伤害……这些影响着他们如何看待现任领导。"

　　倘若没有相关人员思想过程的心理活动（我们在这里说的是从心理分析的角度加以理解），就无法理解人们经常提及的现代组织的矛盾和病态。可以用一个概念具有的力量来说明这一点。

按部就班的行为是解释官僚机构病态的关键

　　可以根据某种方法对事物理解的深度来评估它的有效性。就心理分析组织理论而言，这一点可以用按部就班的行为这个概念来解释官僚机构如何变成了自己的死敌（Baum，1987；Diamond，1993；Schwartz，1990）。

　　我们从一个简单的问题入手。是什么维持着官僚表面的四平八稳？为什么他总是显得不偏不倚？从文化角度的解读认为这种现象产生和保持的原因其实并不重要。这种解读会说：他们在工作中没有恐惧、不偏不倚，因为这是他们的价值观。

　　而当我们分析官僚的心理时，我们会关注另一个方面的问题，即深入到感情的王国里。不偏不倚仅仅是因为有铁的纪律？还是因为理性"控制"了感情的宣泄？
120　相反，我们发现，我们看到的是冷静和中立的官僚，而维持着我们看到的工具主义理性形象的表面现象掩盖的是感情在涌动，在波澜起伏。心理分析组织理论家关于按部就班的行为的概念揭示了这些感情。

自马克思·韦伯以来，人们很清楚政府官僚机构的初衷是稳定经济环境。我们能够看出办事员的取向是否体现了这种稳定的价值观。组织试图消除环境中所有的不稳定因素，同样，要求组织的运作者要突出稳定的做事方法，如大家习惯性地遵守某种既定形式或行事程序并且重复这些行为。但是从个人健康也就是个人自身能否适应环境的现实角度，过度遵守这类习惯就是迈克尔·戴蒙德所谓的"不正常和强迫性行为"（Diamond，1993）。

上述行为起着防护作用，使人得以逃避正常的焦虑。但正常的焦虑是人类存在的重要组成部分。焦虑的产生是因为人必须面对生与死、爱与恨、稳定与发展以及随之产生的意义与无意义、自我与分解这一对对生命中的巨大矛盾。如果回避这些矛盾就会使生命和个性大受限制。不过，正如对官僚文化的研究所显示的那样，官僚机构试图让其成员明确站在这些矛盾的这边或者那边。

官僚机构的使命明确反对这些有关矛盾的存在给世界带来的冲突和不确定性。官僚机构的做法是使我们主要关注手段问题，从而消除这类不稳定。

社会生活中的规矩习俗确认着这些矛盾的存在，并且通过施洗礼、行成年礼、婚礼和守灵等庆典活动来面对这些矛盾。这些活动给人一种完整感——"一个完整的行为、完成的程序，（至少暂时）获得了满足、满意或者是平静"（Diamond，1993；chap 2）。按部就班的行为否认生活的矛盾，压抑着这些矛盾带来的、威胁着人的自我的矛盾心理。

我们可以说官僚机构是有吸引力的工作场所，它吸引着那些愿意以循规蹈矩的行为压抑追求开放和矛盾的生活的健康感情的人，我们还可以说官僚机构会训练新员工去压抑自己。

按部就班是典型的官僚感情状态。这个概念使我们认识到，官僚机构也不能容忍可用来稳定环境的健康冲突的存在。官僚机构选定的运作者经过训练变得不能容忍自我生命状态中的矛盾心态，因此，他们在想象当中也不能容忍行为举止的范畴内存在这样的矛盾心态。在官僚们按照严格的命令维持稳定的环境中，经济增长和企业创新不仅被看作对监管机构使命的威胁，也是对机构管理者个人的威胁。

有人这样解释组织文化的一个重要冲突：这是官僚价值与社会价值之间的冲突。官僚价值包含形式理性、形式主义的客观性和纪律的价值，它们的作用是压抑体现为正义、自由、暴力、镇压、幸福、爱与恨和最终的救赎与毁灭等社会价值对个人命运的健康关怀。结果，"夸大的自我防卫和按部就班的行为鼓励大家抵制对问题的深刻认识和变革，从而使组织文化得以永远延续"（Diamond，1993；45）。

戴蒙德在案例研究中接着阐明，人所有的价值、行为和性格的养成受到诸如按部就班的行为等对现实扭曲的影响。

通过按部就班这个概念探讨官僚机构，还可以学到更重要的东西。我们已经指出，对现实扭曲造成的部分影响强化了现代组织的使命。但如果我们的结论是通过实施者相应的思想感情的刻板就能够强化维护环境稳定的使命，这就是一种浅薄的

121

结论。实施这样的使命非常需要个人的敏感性和灵活性。实施者可以使用这些工具来应对在控制行动中遇到的挑战并调整自己的策略。刻板的控制者实际上有可能对正在发生的情况视若无睹从而无法按照愿望使环境变得刻板。于是，政府官僚机构的使命和手段刺激产生的个人的种种病态最终会产生不良后果。

官僚性格会颠覆官僚机构！

对官僚机构病态的研究不仅揭示了政府官僚机构与被服务者健康的个性养成之间的不协调，也揭示了它在内部产生的官僚性格与其使命之间的不协调。这是非常重要的理解。

[122] 4.6　朝向后现代主义的批评

西格蒙德·弗洛伊德及其门徒证明，现代主义的批评能够解决现代问题。弗洛伊德的批评做了批评应该做的事，即揭示了作为生活方式基础的假定。问题仍然存在：弗洛伊德本人身处现代早期，他能否揭示自己的假定或者由他创建的学科的假定呢？现代主义的批评能否有效批评现代晚期的生活呢？后现代主义者们的回答是否定的。但是，他们拿出什么更有效的东西了呢？为了回答这个问题，我们来看一下后现代主义心理分析家雅各·拉康。

后现代主义的批评：拉康

后现代主义的分析为描述现代精神找到了新的词汇。它挖掘出现代主义批评的基础。这种挖掘对组织心理有何贡献？我们以最主要的挑战者、心理分析家雅各·拉康为例（以下解读根据评论家 Jonathan Scott Lee，1991；Lacan，1977 and 1978）。

拉康的著作对我们是有帮助的，同时回避了现代主义批评的要点。拉康关注的重心是个人心理。在这个过程中，他探讨了现代主义关于个人人格的概念的最根本的东西，但却没有对束缚员工的工作关系进行分析。解剖（解构）人格的现代构建本身不会产生将人格与社会性即与层级结构和分工等工作条件相联系的概念。

基础的差异

说到社会关系，拉康怎样理解工作联系？他会如何看待管理者替代员工的控制和良知功能这种情况呢？他的心理学如何解释由此造成的依赖现象？看到咨询员运用传统的心理分析理论来治疗"病态的"组织，他会做何反应？

[123] 拉康挖掘出来并且束之高阁的基础是西格蒙德·弗洛伊德的俄狄浦斯情结理论。该理论的核心是儿子如何与父亲争夺母爱以及儿子受到的看不见的伤害，拉康则进行了更深入的探索。拉康的理论取代了这个孩提时代的抗争会在成年之后重复出现的模式，根据他的理论，要想愈合伤口就必须把这些伤口揭示出来。

拉康发现，我们所有的人在孩提时代都处于一种无法忍受的状态中。我们的需要得到满足的程度总是不符合我们感到我们所需要的东西。这种差距、不足、缺失和无法满足的欲望毕生驱使着我们（我们在运用这种理论时还可以说，当然，现代管理者应对员工的需要时采取的立场赋予他重复这种状况的权力）。

拉康接着说，随着婴儿的长大，他会发现只有一条道路可以使他加入那些能够满足我们需要的人的队伍。这就是语言。但是，语言永远是别人的语言，是我们的前人构建的语言。我们的需要只能用他们的语言来表达。

西西弗的归来

我们的榜样是受到责罚的西西弗。我们永无休止地向上滚动着我们的命运之石，却看到它不断滚下坡来。每一次表明我们实际想要什么的企图所产生的效果都是拉大那个差距，差距又会成为不断强化的欲望。拉康会赞成《西西弗的神话》的作者阿尔贝·加缪的观点：我们必须想象西西弗最终是快乐的。

正是因为西西弗与命运合作，因此他在某种程度上必须自责。在拉康看来，精神健康就是正视命运，这是因为我们不得不接受我们的命运。从纠正出现的问题的意义上，这里是没有"治疗方法"的。生活本身就是不公正的。

按照西格蒙德·弗洛伊德的观点，我们把工作联系视为对自我和超我的侮辱或伤害。但拉康强调的却不同。他一方面赞成弗洛伊德对人格的描述，认为自我、超我和本我各有其位（拓扑学），但最终他背离了弗洛伊德，把欲望当成其心理学的中心。

拉康接受但最终摒弃的是弗洛伊德早期的结构主义。我们并非生来便具有与灵魂和肉体联系在一起的人性。我们是在我们的神经里涌动着的能量的应变量（在弗洛伊德早期著作中的电气图里我们仍然可以看到他早期关于这种联系的观点）。在此，拉康向我们呱呱坠地时进入的这个社会更广泛的背景前进了一步。现在人们看到，人格的能量只是在语言的背景下被赋予了意义。拉康的这一创新并没有摧毁弗洛伊德构建的人厦，在某种意义上却把弗洛伊德的结构主义及其在神经学的起源从软禁中解放出来。

人格是语言

人格也许有某种结构，但不是物质结构，而是一种看似语言的结构。这实际上解决了弗洛伊德掩盖的一个问题：人格能量的涌动如何变得有意义？弗洛伊德所说的物质到精神神奇的转换再也不能被掩盖。物质转换为词语的神话，无语的本我成为明白易懂、自我反射的自我的神话，现在看上去不过一个权宜的神话。

弗洛伊德本人曾提出过这个问题。物质（尽管是生物学中有生命的物质）是如何变为精神的？他像是命令似的提出了自己的答案：本我所在，自我即至（字对字的翻译回避了英文译文中最初选择的"id"和"ego"这两个词）。

拉康是弗洛伊德的追随者，但是整个人格的思想，它的力量、冲动和结构，现在被认为只有以语言为背景才有意义。拉康在重建弗洛伊德的理论，但他是在一种语言的下层结构中进行的。难怪正统的弗洛伊德学派学者们大怒并将拉康逐出了山门。他们一定是在对心理分析法赋予可辩护的知识理论这一举动中看到了背叛。拉康重新分析了物质如何变为精神的问题，也就是电子如何变为人的自我意识的问题，如果他把精神分析全都放在一个框架之内也许更保险些。

总之，在欲望的鸿沟仍未满足的情况下，人们会认为工作联系造成的鸿沟非常正常，而且不可能有治疗方法，除非让个人站起来正视自己的命运。

拉康的分析与咨询员

那么，组织咨询员应该做什么？为组织提供咨询的拉康学派咨询员与传统的弗洛伊德学派咨询员工作方式有何不同？

125　　近来，使用心理分析法的组织咨询领域拓展到了公共服务领域（Michael Diamond，Michael Maccoby，Douglas LaBier，Howard Schwartz，Howell Baum，et al.）。传统的弗洛伊德学派方法对员工的分析使我们看到人格结构外化成为组织的结构（Hummel，1977）。我们可以看到一种人格结构扩散到管理者和员工这两类人身上。问题似乎是显而易见的：是我们的观察在界定着人格。咨询员需要恢复工作关系涉及的每一个人的自我、超我和本我的全部功能。

然而，发生的情况并不一定如此。喜欢使用心理分析方法的咨询员的目的是使工作群体能够完成组织的目标。假如上司出现严重问题，他们就会像哈里·莱文森那样做。莱文森被问了一个关于银行的咨询工作的问题：你的雇主如果出了严重问题怎么办？他的回答是，"我会让他去找分析员"（1985年左右在一次精神分析组织咨询员大会上的巧妙对答）。

虽然后来对此做了修正，拉康首先很高兴地看到组织结构到处都分布着人格。他看到人格结构并不局限于某个人。我们每个人总是依赖着他人。人并非生来就是人，当我们体验着不可遏制的欲望，学习着语言和社会的常规却无法遏制欲望的时候，我们便成为人。在这一点上，他的观点与马丁·海德格尔相同，他们都认为人的存在本质上是开放的，无结构的，不过，他纠正了克洛德·列维·斯特劳斯的观点，提出最终会建立结构。拉康最终在两者之间进行了调和：开放的人成为语言的俘虏，正如海德格尔所认为的那样，开放的人成为社会的俘虏，他在永无休止地寻找真实性。

拉康认为，自我在生物学与语言的"中间地带"不断被构建着。个人是自身作为生物实体被抛进世界的方式的产物；这个实体只有在它所处世界的主导语言中，才能够成为它自己。不过，这意味着人永远不可能完全变成它自己。

"治疗方法"作为为了融入组织而对人进行再造的方法变得不可信。有什么可以证明再造分裂的或者受到伤害的自我、超我和本我的做法是有道理的？更可信的做法是使成年人正视自己的处境，也就是说没有这种自然的结构，只有社会及其语言构建的人为结构。

126　　弗洛伊德倾听委托人说的情况（言语），把他们的话作为评价特定结构（以"人格"形式出现的自我、超我、本我）的方法，而拉康则不相信语言是这类结构的源头。他总是只使用从委托人所说的话的角度能获得的信息而不对暗藏的结构进行假设。

弗洛伊德认为委托人是一个演讲者，这位演讲者陈述了由三部分组成的人格是如何应对世界的，拉康则着重于欲望，研究缺失和差距问题。工作联系使我们不快。从正统角度说，应当加以纠正。结构应该起作用，应该是健康的。但这从来不是完全可能的。用拉康的话来说，把演讲者与所说的话等同起来，就会使部分真实的东西即演讲的主体变成一个信号，变成象征系统的组成部分即语言。但是，"我们不能使自己完全投入到语言当中去，说一切都是不允许的（interdire）"（Lee，1991：139）。陈述难免有遗漏。这对于探索比前科学知识更优越的独立科学知识的人来说不是问题。但是在心理分析中就有问题了，心理分析关注的恰好是那些需要在实践中揭示的不完整的、黑暗的、非主流的思想和感情。

是批判还是附和？

在研究欲望结构的过程中，我们现在开始发现人所受的束缚有了一个新的基础。在工作联系中，对于员工来说，其他客体的欲望——此处指的是管理者的语言——必须转化为自身的欲望。现在，把我们界定为存在的缺失的是我们的欲望而不是融为一体的自我、超我和本我的完整性（Fuery，1995：20）。

我们的欲望是他人的欲望。我们的命运不再取决于作为判断物体是否合适和令人满意的自我，而是取决于某个难以捉摸的未知事物，一种既非我本人的又非他人的无意识："人的欲望是客体的欲望"（Lacan，1977：264）。

根据拉康派的分析，工作联系对人格似乎没有太大的破坏性，但其扩展的形式却非常正常。正是因为我们身为人道主义者不喜欢这种结果，我们能否对它采取不理会的态度？

这里我们遇到了新问题。后现代主义者尤其赞同这样一个公理：我们在社会科学中所有的表述往往是它们产生的时代的产物，我们自己亦然。拉康的概念是否应该除外？拉康对于人格的表述是否应该除外？他对现代组织中在管理者和员工这两者身上也很明显的人格扩散现象的论述是否纯属偶然？诸如质量研讨小组等虚假的后现代主义的做法加重了人格扩散现象。按照拉康和伊曼努尔·康德的精神也许不存在问题。在各个时代中，人类始终面临矛盾的命运，他们今天（在工作联系中）仍然如此。让我们勇敢地面对命运吧！

至少已向正统的基础提出了挑战。个人的人格并非所有分析的要义。不可否认，个性化的人格在实施控制方面有非常出色的记录，它控制着世界上从原子裂变到制造抗生素的一切事物。只是它缺乏自我控制。在其致命的倾向当中，这样的人格是一个失败。

历史将解答遍布社会的人格情况是否更好一些这个问题。我们已经压抑了个人对工作技能的掌握，更不用说个人的责任和道德。它们的缺失是否不但对组织而且对整个文明都是致命的？后现代方法在最低程度上至少提出了这样的问题，开辟了深刻理解管理者与员工之间关系如何作用的全新领域，即把两者视为一体的组织人格。

90

4.7　官僚机构心理学

　　在组织心理学的诸多创新中，拉康主义提供了一个关于新观察方法的意义深远的例子，如果我们认真对待后现代主义就会发现这个例子。

　　在对现代组织中的人进行传统精神分析时，权力是个悬而未决的问题。无论哪一类分析者只要采取中立立场都会掩盖这样一个事实：所有的关系、甚至心理功能的关系都涉及层级关系，因此也涉及权力。

　　人的正常外部关系包含三个方面：平等关系、上下级关系、被当成下级的关系。在高效运转的组织里，我们属于哪一类关系，这取决于我们掌握的知识是否真的处于平等、优势或者劣势的地位上。

悬而未决的问题

128

　　组织心理学迄今为止没有对这些区分带来的问题给予回答：（分析者与精神分析对象的）权力关系不断拒绝自身运作中存在的巨大权力差异，这怎样能使我们深刻理解另一种权力关系（管理者与员工的关系）呢？人们因为群体心理精神分析者或咨询员更具智慧而求助于他，把他当成必须服从的一种权力，他们如何回避这样的事实？

　　更糟糕的是，我们必须在具体的心理学——比如精神分析法——当中探讨这样的问题：这种治疗方法是否仅仅是对员工的人格进行粉饰，比如使他们摆脱感情的包袱从而更适应管理者与工作的权力联系。

语言疗法?

　　在拉康的分析中，工作联系和官僚机构更广泛心理的框架似乎都是通过语言来架构的。语言的范围决定管理者实际上能够说些什么。在语言当中，他们必须试图证明员工与控制或者道德分离是合理的。为达此目的，管理层创造出一整套独立和人为的语言，这种语言已经成为影响可能的行为和个性（即组织身份）的基础。这种在现代占据主导地位的语言是科学管理的语言。员工以及我们其他人由于被排斥在这种语言创作之外，会最直接地体验到它在我们人的核心地带即欲望中造成的空白。

　　拉康主义的分析带给我们对工作关系的观察和分析的好处是双重的：无论最初的弗洛伊德派理论对人格的重视揭示了哪些方面，现在我们面临的是语言包罗万象的力量。正如组织理论家杰伊·怀特（1999）在一部关于组织中知识的理论的著作标题提出的那样，以严肃认真的态度对待语言能使我们同时既考虑到灵魂又顾及词语。我们可以开始思考，通过改变作为现代组织基础的语言结构，人的健康能够获得哪些益处，也就是说可能知道和说些什么。从消极方面，要做的就是恢复禁止的东西，在法语里，interdit 指的是人与人之间不言而喻的东西，也就是那些没有明确说白的事情。违反语言的界线可能不仅仅是一种奢侈。按照米歇尔·福柯的意思，假如组织想对发现持开放的态度，那么违反语言界线可能就是必要的，也就是说，需要避免成为最糟糕的官僚。

现代组织强行建立了一个基础，在这个基础之上，工具主义的理性的权力最 *129* 大。不过，只有掌握了科学的中层管理者才能真正掌握业务运行一致性的整个理性。只有他明白组织的目标，熟悉管理科学能够从员工的技术知识中获取什么。当然，员工掌握着真正的技术知识。知识金字塔的每个层面都有自己的语言，有权威的语言，有科学的语言，也有实践的语言。

主管、管理者和员工都不得不相互依赖，他们之间的差异既创造了一种个性感又保证了欲望的扩大。每个层面上的组织成员都会感到与其他层面上的成员越来越疏远。一个层面的知识越复杂，其他层面上的人就越会感到疏远：审计官不知道中层管理者掌握了什么，员工比技术员和管理者有更多的技术知识等。

如果减少了这种知识的分割在语言上造成的疏远，就可以减去一个主要负担。这是人不健康的人格所承受的负担。造成这种负担的是制度化的虐待狂、受虐狂、无谓的权力游戏等，它们远远超出了纯粹命运的诅咒。不过，这对办事成本也有影响，对政府治理也有影响。在关键地点和关键时间，语言的发展还会防止形成具有危险性的个性：这种个性会置组织或社会于死地。

拉康主义分析的关键在于，它保留了对个人进行治疗的选择，但也使选择成为可能。这种选择通过个人治疗以外的方法减少了组织成员的真空。组织从语言角度进行治疗成为可能。

让我们以无谓地使用权力为例。道格拉斯·拉比尔是专门研究病态的官僚的心理分析家，他写下了自己在联邦政府里与高层官僚打交道的亲身经历：

> 根据分析的样本，联邦官僚机构最高层最看重的似乎是表现强硬并且办事强硬、压制并且羞辱他人、不断考验他人、按照要求处理多种事情的能力——写备忘录，在会上发言掷地有声和"救急"等（LaBier in Hummel，1982：144）。

分析者在这些人表现出病态症状时为他们进行治疗。他总是向新病人提出的问 *130* 题是："最近工作上有没有什么变化？"

正统的分析方法是商量如何治愈，一开始便涉及语言，但语言本身不是讨论的话题。拉康主义的方法使语言成为分析在工作中遇到的问题的焦点。问题成为：他们为什么不让你继续工作？这就使官方禁止的东西进入了讨论的范围：人与人之间不通过语言进行表达的东西是什么？讨论涉及的是如何控制语言，这里，语言已经成为禁止创新、维持分裂的语言结构的工具。

可以使用正统的心理分析方法对组织进行分析（此处援引某书的标题）。语言的变异体也是如此吗？我们能否改变支持我们思维和说话方式的语言结构？

　　这个问题也超越了心理成本的界线。如果从狭义上界定，这些都是暗藏的成本。但是我们知道，官僚机构的心理禁忌限制了能够允许的东西的范围，这就造成语言与思维的扭曲。下两章将对此进行讨论。与此同时，关于后现代心理学我们可以这样说（以下是拉康观点的简述）：它可以作为揭示个人人格分裂的另外一种方法。但是这样便有可能忽视拉康提出的挑战的关键所在。

　　关键在于拉康认为我们的经验的核心是欲望。这种对无法满足的需要而不是对主体（即那个坐镇大脑发号施令的小东西）的体验，对我们这些观察到工作场所个性和心理完整性缺失的现代主义者的基础假定提出了质疑。拉康认为，管理者和员工之间权力关系的不平等可以成为另一个说明我们与生俱来的状况的例子，他提出的解决方法既不是缺失的完整性的重建，也不是假定自主的人的复活。

　　单个主体本身被视为现代语言的产物。在心理层面上，任何干预充其量只是暂时的。我们所受的语言的约束会再次显示自己的威力。工作联系（Hummel）、组织身份（Diamond）、对组织理想自我陶醉的认同（Schwartz）、双重身份（Baum）等被作为对更宏大的文化当中人文主义的幻觉展示出来。此外，启蒙运动的心理学家眼中的对自由的逃离，现在可能仅被视为对（成为逻辑的）理性的意义种种变化的适应以及我们对技术社会的自然秩序含义的理解。

131

　　从更狭义的意义上看，应该清楚的是，我们称之为现代组织的全部关系在最小的分析单位层面上作为人格开始起作用。如果这一点难以接受，那么另一种结果则可能更难以逾越。后现代主义思维要求我们至少思考这样一种可能性：假定现代组织的各个部分现在强制实行着一种心理逻辑。当然，可以认为这些部分起着我们以往视为个人的精神功能的作用。现在，仅仅把人看做这些组织运行的产物是否有道理？

　　无论现代工业在制造什么，难道它制造的不是现代人吗？政府难道不是制造了公民吗？

　　在晚期现代性中，由于可以事后来看，我们可以使用晚期现代组织最小的分析单位也就是管理者与员工之间的关系。在这种关系中，我们可以看到控制、道德和能量在两个管理层面上的外化和扩散。无论迈向工业、商业和政府的后现代主义做事方法的晚期现代组织制造出什么产物，我们难道不是在制造、兜售和管理着后现代人吗？

　　我们因此可以把官僚机构说成是人格。官僚机构实践着人为精神的逻辑。事实上，官僚机构取代了心理学。我们是否愿意思考这种转变的含义？我们可以回归人文主义的理想——假如我们想愚弄和责骂这个早已充满幻觉的世界。或许我们可以正视这个过渡性问题：谁或者什么是后现代人？他们仍然愿意与我们沟通吗？

第 5 章

官僚机构的语言：虚拟的词语

　　官僚机构最重要的权力工具是通过臭名昭著的"部门机密"概念把官方信息转换为机密材料。

——马克斯·韦伯

　　行政部门寻求在大众视线之外秘密地去除人们生活的根基。民主国家在神秘和遮掩中死亡。

——美国第六巡徊上诉法院
2002 年 8 月 26 日

　　即使狮子会开口说话，我们也是听不懂的。

——路德维希·维特根斯坦

　　官僚机构压制语言。我们诞生在语言当中。语言决定我们能说什么，不能说什么。语言是我们谈话的模式。它不仅左右人们如何谈话，也决定了他们所说的是否能被听到。无论是公共部门还是私营部门的现代官僚机构都在同语言交战。目的是使语言高不可及从而压制言论。通过控制语言，官僚机构试图控制讲话者的行动，但又不揭示其语法或词汇。

　　在现代人们把语言理解为一种工具，这恰好落入这种企图的圈套，无路可逃。把语言看作一劳永逸、确定地把握世间事务的手段是可能的。现代的批评仅仅指出需要付出的代价：意义不可能不断翻新，我们不再能把自己从对共同的生活方式的承诺中解脱出来。当我们试图说那些没法说的事情时，最能显示这种寻求确定性的致命倾向。

5.1　说无法用语言表达的东西

假设有人跟你说有无数的人处在无法用语言描述的处境。接着过来一个人对你说根本没这码事。那些想确定事实的人现在便面临一个选择：假如目击者真的谈论此事，那这件事就不再是无法用语言表达的了，不过只有表面很少的部分暴露在我们面前。简言之，就像一个模糊的魂灵，一个无声的声音，一个幽灵。如果目击者不谈论，就会使我们一无所知，同时让那些说话的人可以随意说。

我们说事情的方式真能代表那些需要说的事吗？看完根据小说《我们曾是战士》改编的电影后，我向一位越战老兵提出这个问题。

"这不对头……"他说。

"……但仗打得还行……"我说。

"仗打得总是不错的。那边没这么多废话。可你总得回家，这边只有废话，你得回家，回到一个腐败的世界。事儿不是这么结束的。事儿结束得恶劣、肮脏、有头无尾。"

让-弗朗索瓦·利奥塔讲述了一个无法用语言描述的世界。曾在那里待过的数百万人，现在没有一个能谈论它了。"大多数人那时就消失了，而幸存者也极少谈论它。当他们真说起来的时候，证词也只涉及当时状况的皮毛。"他接着问道："你怎么知道那种情况存在过呢？"

他说的是奥斯威辛集中营和毒气室。问题不是他而是另外一个人、一个怀疑论者提出的（Lyotard，1988：3-6）。

这里要求受害者说的是那些没法说的事情，回忆那些已造成的伤害的证据，而所有目击者都被禁了声，因为他们都已不在人世，同时我们对他们的话也充耳不闻。

现在，如果你回忆起数以百万人的死亡之后还能承受得住，那就回想一下我们在引言里说的那些工人的困境吧。他们是污水处理厂不堪重负的工人（见第一章）。他们会说出来吗？社会底层那些人的生与死也许就取决于此。如果他们开口，给人的印象可能是他们知道有些事情可以办到（尽管负荷已超出了他们的能力）；如果他们保持缄默，我们又会觉得他们知情不报。无论做出哪种反应，这些过时的工厂的受害者都会被看成是串通一气的。

"他们的处境很糟糕，"咨询员说。"如果他们说出来，可能会倒霉；如果不说也一样倒霉。但是，不说还有另一种巨大的风险。如果你不说实话，就会丧失人的地位"（与匿名管理咨询员的私人通信）。

我是说在奥斯威辛被毒死、在越南阵亡和在污水处理厂干活是一回事吗？我没这么说。我只是想说那些难以启齿的事情。我们是有语言的生物（zoon logon echon）。无论谁从我们嘴里把话语夺走，他便扼杀了语言，也扼杀了我们。那么，当生命遭遇到现代组织，话语的命运如何呢？

5.2　人们如何讲话

让我们看看"正常"的话语环境。

一位美国土著

每年 12 月，泰克斯·霍尔的父亲都会从政府那儿领到一张支票。仅仅是张支票而已。没有解释。只有装在黄色政府专用信封里的这张支票。

父亲会给印第安事务管理局去电话。电话线那头的一个声音会说，"我们会给你回电话"。但是他们从来不回。

泰克斯·霍尔的父亲把心中想的一嗓子吼了出来，把八个孩子吓了一跳："我要对账单！"对账单始终没来。泰克斯·霍尔的父亲不久前去世了。"直到今天，"他儿子说，"当我拿到我的支票时，没有任何东西显示这是为哪块地付的钱。这不荒唐吗？"（Washington Post，National Weekly edition，April 29–May 5，2002：30）

这个故事说的是什么呢？问题出在关于一个多世纪前就被托管的印第安土地缺少一纸政府对账单。缺的是一份付款和对哪块土地付款的对账单。没有这个对账单，北达科他州的曼丹–西达查–阿利卡拉部落就没有人知道自己是不是被美国政府给骗了。但这个故事里有些东西对我们其他人有启示。它说明官僚机构把语言和话语贬低到了什么程度。事实是，我们可能得跟政府谈，但政府并不需要跟我们谈。这肯定是夸大其词吧？我们来看看下一个例子。

135

其他公民

2002 年 3 月 31 日，《纽约时报》发表了一张几乎有 8 寸半乘 11 寸大小的照片，上面写道"我希望此信息能有帮助"，署名是首字母 PJD。这一版的剩余部分以及数不清的其他地方被政府的律师擦得一干二净。这就是政府反驳法院的方式。该法院命令公布有关迪克·切尼副总统的能源工作组的秘密讨论的 11 000 页能源部文件（*New York Times*，March 21，2002，Week in Review section：10）。结论：你可以让官僚机构开口说话，但你最好接受这开口说话是无声的。

法官对官僚

这些例子都不是要说明政府官僚机构不会说话。他们会说话，但是得在对他们有利的时间和对他们有利的条件下才会开口说话。

在印第安土地的案例中，内政部部长公然无视司法部门确认违反了受托人责任的事实，宣称"印第安托管资产管理是本部门非常重要的事务。各部落、内政部和国会需要调解与托管责任及自决相关的相互矛盾的原则"（*Washington*

Post，National Weekly edition，April 29-May 5，2002：31）。

  有位法官因网页易被黑客侵入而命令印第安事务管理局关闭其托管基金网页，以下便是该局应对的方法。该局拿出了对付预算削减的传统防守办法，即关闭华盛顿纪念碑的老招数：它把所有的网页甚至针对非印第安用户的网页都关闭了。很清楚会发生什么情况：让想预约野营地的旅游者感到不快，把他们动员起来反对这位法官（顺便提一下，此举使 30 万托管账户受到威胁）。

  官僚机构是会说话的，但它将决定谈话的框架。简言之，官僚机构谈话的本质就是保持缄默，这就是不说话的威力。官僚机构的谈话不过是独白，是单向的谈话，而社会的谈话则是双向的对话。

136
  由于官僚机构被赋予这样做的权力，因此不必为其所作所为进行解释。它的谈话不讲因果关系，既不说明组织为什么要讲话，组织内部也没有人负责追溯规则从何而来以及有何意义。于是，官僚机构的话语完全可以脱离人类所有的参照物，只有被官僚们转化为现实生活中行动参照物的形式主义的标准除外。而我们听众根本无从知道。当官僚机构高叫"着火了"的时候，真的着火了吗？当官僚说"要务"的时候，我们能期望会很快发生什么事吗？内政部部长盖尔·A·诺顿说这件事非常重要。从改进内部过程的角度来说，情况也许真是这样。但是，即使有了改进，其结果也只能从系统的角度而不是在人的意义上来衡量。她的话只是在开（她和印第安人都）无法兑现的空头支票。

员工

  有时是幽默揭露了由组织来决定人们能说什么的荒唐之处。例如，表 5—1 介绍了将组织机构著名的陈词滥调结合在一起的不同方法。

137 表 5—1 组织内部的空谈

第一栏	第二栏	第三栏	第四栏
先生们，	项目目标的实现	要求我们重新审查	现有的财政和行政条件。
同样重要的是，	委员会关心的领域既复杂又多种多样	对于确定	未来发展的领域起着关键性作用。
与此同时，	我们活动的质量不断提高，范围不断扩大	这直接影响了关键成员	对自己工作的态度的形成和改进。
不过，我们不要忘记，	组织的基础	要求明确和确立	一种参与型体制。
因此，	组织行动的新的形态	确保着关键成员参与	新的建议的提出。

  资料来源：James R. Killingsworth，"Idle Talk in Modern Organizations," *Administration and Society*，vol. 16 no. 3 (November 1984)：346-384; chart from p. 352. Originally produced as a satire by Polish students.

  假如只要把短语串在一起就有意义的话，那么任何组合也就没有了意义。有意义的讲话最终由你最后一口气说的最后一个短语来决定，而不是由声称有权自上而下界定语言的精英、层级结构或某种思想来决定。

帕斯卡尔·普莱西亚

第一版里讲述的帕斯卡尔·普莱西亚（Pasquale Plescia）的故事现在已经有点过时了，但仍是公民与政府交往的典型。帕斯卡尔·普莱西亚从加利福尼亚州乘公共汽车去华盛顿，想搞清楚他的社会保险支票延误的缘由。他发现了这些情况：

> 好，我来告诉你这个城市的一些事吧。他们这儿有一种秘密语言。你知道吗？官僚语言。就是我们说的含糊其词。这些政府的人听不见你说话。他们不听你说话。你一张口，他们便把脑子给封闭起来，认为你不用张口他们就知道你要说什么。

我在这里敲了两个星期的门，但所有的人都忙着文字工作，再无时间顾及其他。我去见一位国会议员——他是一位牧师，所以我觉得他可能有点人情味——但他的助手说我得先给他写信。另一位横竖不让我进，"因为我不是他选区的人"。还有一位递给我一份新闻稿，说"这是议员对社会保险问题的立场"。我不开玩笑，情况真是如此。于是，我去了卫生、教育和福利部（HEW，那时这三个部是合在一起的）。他们那儿有 18 万名工作人员，你猜怎么着？那儿没人受理控诉（Reported in the *Los Angeles Times*，reprinted in *New York Post*，July 29，1975：62）。

138

官僚机构的语言

帕斯卡尔·普莱西亚抓住了当我们试图让官僚了解我们的需要时最令人头疼的问题。他问道，他们为什么不听我说？他们让他写信或填表。如果你想从官僚机构甚至是官僚气十足的议员助手那里得到点什么，你得按他们的规矩说话，要写封信，填格表。官僚们似乎不愿意或没有能力让自己按我们的语言思维，而是期望我们按他们的语言思维。

官僚机构也有自己的思维方式。它使官僚"把脑子封闭起来"。从根上讲，正是这一点阻碍着身为官员的当地官僚理解我们的意思，尽管充当官僚角色的这个人也许能很好地理解我们。通常提出的要求是：我愿意帮助你，但按规定你首先得回答我们几个问题。

官僚机构判断你是否真实取决于你对这些问题的回答。而这种判断似乎是以某种抽象的、不属于这个世界的隐藏标准为参照物而做出的。在某种意义上，这些标准比你还真实。官僚遵守这些标准，把你的情况与这些标准比较后再来决定采取什么行动。官僚通过类推来决定你的情况是否应该得到关注并且最终从计划中领取津贴。

那么，像帕斯卡尔·普莱西亚那样违反常规、越过本地政府、坐公共汽车去找

139 最高层的政府因而未能遵循正常程序的人会发生什么呢？他不符合应该进行处理的客户通常的条件。结果是"他们听不见你说话"。对官僚而言，你根本不存在。

简言之，官僚机构的语言和思维让我们觉得奇怪，因为它们的目的好像就是为了阻碍理解，而这恰恰是讲话和思维的基本作用。官僚机构似乎在告诉我们，理解是一条单行道：如果你的言谈举止不符合我们的计划，我们便对你无能为力。

结果，官僚们说出的话似乎是向我们发号施令（按我们的方式说话，不然就得完蛋！），而不是双方架起作为沟通媒介的桥梁。官僚的语言是单行道或单向的，而不是双向的或者说是互惠的。由于我们不了解其在官僚思维中的来源，官僚语言似乎既没有韵律又没有道理。这样的语言似乎很武断，它的挑战是不容反抗的。最终，似乎没有人愿意承认最初是什么原因或现在是什么背景能赋予这种语言以意义：它没有背景，也没有前因后果。

只要粗略接触官僚机构语言及其背后的思维经过就可以得出这样的观察。帕斯卡尔·普莱西亚显然发现了官僚机构语言的两个突出特征：单向（只说不听）和没有前因后果（脱离上下文，让官僚语言像是一种秘密语言）。

5.3 专家之言

现代主义的批评：维特根斯坦和塞尔

维特根斯坦

在官僚机构中，我们可能正在朝着语言不再发挥语言功能的方向走着。语言是交流，而在官僚机构中的情况不是交流（communication），而是通告（information）。交流是至少两个人之间双向的意义的构建；而通告在字面上指的是一个人被另一个人塑造和影响。事实上通告不一定涉及人，机器也可以互相"通告"。哲学家路德维希·维特根斯坦提出了有关语言死亡的最有力的论点：

140 交流和通告。维特根斯坦似乎是说，语言起源于人类作为群体成员分享的共同生活。在这种共有的背景下，我们进行着"语言游戏"，即通过建立在我们之间默认的不言自明的规则基础上的语言进行相互交往。这个游戏的基本协议就是关于"我们干什么"的协议（Vesey，1974：133-138）。我们可以把这样的协议视为惯例的结果："好吧，乔，咱们说好了在这场游戏中不杀对方吧，这个叫脑袋，咱们都知道脑袋容易受伤。"但是，在我还没跟你就这个定义取得一致时，我必须已经理解了脑袋指的是什么，受伤是什么意思。也就是说，我和你必须都有人性。"如果语言要成为交流的手段，那就不仅对定义而且对判断（听起来虽有点古怪）都必须达成协议"（Wittgenstein，1953：§207）。正如维特根斯坦学派的评论家所说，"只有人们就他们对颜色的反应意见达成一致，才会有颜色的概念，而他们必须有这个概念才能把某种行为看作'对颜色的一致反应'"。如果他们对疼痛的表达和反

应不一致，他们也不会形成把某种行为看作"疼痛的行为"时需要的关于疼痛的概念（Vesey，1974：x）。

总之，语言之所以能够成为交流手段是因为有我们作为人的共同经历。维特根斯坦把这种共同经历称为"生命形式"（Lebensformen）。生命形式是人类基于物种生物特性的行为特有的表达方式。用维特根斯坦学派另一位评论家的话来说，就是：

> 语言和意识的更高级形式的存在，在逻辑上取决于他们在共同生命形式的可能性基础上的存在。因此，从经验主义的角度，他们事实上也依赖被看作（群居性很高的）同一物种成员的人的存在。断言这种形式的意识的存在，在一定程度上就是断言人群而不是单个人或若干单个人的存在，这就是说人的群体不仅有共同的特征，还有共同的（或相互的）反应和相互作用等（Teichman，1974：145）。

关于官僚机构里的生活，我们要问的问题是，这种生活是否仍然保持了维持我们作为一个物种的生物特征以及在此基础上的人类生命形式的特征。

尤其是我们可以针对官僚机构的两类"交流"提出这个问题：（1）官僚机构的结构与办事员之间的"交流"；（2）计算机与办事员或客户之间的"交流"。 *141*

现代组织理论巨头之一的赫伯特·西蒙认为官僚结构是不容更改的决策（Simon，1971）。换言之，一家吸尘器公司的销售经理办公室的任务是制定一个一成不变的决定：无论何时顾客来买吸尘器，都要有足够的销售员来完成销售。这个销售经理办公室的结构一旦建立便一劳永逸，如果不另做决定，便不会在顾客来到时出现不合格或知识不够的工作人员到处拼命找吸尘器、价格表和适当的程序把销售情况记录下来以便更新库存、订新的货物等局面。在这个意义上，这间办公室的结构不仅仅是一个冻结的决定——销售的决定——而且还是有关如何销售、开什么价、怎样以及何时重新订货等问题的许多不容更改的决定。

无人性的"语言"（nonhuman language）。这里出现一个问题：不容更改的决定即销售经理办公室包含的指令是真正的交流吗？也就是说，它们是语言还是别的什么东西？

我本人不成熟的看法是，在传统的意义上，这种不容更改的指令既不是交流也不是语言而是通告。也就是说，为了能够预期员工的表现这个非常好的理由，销售经理办公室的指令不必得到下属的同意。它们是单向的，自上而下地影响员工的表现。一旦并且因为这类技术通告不再与最初的决策者有关系，下面的人便无法与这些决策者沟通，它们也就失去了人类语言的基本特征。上文中提到的办公室不是生物，虽然可以说办公室的销售经理是大活人。但官僚办公室的特点是，不论那里有没有销售经理，也不论他是谁，其不容更改的决定（职能）都会存在。即使由于经理被解雇而造成办公室临时没有人，它仍然"存在"甚至会"说话"。它能"说话"是因为它做出的许多不容更改的决定已经写进了价格表和工作规则，而这些则是对我们这些销售人员表现的外部激励。

142　　　但是，这间办公室是像人那样"说话"和"存在"的吗？作为一个销售人员，我很明白在构建办公室的最初决定做出后，我就永远无法再回去对话和询问了。这些决定之一就是建立这样一间办公室，它能对我说话而我不能反过来对它说话。但在官僚机构里，更重要的是办公室指的不是在其中工作的人。规则是无人性的。这意味着即使我试图反过来跟它谈话，我试图与之交流的也只是一个从设计上就特别缺乏人类经历的"伙伴"。办公室毕竟是把对销售过程进展的了解和基于这些情况的指示机械化和自动化的尝试。按照维特根斯坦关于语言的概念，这种缺乏与人打交道的经验的办公室永远不会就"销售"的语言游戏与他人达成一致。由于这个销售部办公室是无人性的，它只能以它本身来影响我。而我虽自认为是人，但被当作类似机器而且是另一部机器来"认识"和对待。我要想理解它只有接受它强加于我的种种功能，也就是说，不仅是我的行为，就连我对语言的概念也变得机械了。这时，我与办公室之间无论"谈论"什么都已不再是维特根斯坦意义上的"语言"。正如威塞在谈论类似情形时言不由衷地说的那样："根据类比的论证站在那里是没有腿的，连一条腿都没有"（Vesey，1974：x）。当然，这是因为办公室与人不一样，办公室本来就没有腿。由于有这种缺陷，我们或许可以根据维特根斯坦的假设，一开始就假定在人与官僚机构的结构之间不可能有沟通和语言。

　　　但在这二者之间确实发生着什么，如果不是传统意义上的语言，那是什么呢？这里，我们可以在赫伯特·西蒙眼中的现代组织的理想结构即计算机中寻找答案。计算机不是与我们交谈吗？程序员不是编写"程序"即与计算机"对话"吗？你会把在计算机上敲键叫"对话"吗？

　　　在寻找答案之前，让我们强调以下这一点，上述关于办公室结构和办事员之间的语言关系的论证已经证明了我们的主要观点，这就是官僚机构的语言与社会的语言相去甚远。维特根斯坦的论点实际上指出，语言在官僚机构中不仅与其他类型的语言不同而且实际上是被废除了。

143　　　当人们把企业或公共服务部门的决定冻结在计算机里、然后迫使他人服从计算机的指令时，这一点是再清楚不过了。同样，正像组织结构与办事员之间的关系一样，计算机与后者之间的关系也不是沟通的关系。计算机为我们提供了特别明确的例子，它说明沟通与通报之间的区别，由于最后一点儿人的因素被排除在计算机之外，这时的计算机被视为使决策一成不变的组织结构。另一方面，办公室似乎仍是被由人担任的经理占据着，给人以人类与机器共生的印象。一般而言，计算机与人的交流不能再从人们以往如何利用语言来使人发生联系的角度来理解，因为计算机不是人类物种的一员。

　　　计算机与人类的区别就像人与狗或石头的区别一样。如一位维特根斯坦派学者所说："为什么我们不能清楚地说一条狗或一个婴儿心存希望？或者说一块石头很痛苦？为什么我们不能说计算机会工于心计？"（Dilman，1974：165）就是这位作者指出维特根斯坦本人提出过最后这个问题，他把维特根斯坦的答案归纳如下：

计算机可以对我们输入的问题给出无懈可击的答案。我们很可能会想，这就是我们认为数学家所具备的思想和智慧的那种能力吧。假如数学家与计算机在其他方面有所不同，难道一定要对他们在数学方面表现相似有影响吗？确实，如果一个大人或孩子只写出一道数学题的答案，这本身并不能证明他有智慧。我们要他解出其他数学题，才认为他有数学能力。他当下的表现是否展示出能力和智慧，取决于他在其他场合表现如何。但是，当我们称一个解决了大量数学难题的人有智慧的时候，我们其实想当然地认为他使用的符号、公式和简单运算对于他来说有意义、他理解它们。但对计算机我们就不能这样想当然。仅仅给予输入的问题以正确的答案并不能显示计算机理解它打印出来的东西……

简而言之，计算机要想算计的话，它就必须拥有像人的身体那样的东西，有胳膊、脸、眼睛，而且从事它打印的符号和公式在其中起着一定作用的各种活动。正是这些人体的部位在购物、测量、算账和工程等许许多多的活动中所起的作用给予它们所具有的感觉 (Dilman，1974：166)。

也就是说，不参与人类的经历，计算机就不会具备理解等方面的能力。同样，*144* 我们可以说人与计算机之间的互动永远也不会全面具备沟通的特征，因为沟通的一个基本要求是在分享人类环境的最终基础之上的理解能力，而计算机却不具备这种能力。

与此相似的是，人们的就业越是依赖现代组织，他们越是去适应机器，就越不可能保持沟通的能力。正如维特根斯坦指出的，假如一个人对数学题的反应像计算机那么快并且总能得出正确的答案，能进行复杂的形式转换，能做出所涉及的数学证明，但"在其他方面特别低能"，那么他就变成了"人体计算机"(Wittgenstein，1956：Pt-IV，section 3)。再换言之：

得出这些答案的人无论是说、是写、还是打印，都是在进行一项活动，其中的思维和智慧，只有当他的生活中这项活动具有意义并且与我们做的其他事情有关联时，只有当我们还有其他与做出这些答案无关的兴趣时，才能展现出来。没有这样的生活，一个生物即使是活着也不是人 (Dilman，1974：166-167)。

当我们从人类社会转向办事员和机器组成的官僚机构时，便会体验到那里所说的语言的怪异。按照维特根斯坦的解释，这是因为官僚类型的结构没有能力产生人类语言，也没有进行人类沟通和人类理解的能力。

塞尔

官僚机构非常基本的经验是，我们会感到在那里说的话与社会上说的话极为不同。把某个机构的发言人叫做"喉舌"就是这个意思。当看到计算机专家跟他们的机器"对话"时，我们遇到的是相似的奇怪经历。在这两种情况下，我们感到某种奇怪的事情正在进行，但却弄不懂为什么。而我们在这两种情况下都是正确的。

145　　　　使意义与信息分离。官僚或官僚机构（包括计算机）说话或者别人对他们说话时，我们观察到的往往是某种在人类历史中无可比拟的东西，即意义与信息的分离。官僚兼批评家的 C. P. 斯诺（C. P. Snow）笔下描写的正是这种语言："这是一种古怪的抽象语言，其主要特点就是把意义从词语里抽掉。"马歇尔·麦克卢汉（Marshall McLuhan）也许会不假思索地告诉我们"媒介就是信息"，信息的形式就是它的意义；他也许是对的：所有的交流媒介左右着它们能表达的内容。但在官僚机构中发生的情况是信息与其内容和上下文是脱离的。

　　　　记者都清楚，政府机构的新闻发言人是超脱在他们所说的事情之外的。正如虽然是贬义但却惟妙惟肖的称号"喉舌"所表示的那样，他们确实借自己的嘴来做传递机构信息的工具；但他自己的意思与他所说的话即非个人的信息是分离的。这就是"好"官僚从自身工作中超脱的功能。新闻记者要求尼克松总统的新闻秘书罗纳德·齐格勒对他散布的错误消息负责，这是官僚化不充分的标志。另一方面，当齐格勒选择用"无效"而不是"说谎"来描述他此前被记者们揭露为谎言的声明时，显示出他懂得官方言论的功能主义性质。谎言是属于社会语言范畴的概念，在此，个人要对自己所说的话负责，个人的意图应与所说的话一致。而在官僚语言的世界中，假如某种说法不再能满足官僚机构将自身意愿强加给环境的愿望，即在这个环境中手段和意义不再有意义，有意义的是项目计划的完整性，这时"无效"是最恰当的说法。

　　　　然而，我们这些从社会来到官僚机构的人觉察到官僚运用语言的方式很古怪是有道理的，尽管我们对古怪的感受也许得通过理解而不是愤怒来解决。怎么解释我们面对官僚语言时的古怪感受呢？一个东西要是古怪的话，它必定不同于我们习以为常的东西。官僚语言的不同之处是什么？如果我们能回答最后这个问题，我们也就能懂得了作为陌生人来到陌生地方的感觉。

146　　　　先看另外一个例子。当计算机对我们说话时，我们的古怪的感觉最强烈。我们在此关注计算机，是因为计算机取代了很大一部分官僚结构，事实上它们经常被用作官僚结构。例如，计算机可以取代一家企业或公共服务机构会计室或工资科的大部分功能。实际上，它在很大程度上就是会计室或者工资科，按照马克斯·韦伯的说法，它比此前所有的结构都更官僚。计算机时代以前的结构是人与机器的结合，至少看起来还是由人支配的，即使为了官僚机构的控制和稳定，他们必须像机器那样做事。在计算机接管的部门，这种双重性得到了解决：一个机构里原来由 20 名会计做的计算工资的工作现在由一台计算机来做。计算机就是理想的官僚机构。

　　　　就像我们前文中所说的，当这样的机构说话时，它的话语在我们看来非常古怪，因为所有人的东西（例如意向）在讲话者身上都找不到了，只剩下我和 IBM 计算机终端、我自己和打印的材料。由于计算机在这里给了我们一个极端或者"纯粹"的例子，我们开始清楚地看到官僚机构交谈即机器语言的性质，与人的交谈即人类语言的差异。

如同我们已经指出的，区别是在官僚机构的交谈里，信息必须与其传递者的个人兴趣严格地隔离开来，这样它才能够独立于这些人类传递者而存在。有了计算机的机器语言，官僚机构的设计者终于达到了这一目标。现在有了一种客观的、脱离了人的干预的语言。这是人类历史上非常独特的状况，也难怪我们觉得古怪！

现在我们可以求教于语言专家约翰·R·塞尔，来加深我们对这一区别究竟有多大的理解。

退出语言。塞尔认为，在普通的人类谈话中，所说的话（语言）从不会与说话的人（讲话者）的意图分开。语言的目的实际上就是要让听话者了解讲话者的意图或意思。

现在，在观察那些给计算机编程序（即用计算机专家所谓的"机器语言"工作）的人时，最奇怪的一件事就是他们"说语句"或构造语句，然后机器才能使用这些语句，而无须考虑想要沟通的任何特定的事情。他们只是确定交流的手段而不参照任何特定的意义。然后想用计算机交流的人过来，通过给它附加上意义来使用已经确定的手段——我不愿称其为语言，因为传统意义上的语言与之风马牛不相及。这种把意义附加给语言手段的过程是人类参与过的最奇怪的经历。这并不是说千百年来从未有过自上而下强行推行定义的现象。人们只是在很短的时间里体验过话语、标志和符号与所说的含义之间这种永恒的、显见的分离现象，就像是一个孩子或一个新近来到某个国家的人使用了某个新词但还没有掌握给词附加的意思一样。这种分离曾一直是个缺陷，是沟通的障碍，但现在计算机却保证把手段与意思分开可以鼓励交流而且使之更确定。

对塞尔进一步的探讨可以加深我们对所说的话与及其含义之间差异的理解。他写道：

> 人类的交流具有某些其他类型的人类行为所不具备的特殊属性。其中最特别的是：如果我试图告诉某人某件事，那么（假设满足了一定的条件），他一旦明白了我试图告诉他某件事以及我要告诉他的是什么，我的告知行动便成功了。如果他不明白我在试图告诉他某件事以及我要告诉他的是什么，我的告知行动就没有完全成功（Searle，1969：47）。

也就是说，在一般人类生活中，告知的动作与告知话语附加的意义通常是不可分离的。相反，计算机或退一步讲完全官僚化了的官僚则将这二者分离开来。计算机"语言"作为理想的官僚"语言"的代表，在某人将它运用在某个特定情况前不完全算是语言。亦即，它需要有人把高度抽象且互相分离的符号体系放进人的环境中。

在日常工作中从事解构语言工作的语言学家以前自然遇见过这种被切割的语言。但如同塞尔所说，在真实生活中"在言说一种语言时，会充满了承诺的兑现、

148　责任的承担、有说服力的论点的提出等"（197）。我们那些天真地玩弄计算机"语言"和官僚机构语言的人，从以下塞尔对语言学家同行的告诫中也许能得到些警示：

> 退出承诺使用的词语，最终必然涉及退出语言本身，这是因为言说语言……必须按照规则进行言说的行为，不能把那些言说行为与构成言说行为的基本方面的承诺分离开来（198）。

塞尔没有谈及我们已经观察到的现象：人们在平常的官僚机构生活中跟语言玩着游戏，这会涉及他担心出现的分离现象。我们把他的具体告诫解读为对我们作为言说者、听话者、尤其是作为人的一种笼统的告诫也许是恰当的。事实是，我们已经开始在日常生活中以迄今为止只有语言分析家在学术分析里才会遇到的把活的语言进行解构的方式使用"语言"。现代用法把语言从人类分享共同生活方式的群体性背景中剥离出来（维特根斯坦），把它降低为纯粹的工具（塞尔）。这种扭曲以最清晰、最残酷的方式出现在现代组织里。但如果我们不探究在这样使用语言的过程中我们对自己作为人类做了些什么，就不会完全清楚是什么使这样的扭曲变得很残酷。

现代主义的归纳

在当代生活中，语言是人与人之间达成一致的模式化的结果，人们一致认为，某些声音是类似的经历的标记。在现代世界里，话语是在两个人之间发生的。语言通过参照共同的行为给出共同的意义。当两个人都给它附加相同的意义时，语言才有意义。

而在官僚机构中，我们的经验是，一个词语的意思往往不是它字面上表达的意思。它不受相互构建的制约。例如，员工中间是不允许创造新的官方语言的。每当管理者要求雇员使用官方语言时，他们便相信自己获得了某种权力优势。

然而我们开始观察到几件具有讽刺意义的事。在现代的日常经历中，我们假设
149　一个词具有某种意义，即符号代表世界上的某种东西或行动。词语使我们认识世界。这些词语的力量掌握了我们。我们只能表达那些有相对应的词语的取向、感觉和态度。在官僚机构中，这一要求被推到极端：你不能谈论官方语汇里没有的东西。词语的含义脱离了最丰富多彩的人类经历。

现代分析家把这种脱节归结于词语与经验的分离（维特根斯坦）或信息与意义的分离（塞尔）。后现代主义者也观察到这些官僚机构的产物，但意义却不同。现代评论家希望通过增加明确性和连贯性来"确定"词语，而后现代主义者声称如果确定的话会让事情更糟糕。人们看到，控制战胜了明确性和连贯性，尽管它们又自相矛盾地开放了空间和退路。

后现代主义的批评：德里达、利奥塔、布迪厄

发号施令是行政管理的主要问题（see Follett）。我们怎样下达指令才能让它们被理解、完好无损地发送并按照意图得到执行呢？

管理者和组织机构的设计者对这个问题始终津津乐道。塞尔想要保护意义。就连维特根斯坦也认为语言的问题是可以补救的。但后现代主义者雅克·德里达的看法不同。德里达指出，对这类体系的现代批评家所寻求的正是官僚机构设计者所寻求的东西。他们也把希望寄托在明确性和连贯性上。

德里达：全面控制之谜

德里达嘲笑对完美的、一切都在控制之下的语言的追求。他把这种目标看作失败了的现代性计划的一部分。如果我们接受他的论点，对政治、政府和行政部门会产生深远的后果。我们对完美的理解和可靠的沟通的憧憬就永远没有实现的希望。这对管理者是个坏消息。

但它对心存希望的公民们却是个好消息。作为人我们总是在寻求建立新业务、制定新政策、选择新领导等的自由，同时又在反对现行秩序。所以，沟通的失败对我们是个好消息，在某种意义上是好消息。为什么呢？因为人们看到把语言作为社会控制工具的企图现在创造了能说些原创性的东西的空间。控制造成了自身的裂缝、空白和掩盖的现实，这些都是逃避的机会。重新开始一件事也是如此，新开端总是有并非本意的后果。我们永远不能完全控制自己的生活，因为我们总是投入未知的事物，生活也就这样不断向前走着。语言没有固定的开始和结尾。

150

控制的神话。官僚机构如何控制行为？会造成什么后果？德里达在《明信片：从苏格拉底到弗洛伊德及其他》（*The Post Card*：*From Socrates to Freud and Beyond*）中提供了一个后现代主义的答案。

人们每天都在发送和邮寄明信片。要想发送和邮寄东西，如明信片、订单或派人出差，都需要有个系统。但如同德里达著作的译者所说，德里达对要发送的任何东西的来源"以及任何'发送系统'的运行规则（例如邮政系统）的分析，揭示出发送概念的某种内在的不确定性"（Bass，1987：xii）。

迄今为止，我们这些官僚机构的新老专家们都明白他说的是什么。这就是让人们服从命令的老问题。也有个老答案：命令必须制定得明白无误，必须高声发出命令，保证大家都能听到，训练人们正确传递命令，尽量压缩灵活处置的余地。总之，这个问题是现代组织的核心问题，即如何把所有的东西都捏到一块？

我们都懂得邮递系统出现任何偏差的危险是什么。不过我们能在危险中看到希望吗？"如果这个系统包括了某种必要的扭结，虽然通常的顺序具有绝对权威（就像字母顺序的绝对权威一样），但在某一点上也包含着对自身进程的颠覆和逆转（如把字母 L 放在 K 之前）怎么办？"（xii）当然这是必须解决的问题。所以我们之间必须说那些令人畏惧和遵守秩序的话。扭结不从系统中清除出去，明信片就会被

寄到错误的地址。明信片可能会卡在某个地方或者甚至被退给发信人。因此，设计上要避免邮件流的停滞甚至反向流动，若发生故障，我们就把造成破坏的东西清除掉。

这恰恰是德里达本人所说的不可能的事情。德里达的《明信片：从苏格拉底到弗洛伊德及其他》的正文表现出过人的文采，他在文中揭露了所有系统的实际情况：任何发送系统都包含着扭结、扭曲和内在的颠覆因素。他写道，在"一个词语 *151* 的各支撑点之间，在词语和它自身之间，穿插着一些微妙的杠杆"（Letter of 9 September 1977 in Derrida，1987：78）。总之，公民希望在秩序的潮流中寻找赖以开辟新事业的自由之岛。

《明信片：从苏格拉底到弗洛伊德及其他》。明信片的故事是这样的：在到访英国的波德里安图书馆时，德里达见到一张旧明信片，上面画的是两位哲学家正在工作：苏格拉底在写，柏拉图在口授。

德里达当然注意到明信片颠倒了事实：苏格拉底这位哲学家从来不动笔写，是柏拉图为之代笔。但德里达并不是注意到这一点就完了。他在一系列无边无际的联想甚至是灵感中想到，柏拉图至少在某个方面不如苏格拉底：他遇到了被错误解释的问题。德里达在寄给一位旧时情人的这种明信片背后第一次提及这件事：

> 你看到这张明信片背后的画了吗？我是昨天在波德里安（著名的牛津大学图书馆）偶然看到的。我跟你说说怎么回事。我都呆了，就像产生了幻觉（他疯了还是怎么了？要不就是把名字搞混了！）和启示，这是一种天启：苏格拉底在写，当着柏拉图的面在写（Derrida 1987：9）。

德里达如何理解这件事？

哲学家们像我们其他人一样总是被误会、误判和误解。如果当着学生的面，哲学家总是可以为自己辩护：这不是我的意思，不是我要说的意思等。然而一旦诉诸文字，哲学家的思想就会被广泛传播。他的著作变成一颗撒向世界的种子——也许是通过邮递系统吧。

我们可以给自己编一个例子。我们收到一张印有某位哲学家的话的明信片，上面也许写着：*Illegitami non carborundum*！收信人可以随意理解这段文字。实际上，这段话传播得越广，就越有可能会被人发现这是拉丁黑话（意思是别让这些混蛋跟你过不去！），如果这是一位严肃的哲学家，那误解会成倍增加（这只是其中一例）。

但被误解是违反每个人的本意的。我们挖空心思地想在文字中让我们的思想能尽可能清晰无误。我们希望思想得到传播。在这里，也许我们可以预料某位高级官 *152* 僚的命令遭受的命运：命令发布得越广，命令的内容被人误解的可能性就越大。

在德里达看来，那张把谁口授谁记录搞反了的明信片本身是他的论点的一个例子：明信片的设计者是向世界散发信息的中介中的一位阐释者。也许这位艺术家在什么地方错误地读到苏格拉底是柏拉图的学生。也许这位艺术家弄错了二人交流的方式。也许这位艺术家错误地认为柏拉图正在点拨他年迈的老师说：书写可以使思想更加清晰无误。

信息。无论是误读、误会还是误解，现在都可以看作文字造成的后果。通过书面形式控制我们的词语会使我们的表达更加清晰无误，但无法带来我们所寻求的完全的秩序。混乱或无秩序可能而且一定是文字传播的结果。这就是德里达介绍给我们的观点之一。

邮政系统越复杂精巧，信件被投递到非目的地的可能性就越大。还记得联邦调查局一个地方办公室在某个 9 月 11 日之前逐级往上递交的那份备忘录的命运吗？备忘录就一些陌生人上飞行课的奇怪行为发出了警告。

这实际上就是现代复杂系统的命运。以核电站事故为例。正常的反应是编写更复杂精准的操作指南并严格执行。结果却是发生了更多的事故。相反，非正式地把问题谈出来的工厂，其事故却减少了。

德里达使我们深刻理解了一切为什么会如此。明信片的事也可以作为对管理者的警示，即广泛传播的清晰无误的指令在某一点上将不仅会产生作用，也会产生反作用。正如米歇尔·福柯所说，权力的运用本身会产生反权力。

如果德里达是正确的，全面控制与组织机构内斟酌处理权之争便解决了：斟酌处理权是不可避免的。公民们应该预计到他们的期望会被政治家加以诠释。立法者应该预计到立法的意向会被法庭等加以诠释。管理者应该预计到他们的指令会被工人们加以诠释（作者要被编辑加以诠释）。传播的范围越广，差别就越大。启蒙运动试验的前提之一遭到了破坏，在现代，理性和话语的清晰的确引起与该信息目的相悖的反应。 *153*

这赋予马克斯·韦伯关于人的现代命运是其行动违反自身意向的结果这一论点以新的意义。意义问题是一个格外现代的问题。德里达对控制的神话进行了抨击，他向我们解释了为什么会这样。

写作——如别人要你写一份备忘录——可能是对把我们的思维固定到"标准"范畴的一种妥协。思想被如此封闭起来之后，我们在言说中隐含的承诺就会像辞典的词条一样确定和呆板。但是，写作也打开了许多可能性。它能"揭示出那些潜藏在所有交流中预料之外的种种可能性"（Norris, 1987: 191）。

后现代主义者在这里开始使我们感到困惑，他们指出，写作的基本目的是通过在纸上做记号来寻求清晰地传递思想。自我们第一次在空气中发出声音即当我们说话时，这个目的就已经存在了。写作在敲定我们希望表达的意义的同时，暗示着存在与之相反的事情：意义是不可能敲定的。作者的作品并不排斥对作者原意的讨论而实际上欢迎大家做解释从而开放了语言。写作作为控制的手段，带来的结果是对控制的矫正。

利奥塔：单一叙事之神话

控制会通过种种意想不到的途径与控制者擦肩而过。以纯理性寻求秩序的做法如果不是根本错误的，最终也是不平衡的。我们以让-弗朗索瓦·利奥塔关于元叙事消失的论点为例。

　　纯理性要求全人类用一个声音即理性人的声音说话。随着建立单一、意义明确的语言的希望破灭，控制也就与官僚机构擦肩而过。并非所有的人都唱同一本赞美诗。利奥塔指出，任何一种讲述人类故事的办法都不能替全人类代言。对利奥塔而言，其他文化讲述的其他故事的兴起标志着单一西方文化的终结。他让我们更多关注语言而不是价值观，关注群体讲述的故事（Lyotard，1984）。

　　信奉进步的人相信一个故事即西方历史的故事，它被作为典型输出到全世界。马克斯·韦伯的比较历史体现了这种信念，追溯了我们西方人如何成为现在的我们
154（这并不是说韦伯在赞赏我们！）。为了批判性地研究西方文明这种假定的"巅峰时期"，韦伯撰写了一系列世界文化的比较历史以及这些文化如何竭力追求获得宗教中生命的终极意义的文章。这些历史涵盖印度教、佛教、儒教、新教，以及我们西方自己从犹太先知时代以来的发展。

　　利奥塔也看到许多种故事的出现。元叙事已经消亡。现代性——通过自由与理性实现秩序的统治——也许并非对所有民族都是最重要的原理。韦伯和利奥塔的区别是什么？或许我们可以这样说：韦伯笔下写的仍然是对他生活于其中的西方文化的关切，尤其是对西方文化的非人性化和对世界的醒悟的关切。利奥塔似乎暗示了场所的改变：所有其他文化的关切都和我们自己的关切同样正当，历史永远是多样的历史，这就是世界主义者所谓的"外省"的历史——外省与首都同等重要。

　　这种讲述历史的角度的转变对全球的官僚机构产生了严重的影响。这里，国际官僚们遭遇到其他文化的叙事。但利奥塔与其他后现代主义者一样，仍然是站在现代巨人的肩上。利奥塔是站在什么立场上宣称元叙事的消亡呢？他本人不是也在谈论一种新的元叙事么？

　　也许他就是尼采所说的那个起着衔接跨越作用的"过渡人"。这个超人不仅发现而且跨越了现代性与所谓的后现代性之间的鸿沟。如果是这样，利奥塔实际上没有踩到鸿沟的地面，因为他跨过鸿沟时乐观地以为没有碰到地面是因为没有地面。

　　被后现代主义者推崇为他们之前时代的代表的埃德蒙德·胡塞尔已经描绘了这片乐观海洋之下的海底。他称其为"技术"。反复改进测量方法的理性倾向带来了技术。它也是对人脑的诱惑。这种诱惑把我们引向更具体和更细致地测量出来的东西。它把我们人类从为了我们自身而对某个东西进行测量的最初关切，简化为对其不断更细致更具体的测量。这是为了什么？为了技术本身。手段成了目的。我们在大脑能够应付的东西中寻求庇护，这就是把宇宙切分得越来越小，以便最终能够勾画整个有机世界。胡塞尔仍然是一位现代评论家。利奥塔补充什么新东西了吗？

155　　利奥塔从未告诉我们他找到的立足之处在哪里，他的家在何处，在什么样的故事里，在元叙事还是在小叙事里。但他认为，现代性的问题是要找到展现现代性无法展现的东西的途径问题，也就是展现无法展现的东西。利奥塔思考的不是掌握现实需要的不断细化的规则——艺术家所说的小技巧，他思考的另一种人的需求：挣脱游戏的规则。

布迪厄：话语的神话

后现代主义者企图阻止现代主义的普世语言进一步扩张，同时注意到现代话语在日益收缩。现代话语向内转向了我们自己，它告诉我们，如果我们不把自身经历用明确的语言表达出来，这些经历便是不好的、无效的，这样它便对这些经历进行了"殖民化"。在这一原则指导下，语言的命令渗透进我们的思想和话语，其结果是感性和判断受到压抑。话语高于行动的神话不断向我们灌输。不难看出这与官僚机构说话的方式非常相似。

有些事情是不用说就可以做的。有些事则只能做不能说。例如，一旦我开始想我怎样才能说我要说的，即朝这边或者那边挪动我的舌头，我就会口吃。

也有些其他的事情是不用说就可以做的。例如自左而右地阅读这行字，或者句子开头的字母要大写，或者当我打出这些字的时候如何触击键盘，或者什么风格的词语（不仅仅是语法）适合此类书籍，又如鉴于我希望面对的读者类型，这些词语大多会是英语等。

这些不是需要思考或讨论的事情，也不是遵守规则的事情（实际上，如果我遵守出版编辑给我的所有规矩，我可能会过于局限在这些规矩里而根本无法表达）。皮埃尔·布迪厄认为，这些主要是我们习惯做法的实际感觉问题，而不是意识、思维或语言的问题。官僚机构面临的问题是如何对待员工的习惯做法，这些习惯做法无声胜有声、根深蒂固并且难以描述，因此有可能永远不为人知，而管理者却又必须应对。

布迪厄说，"实际感觉是一种类似身体对世界的介入，它预先假定身体或世界都是不能表现的，而二者之间的关系则更无法表现"（1990：66）。总之，实际感觉绕过了我们这样的假设，即一边是员工，另一边是管理层，我们必须通过与员工沟通来弥合两者之间的差距。如果官僚机构的言行都是关于规则的，普通人的言行则大都是在没有规则的情况下进行的。这意味着规则不仅起到弥合差距的作用，而正是差距本身使规则成为可能。 *156*

正是在我们能够认知与能够表达的东西之间的差距里，我们首次体验了新的事件。也正是在那里，想象会驰骋。现实就是规则引导我们去期望的与发生的事物之间的那些东西。经历对规则没意识。

我们的小学教师断言，说不出来就是不知道，这也许是对这种断言最严厉的批评。这里说的不是你知道什么，而是谁在课堂上掌握着权力。揭示这种说法便揭示了现代语言是作为束缚经验的语法而使用的。在正式的行政管理环境下，我们可以说官僚机构的语言也是如此。提出指控的是一位不认为自己是后现代主义者的学者。然而在他提出的评论中，他又常常与后现代主义者联系在一起。

我们已经知道，使用现代语言尤其是官员的语言时实际上有这样一种假定：凡事要想被人所知就必须说出来。说话就必须有意识地遵循作为言说基础的语言提供的某种形式或者语法。

布迪厄现在证明，我们所做的大多数事情涉及的不是语言或有意识的认知思维而是专业知识。专业知识指的是我们介入到事物中并能够改变它们，然后就会产生独立的有意识的思维和话语。我们所做的事可能根本不依赖任何形式逻辑。判断的铰链本身是不能依靠明确的语法规则转动的。

管理者声称有能力指挥着员工团团转，而上述内容对此断言有致命的含义。没有人能够依靠控制言论来对机构的运作发号施令，除非他得到被命令者的配合。在言说发生之前的习惯做法并不遵守任何规则、概念和明显的语法，在这个事实面前，官僚机构语言的整个独裁地位便崩溃了。

因此，官僚机构否认专业知识的存在。例如，某位法官拒绝接受某位警官的证词，理由是他在证词中以"我当时的感觉"来证明自己逮捕的正当性（见第四章）。

157　官僚机构的理性主义根基惧怕这样的专业知识，主张只有能够从话语行为中抽象出话语的逻辑并使之在某人的头脑中正式化，他才能说拥有告诉我们事情进行情况的权威。而且只有这时人们才认为他具有了知晓某事和谈论我们知道什么和做什么的能力。

对我们这些官僚机构的批评家而言，问题变成了两者何为先的问题。是先有语法知识，对我们谈论自己做的事情如何分类的认识？还是习惯做法，即我们对做什么的感觉？布迪厄选择了后者。

他的论点重述了马丁·海德格尔之前的论点：我们对自己在某种形势下所处的位置有一种无声的感觉。他称此为我们在那种形势下的"存在状态"（foundness）：Befindlechkeit。在我们还不能谈论它之前，对该形势就已经有了理解。在发声说出任何事情之前，我们便与人和事物进行着无声的交谈。在参与之前，我们已经成为整体的一部分。

布迪厄同样说明了人与人之间的关系不是以规则（官僚喜欢规则，因为规则可以束缚员工）而是以没有说出来的感受为基础的。这里涉及一种与我们的审美感非常相似的感觉。这些更多的是审美而不是逻辑，是古希腊该词的含义（aesthesis，一种可知的感觉）上的审美。它们捕捉到构成不断变化的社会关系的某种对形势、人和事物的感觉，而这是无须通过语言表达的。它们也交流，通过我们的所作所为即我们的习惯做法交流。

比方说，有人送给你一件礼物。不用说你会回赠一件礼物。但什么时候、在哪里、回赠多贵的礼物呢？不可能是相同价值的同等礼物。这样会显得在送礼的事情上过于算计，把习惯做法变成了纯粹的交换。回礼也不能太快。如果回礼太快也会显得过于算计。也不能太慢，因为回礼太慢至少意味着记忆欠佳，更糟糕的是意味着缺乏得体处事的把握。而且，这些安排从来不用语言表达，它们是无声的感觉。

布迪厄写道，"实际的感觉是带来习惯做法的东西……人要合乎情理，也就是具备常识。正是因为代理人总是不完全明白他们正在做的事情，所以他们所做的要比他们所知道的更合乎情理"（Bourdieu，1990：69）。

这一论述让人想起后现代主义者的某些立场。例如，我并不总知道我所做的全部事情，因为无论做什么，我并不会对自己说：现在我正在做这个，现在我正在做那个，循环往复，然后把所有的加在一起。我并不总在反思，也就是跳出自身来回顾自己和自己做过的事情。拉康说的主格的我"je"和宾格的我"moi"是有区

158

别的。

再举一个例子。比方说你特意到球场去打一会儿棒球。有人给了你一根球棒。有人喊，"击球!"你挥动球棒……但没打着球。你连打三回都是如此，便被叫"出场"。你走出了场地。你遵守了规则。但这就叫球赛吗? 你带去的所有技术与其他所有人打球都遵守的规则之间发生的一切就叫球赛吗? 在你的主观经验与客观机遇即你对球的感觉和球是怎么投的之间发生的一切难道不是球赛吗?

"如果当日的报告里没有，那就是没有做，"警官可能会这样对下面的警察说。更要命的是，一位航空航天局官员对"挑战者号"航天飞机上失效的 O 型密封圈整个情况的评论是"都有文字记录"。一次我患上了不明之疾，一个护士对我说，"如果你不能回答我的问题，就等于白说"。

布迪厄说，你需要"对游戏的感觉"。当你有这感觉的时候，就会在状态与场地、整体历史与具体化的历史之间有"几近奇迹的经历"，使棒球场或图板上的具体站位布局中代表的近乎完美地预测未来成为可能（66）。工作场所同样如此，整个生命游戏亦如此："我们不是通过有意识的行动参与游戏，而是诞生在游戏中，与游戏为伴。"（67）

5.4 官僚机构的语言

了解官僚机构的语言如何起作用的最佳途径是用你自己家中的官僚机构——计算机——做个实验。任何充斥着被驯服的电子的小机件也行。你会给你的 VCR 编程吗? 你能搞明白 Bose 收音机的所有功能吗? 你能弄清楚小机件的所有排列组合吗? 是什么使你具备这种学习能力? 你操作计算机的时候是独立于计算机还是它操纵着你? 你当然可以让它做你想的事，只要你使你想做的符合它的程序。当然，如果有谁提出我们多数人能给计算机重新编程，这种说法是不会有人回应的。

正如后现代主义者鲍德里亚所指出的，你的计算机或小机件的外壳给你的是不带个性的考验。它在询问你。但小机件本身在表面上却不给你任何或最多只给你 159
少的暗示。它的原型可能是那个在电影《2001》里出现、有着黑色抛光且无动于衷的外表、不知为何物的大块头。第一个触摸它的人被它杀死或击昏。只是到后来（在它高兴的时候）它才打开来，展示着不容抵抗的礼物：无穷的星空。即便此时，我们也必须得猜测这是不是引诱人类去那里探索或居住。或者是……? 人类在这里有无穷的选择。没有一个选择是人类自己的，所有的都是被"给予"的。被谁? 我们不知道。请注意，这些选择虽然似乎是无限的，但却是在没有人的参与下由那个庞然大物提供的选择。

这对人的自由产生着直接的影响。你可以随意从这个庞然大物中进行任何选择——但你无法知道它们是什么（雅各·拉康会说，这是一个识别问题：这个庞然大物同我们对话并不能说明它认识还是不认识我们）。

当我们今天的计算机化的小机件——如先进的收音机——首次进入我们的家庭

时，面对一个引诱着你但却丝毫不在乎你是否受到诱惑的物件面前，你体验到最初的无奈。它时刻提醒着你，在这个世界里有些东西根本不在乎你存在与否。在隐藏了一切合法性的物件面前，我们的自由只是表面的。

但是你可以说，至少这里还有本使用手册。它给了比你想要的更多的选择或功能的排列组合。你可以用它做设计师想做的任何事情。然而，要注意的是过多使用说明只会引起混乱。由于有太多的选择会让你把无限性和不确定混同起来。程序编写的选择具有无限性，这使你完全沉浸在小机件内存的可能性中，从而深深陷入技术当中。然而，这些可能性没有一个是你的，它们首先是那台机器的选择，其次才能是你的，并且一切都在一个你永远无法了解其范围的陌生程序的限制之内。

打破这个庞然大物意味着首先打破你自己以及你站在让人幻想具有无限功能的岸边所面对的那些不确定的可能性。就像对作为一部活的机器的官僚机构说话意味着要学习赋予其生命的那些人的语言一样，你现在需要学习程序的语言。

160　这些家庭官僚机构的制造者抱怨说消费者对阅读长达 450 页的汽车使用手册有"抵触情绪"。但问题不在于用户的抵触情绪，毕竟，有谁比用户更想让车开动起来呢？问题在于电子小玩意做得越来越让人摸不着头脑了。正是出于路德维希·维特根斯坦预见的相同原因，没有个性的电子小玩意的外表对我们来说成了一个谜。他说，计算机永远无法从事人类活动。它们永远不会"算计"，因为它们不能够策划人类行动。我们不能指望计算机像我们眼中的"精于算计的人"进行算计那样有目的地行事。

计算机没有手、眼、耳、胳膊和腿，对采购、测量、会计、工程等人类行动一无所知，因此不能说计算机进入了自己创造的符号和公式在其中起着作用的各种活动（Dilman，1974：166）。麻烦在于电子装置与旧式机器不同，并不模仿人形，即使它模仿了人形，也只是在不可见的层面上的模仿。这些电子装置也许可以放入手心，也许设计用来表示"我很方便"。但它们缺少看得见并且能够抓住的（物质或智力的）"把手"。它们看起来方便实际却不然。正如一位对此问题做出回答的教师所说，"我是个实际动手型的人，我从实践中学习"（Pam Grainer of Fairfax，Virginia，quoted in Mayer，2002）。

让·鲍德里亚论证了拟仿物（simulacra，见第二章）。以前人们称其为事物的表现（精神意象），只是现在它们没有什么可表现了。语言开始在没有所指的对象作为有意识的工具的情况下使用这些符号。拟仿物成为官僚机构的工具，一个没有承诺支撑的工具。不过我们可以更多关注它，因为虽然没有狗，但它不但会狂吠也会咬人。

词语也变成了自指的拟仿物：它看起来像词，听起来像词，说起来像词，但它只是没有鸭子的鸭叫。现在我们都已经熟悉了虚拟现实的游戏。这些游戏能够传达意思。不过它们传达的是什么意思呢？似乎传达了什么东西，但背后却是空的，有点像股票市场似的。

简言之，官僚机构的语言已经进入我们生活最私密的角落。外表不像官僚机构甚至不像机器的装置要求我们按其条件使用它们来实现我们的目标。用不了多久，采用它们提供的手段并使之完善而不是追求最初设计它们来实现的目标将变得更容易，我们完全陷入了技术。

后现代主义者认为一切到这里便结束了，但也许还开启了机遇。如果我们被作为技能的语言诱惑，终结便来到了。我们成为越来越好的诡辩家，能漫无天际地辩论任何事情。但由于这些装置也强迫我们自然地对它们给出的不可见的含义进行猜测，它们迟早也会产生意想不到的意外的机遇。

然而我们直接的经历却不这么充满希望。当我们服从于计算机的语言时，我们就都成了官僚。还有毫无顾虑地说话的余地吗？（see Dreyfus and Dreyfus，1988）

官僚机构的思维：毫无想象力

思维是感恩。

——马丁·海德格尔

因为理性没有独裁的权威；理性的裁决永远只是自由公
民的协议。

——伊曼努尔·康德

机器人会梦见电子羊吗？

——菲利普·K·迪克所著小说的标题
又译《银翼杀手》

　　官僚机构取代了思维。它训练我们把自己看作手段而不是目
的。它给我们的思想加上条条框框。想象力出了什么问题？

　　官僚机构思维吗？官僚们思维吗？计算机思维吗？这类问题
将我们的注意力集中在现代性的最后阶段上。所谓的思维不再是
为了人类而思维。思维变成了脱离了人的"思维"：人们把计算
机作为没有官僚的官僚机构来普遍使用。

　　计算机做梦吗？你认为你的笔记本电脑会思维吗？正如一位
朋友所说：当然不会。计算机是计算用的。计算机做要它做的事
情，它服从命令。我们说：说得对，计算机服从命令——但是必
须有正确的称谓才行。首先，我们必须把人的思维转换成计算机
能够接受的术语。做梦和充分思维都需要想象。我们不是不希望
计算机开始"幻象"吗？那样会造成计算机瘫痪。不过，不是说
大脑就像是一台计算机吗？我们多数人不也相信这种说法吗？

这些问题并不是学术问题。计算机能够到达世界上所有的地方，深入我们的大 *163*
脑。我们每个人都随身携带电脑或可以连接到电脑。通过体验最杰出的思想家的思
维，我们得以超越他们的思维。通过计算机我们会有怎样的思维呢？什么是我们不
能思维的？

把官僚机构的思维与计算机思维进行对比，我们发现它们是一回事。官僚机构
的思维现在已经扩张到机构建筑的四壁之外，到达世界各地，也到达我们自身。官
僚机构的三个领域现在分别是：

- 传统官僚机构：即有生命的官僚之居所。
- 笔记本电脑官僚机构：即外脑。可以随身携带。
- 全球官僚机构：无论你到哪里都会与它相遇。

6.1　思维

我最喜欢的一部卡通片描绘了某大学的两名运动场地管理员正在工作。他们正
在用顶端带钉子的棍子戳着拾捡地上的纸片。之所以说是一所大学，是因为可以看
到背后有戴着帽子穿着袍子看上去像是教授的人，还有看着像学生的人。其中一名
管理员对另一名说："瞧他们这帮教授，以为我们什么都不知道，可他们中间有的
人连猜疑都不会呢。"

对于现代人来说，思维就是把东西拼凑到一块，但是所谓"知道"是有内容的
思维。伟大的现代主义哲学家伊曼努尔·康德如此写道。拼凑式的思维需要逻辑，
有内容的思维需要对世界的敏感性。康德认为两者的根基都是想象。因为只有当我
们运用想象力的时候，才能构建出能够使我们后来了解的事物显现出来的图式。
这些图式必须让逻辑和敏感性发挥各自的作用。如果敏感性被压抑，逻辑就会试
图决定世界（Kant，1781/1787：A 124；Heidegger，1973：196；Arendt，1982：
81）。

上面所说的最后一种情况包含了官僚机构思维致命的吸引力：只要我们的逻辑
能够把世界想得存在了，我们就可以进行控制。但这样我们就变成了上帝。"那有
什么不好的？"官僚会说。

思维的开端 *164*

我们思维的时候拼凑的是想法。这些想法有关于我们自己的，也关于我们人
类世界的。请注意这是一个人类世界。我们从不同的地方获得想法，把这些想法拼
凑起来，对它们进行加减，看看经过拼凑能给我们什么新的想法。

然而，所有这样的思维都是空虚的，是在重新摆放我们头脑里的家具：关于逻
辑的陈述，关于如何抓住现实的陈述等。在反复推敲这些逻辑陈述的同时，我们的
大脑——这部创造出某些科学知识的强大引擎——在空挡运转着。如果我们不给这

样的陈述填充上来自现实的内容，则我们可能在思维，但是却根本不是在做认知的行为。

认知

认知是将逻辑与内容相结合。在认知事物的过程中——存在什么事物、情况如何——我们把我们的思维方式与来自现实的材料相结合。因为我们抓住现实的工具始终都是"我们的思维方式"，因为我们仅仅是人而已，我们得到的知识永远都仅仅是为我们服务的知识。这不是上帝如何认知的问题，也不是火星人如何认知的问题。

计算机"思维"

计算机为谁思维？官僚代表谁在声称获得了知识？这两个问题现在合在了一起。这是因为个人电脑现在对我们提出官僚机构提出的要求；它成了没有官僚的官僚机构。

迄今为止，我们一般不相信计算机具备认知能力，尽管我们有时会那样错误地认为。我们迄今为止认为计算机尚不能像人那样认知现实。我们认为计算机最大的优点的是它的逻辑可以提供一些小分格，如果把这些分格都填满数据就会呈现出某种模式。但是，我们人类仍然必须做出判断，决定这个模式对于我们来说是否有意义，有什么意义。

165 但是，还有另外一种风险更大的选择。我们相信计算机总会比我们高明（速度更快、效率更高等），因此，我们可能会停止我们的认知活动来模仿计算机的"认知"活动。这样说也许显得牵强，但是我们已经有了两个大家已经接受的实例：我们并不情愿地服从着官僚机构的思维，同时我们并没有意识到计算机思维同样也是具备官僚机构特征的。

官僚机构的思维代表着人的目标。然而，这些目标需要转换成某个形式系统能够处理的话语。一经转换，它们便成为系统本身的目标。于是，公正转换成法律并深入到福利事业、和平转换成永久的备战状态、心理健康转化成常态等——我们在第三章已有探讨。这些成为被广泛接受的机器的目标——无论是官僚机器、还是作为官僚机构但没有官僚的计算机的目标。等到我们的目标转换成系统语言，就不再是我们的目标。成功应用某个程序是有标准的，但是这些系统标准以及所获得的（无论是成功还是失败的）知识不再是为我们服务的知识——除非我们开始像计算机或者官僚那样思考问题。

计算机与官僚系统的相似之处是显而易见的：对于这两个系统而言，人的目标必须转换成程序能够处理的语言。理性的全部精神被贬低为工具主义的逻辑。系统只有此时才能开始处理现在供它使用的数据并制造输出，这些输出对于它是成功的，但对人却毫无意义。想象人类目标的架构的自由受到对我们的思想发号施令的系统的限制，于是，理性枯竭，逻辑泛滥。这种缩水了的理性本身强化着束缚我们思想的秩序（见图 6—1）。理性现在站在了秩序而不是自由一边，此时，人可以在没有外界强迫的情况下自由地构建自己的秩序。

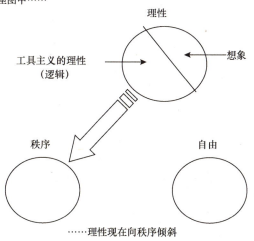

图 6—1 "理性"的钟摆

　　总之，官僚机构程序化的推理，在计算机里进一步受到程序的控制。在官僚机构里，思维和认知仍需（按照它自身的标准）对如何应用程序有一定的敏感性，而在计算机里，所有的敏感性都取决于操控的人。为了说明这一点，让我们从官僚如何思维入手。

6.2　官僚如何思维

　　官僚如何思维？了解这一点将有助于许多试图获得产品的公民。负责行使监督管理的政治家们、揣摩着办事员有何打算的经理们、想猜透经理的心思的办事员们也都会因此而受益。

官僚与公民

　　究竟存不存在官僚思维？比如，引发了关于官僚与棒球队杂工的报道的官僚思维是什么？（见附表 6—1）

　　这里我们看到官僚在进行推理。显然，当我们研究那位官僚的思维活动时，我们会看到他在思维但却没有认知。他把一个事先编好的程序标准应用于现实情况，但并没有让现实说话。观察现实的工作被等同于对现实的描述。但是描述现实能否经受住现实的考验呢？

118

167 附表 6—1

> ### 棒球队杂工被请出；
> ### 美国正在重审法律
>
> 亚特兰大，5 月 27 日——面对麻木不仁的官僚正在践踏全国娱乐的指控，美国劳工部表示正在重审佐治亚州一名 14 岁棒球俱乐部杂工的案子，这名杂工的受雇被认定违反了童工法，他因而遭到解雇。
>
> 本月初，当地一家报纸刊登了一篇关于萨凡纳甲 A 红雀棒球俱乐部新雇用的 14 岁杂工的报道之后不久，一位劳工部官员通知该队，他们雇用汤米·麦考伊的举动违反了童工法。按照童工法，十四五岁的青少年放学后工作时间不得超过 7 点，夏季期间不得超过 9 点。
>
> 该俱乐部不情愿地解雇了这个在被雇用之前便在房间的墙上贴满了棒球队队员照片的男孩，接替他的是一个 16 岁的男孩。许多其他青少年棒球俱乐部也面临同样的处境，他们担心将在全国范围内对此现象进行打击，纷纷采取措施躲避风头。
>
> 文章在当地和全国引发了铺天盖地的报道，劳工部部长罗伯特·B·赖克周三发表了一份声明称，用童工法限制棒球队杂工的做法是"愚蠢的"。劳工部女发言人玛丽·马尔今天表示，劳工部在对该法律进行重审之前，不会对有组织的棒球队违反雇工小时限制的做法进行处罚。
>
> 赖克先生表示："对 14 岁棒球队杂工实施童工法乍看起来的确显得很愚蠢。该法律的本意并非剥夺青少年的就业机会，只要他们的健康和福祉不受影响就行。"
>
> 红雀在南大西洋区棒球联盟中保持着 32 胜 14 负和连胜 9 场的纪录，该队的总经理里克·西斯勒似乎在尽量使事情朝着好的方向发展。这场争论是意想不到的提高知名度的好机会。汤米为红雀星期三晚上的比赛开了球，星期五红雀在能够容纳 8 500 名观众的格雷森体育场的比赛已被定为"拯救汤米的工作之夜"。

168　简言之，棒球队杂工和棒球的现实在官僚思维中毫无发言权——它们只是某个案例的素材而已。我们仅仅把某个程序规则与给定的信息放在一起。为的是要看看案子是否能够纳入这项规定。在现实中不允许对规定进行通融的是官僚机构的伦理，是组织的力量。假如有谁这样做了，这个控制机构就会被削弱。它将丧失作为工具的连贯性、可预见性和理性。它将失去自己的目标——其中部分目标是让我们事先知道什么是允许的，什么是禁止的——比如，当你跨越州界运输一千磅冻鱼时，最好还是知道规定是什么。

官僚不是从事认知事物的。这件事在立法者研究现实并且做出规定的时候就应该考虑到。政治与行政管理这两个方面也许早已被人们遗忘——在创造性的意义上，官僚机构内部当然是有政治的——但是，由于对立的政治利益充斥着官僚机构，因此，它不再是那些名义上实施控制的人手中的控制工具。

在多数情况下，人们认为官僚能够通过类比来推理。类比推理将大脑用来思考一个客体的规则运用到完全不同的另一个客体上。比如，我们由此可以假定：

儿童与工作的关系
与
棒球队杂工与棒球队的关系相同

这种推理也许使我们更深刻地了解了棒球队和工作。它凸显了两者之间的差异和相似之处，但不能说棒球就是工作。我们不能仅仅根据这两种说法之间存在着同样的关系而推导出棒球队与工作是同一个现实。它们是否相同只能由经验来确定。然而，那位官僚却认定两者是相同的，因此可以使用相同的规则。

官僚与国家

每个国家与其他任何一个国家都非常相似。如果你刚刚结束对香港的访问回到巴黎，你知道这么说是不对的。但是，在国际货币基金组织决定是否给这个而不给那个国家援助的时候，这种说法被认为是正确的。资本注入经济学的原则被认为可以普遍应用。而前世界金融界的官僚们自己揭示了这些原则不能普遍应用（for example，Stiglitz，2002）。

官僚机构的思想 *169*

世界是自由的产物。理性可以通过利用自身对秩序的权威来制造这个产品，但是，它只有通过发挥想象力才能描绘这个产品可能的模样。总之，理性不能决定现实，但可以调整我们对现实的思考。这是 200 年前伊曼努尔·康德的思想。他的思想改变了我们认识世界的方法。我们不再把世界看作我们思想的产物或感知在我们头脑中的印记。世界是理性与经验的结合。

官僚机构对理性的应用把我们带回到 200 年前。官僚机构的理性试图告诉我们世界是什么模样。它试图确定自己在哪些领域拥有合法的管控权力。换言之，现代组织已经变成理想主义的现代形式、一种认知世界的方法，这个世界把我们简化为某种思想的函数，成为柏拉图的山洞洞壁上的影子。

康德本人遭遇了对人类经验的这种挑战。他发现自己在这样一种处境里：唯心主义者声称思想可以决定世间事物，而经验主义者们则声称感觉的印象可以决定我们大脑中的内容。康德要求双方各让一步，从而创建了一个新的领域即第二本质，在这个新领域里，思想和经验都有了一席之地。假如双方想从这种合成的现实中获得确切的知识，就必须放弃自己主要的主张。

人们要经验主义者们只保留他们在对世界的探索中获得的、能够感知的（感触物 phenomena）东西，放弃他们无法认知的东西（智思物 noumena，即事物本身）。

人们接受了唯心主义者称自己能够直接接触事物本质的说法，但这目前仅限于精神更高深的范围并被束缚在那里。他们声称自己创建的思维范畴能够决定世界，但人们要求他们放弃这种想法。相反，他们必须接受这样的局限性，即思想可能有助于理性（在理解过程中）控制认知的获取，但不能决定认知。

现在回归到认知理论以前的状态还意味着缩小我们对人的意义的描述。然而，这正是现代组织希望我们回归的状态。后现代主义的哲学家们正是在这个最基本的层面上发挥着影响，因为他们可以自由探讨是什么曲解了现代哲学关于我们是谁、我们做什么、我们能够成为什么的最初看法。我们从原始现代观点（康德）入手，然后探讨埃德蒙德·胡塞尔和马丁·海德格尔的自我批判，这两位哲学家生于现代 *170*

但企图寻找通过现代性而摆脱现代性的道路。然后我们再研究后现代主义者。

6.3　专家之言

假如说官僚机构取代了思维，其含义是什么？思维是有目的的。这就暗含着一种危险。危险是什么？对谁构成了危险？

现代主义的批评：康德、胡塞尔、海德格尔

我们在思维中和讲话中都正朝着思维根本不再是思维的方向发展。而那些对思维有着深刻思考的人即哲学家们指出，现代思维中存在一种脱离平凡生活的内在倾向。这首先是科学获得合法性的源泉。此外，它也是精英权力的源泉。

科学每次只把几个因素作为镜头来观察世界，按照自己对世界的假定，清晰和连贯地勾画出事物运作的图像。研究这些图像——分析并且重组这些图像——最终变成了一种技术职业。其结果是忽视了如何使用这些图像来帮助我们过上更人性化的生活这样一个问题。

自从现代科学被应用到管理领域，思维便出现了分裂。有些人玩弄抽象的图像——在官僚机构里玩弄抽象图像的人是管理者。有些人为了实现人的目标必须把这样的图像应用于真实和复杂的情景，这些人就是工人。

我们越来越认识到把人区分为所谓的思想者和纯粹的执行者给我们带来的不利影响：总体来讲，实际获得的认知少于组织有能力获得的认知。精英声称自己拥有权力，他们的基础是养成的对思维的垄断。由于垄断了思维，精英们表现出一种训练有素的傲慢，这对事物的全部真实性投下长长的黑影。在科学的早期阶段，必须*171* 尽量将思维和沉湎于具体的操作区分开。人们转向科学是因为他们在控制日常生活的状况中遇到了麻烦。他们的任务是摆脱不断变化的生活中种种令人困惑的感觉，他们希望能够获得清楚的认知。科学的观点使他们如愿以偿，科学每次只观察几个界定非常明确的因素。今天，这种明确的科学观点及其对不断变化的生活的超脱占据着主导地位。

当前的问题是如何让科学的发现回归现实生活中的问题。这也是官僚机构面临的问题，即它的功能如何回归到我们的生活当中去？

要想回答这个问题，我们来请教一下三位对科学及其思维形式与生活的相关性进行探索的哲学家。他们的观察并不能证实顽固的知识精英们的合法性，后者目前根据劳心者与劳力者之间的分工不仅主宰着科学而且主宰着现代组织。

伊曼努尔·康德是率先对接触实际与分析我们接触到的东西的功能之间的脱节现象——认知与思维之间的分裂——提出批评的人。他的观察分析对今天在声称自己负责思维的管理层与只负责干活的工人之间的分工提出了挑战。康德指出，思维如果没有源于行动的内容是不可能的。

埃德蒙德·胡塞尔的著作比康德的著作晚了 150 年，他使我们进一步认识了我们的现代思维的症结所在。胡塞尔接受了康德对思维的批判，他预言，目前的质量危机是科学转换成技术的必然产物。

　　胡塞尔的弟子马丁·海德格尔提出我们该如何重新审视思维，以摆脱现在人们对妨碍完成有益工作的技术的迷恋。所有这些批判也是对现代组织的思维的批判。

康德：思维与认知

　　今天的组织面临的最明确的问题是，尽管量化控制日臻完善复杂，却不能提供人性化的产品和服务。这是质量的危机。具有讽刺意义的是，早在 200 多年前，一位研究科学崛起的哲学家就曾预言现代思维将导致这一现象。

　　起初，人们所说的是思想解放即思想的启蒙。伊曼努尔·康德写道，随着最早 *172* 的现代试验取得成功，所有研究自然的科学家都得到了启示（B xiii）。* 就像早期给所有现代科学以启示的几何学家一样（B xii），他们懂得必须从众多混乱的感觉印象当中提取事物的清晰图像。研究者们能够这样做，不是因为他们一头扎到纷繁复杂的事物堆里，而是首先搞清楚了自己想要的是什么。他并不企图搞清楚面前事物所有可能的特性，而是仅仅研究自己已有的概念（假设）要他关注的那些特性（B xii）。

　　只有使用这样的方法，图像——也就是概念——才能完全清晰：因为研究者在实际经验检验的支持下能够使图像清晰。他就像一个渔夫，他用有可能网网丰收的那些因素编织成一张渔网。渔网即研究者进入现实的海洋进行搜索的概念。渔网的形状决定着能够捕捞到的东西。但是，渔网究竟能否捕到鱼，最终必须放进海里：它只有捕到一满网的鱼才是好渔网。

　　除了清晰，科学程序还很好地掌握着现实中它应该捕捉的那些东西。实验要求参照现实提供的并由概念之网捕捉到的实际数据对每个概念进行校验。按照渔网的比喻，我们可以说，就今天的商业渔民而言，一张按照精确规格编织的渔网会保证只有设计上应该捕到的那些鱼留在网里。康德本人是用法庭作的比喻：

> 　　理性一方面掌握着原则，只有按照原则，那些表面和谐的表象才会被视为是等价的法则，另一方面，按照这些原则设计出的实验必须接触自然才能向自然学习。然而，它不能像对老师的话唯命是从的学生那样，而必须像一位被任命的法官，迫使证人回答自己设计好的那些问题（B xiii；Kant，1965：20）。

　　电视连续剧《法网恢恢》的粉丝们可能记得弗莱迪警官向证人发出的命令："只说事实，夫人，只说事实就行了。"他并不是说所有的事实，而是仅指那些与在他脑子里先入为主的犯罪图像相关的事实，要么确认要么否定这个图像。

---

　　* 本章节引语的形式为康德《纯理性批判》（*Kritik der reinen Vernunft*，Kant，1781/1787）中的标准形式，A 指的是第一版，后面是页码，B 指的是第二版。

173　　　　通过在大脑里对现实进行精确而清晰的构建、迫使现实对之做出（或不做出）回应并衡量一致性的程度，现代科学家回避了完全沉陷在现实中的复杂、混乱和模糊（很快，社会本身为科学的成就所感动，它改变了自己的价值观并认可了那些成就。科学无能为力的事情，社会也认为没有价值）。

　　科学家与工人不同，后者必须面对在现实所有模糊不清的复杂纷乱中按照某张蓝图做工的麻烦。尤其在今天，管理科学家可以向工人保证说："假如你完全按照我们为蓝图中那些有限的因素勾画的程序行事，你就能像我们在蓝图中预言的那样，达到使那些因素既统一又有所不同的状态。"不过，没有哪位管理科学家清楚工人必须做什么动作才能弥补清晰的科学图像与复杂的现实之间的差异。

　　康德在区别思维和认知时对此是有预见的。今天，在层级森严和分工明确的组织里，我们认为工程师或者以科学为指导的管理者专事思维，工人则负责干活。康德看得更清楚，他坚持说工人也有认知。

　　"因此，思考一个物体和认知一个物体完全不是一回事，"康德在《纯理性批判》一书中得出结论（B 146）。"认知涉及两个因素：第一是概念，物体一般是通过概念来思考的（分类）；第二，直觉，通过直觉获得认知。"

　　显然，由于今天的管理者们不再能直接通过感官来组织现实（直觉），他们只是思维，没有认知，事实上，问题是他们经常以为他们能够认知。

　　康德所说的对直觉的认知并不是我们今天通常说的顿悟。他指的是大脑在时间和空间范畴中组织和研究感觉数据的方式。这种最初在一旁的观望提供了一种视野，这种视野使一个流动的现实静止足够长的时间，让特定的物体从复杂的流动当中分离出来。然后，物体就可以被放到理性冷峻的目光下面对它们的方方面面进行分析，或者按照某种模型或假定建立起相互的联系。

　　但是，如果大脑的思维部分（理性）不能事先给出一个图像，那么，从现实中
174 分离出来的东西便无法被组织起来进一步进行分析。为此，康德的结论是，任何事物要想被理解，理性和直觉必须共同作用，因为"没有内容的思维是空洞的，没有概念的直觉是盲目的"（A 51—52；B 75—76）。

　　由于这个缘故，康德的确"对感觉的一般规则的科学即美学与认知的一般规则的科学即逻辑加以区分"（B 77；A 52），前者使认知成为可能，后者是思维——至少就现代科学而言。如果两者不能共同作用，任何与现实相关的认知都是不可能的。

　　区分思维与认知对现代组织有重大影响。有人的确假定管理者负责思维，而员工……嗯，员工干什么呢？员工做工，不是吗？随着自从推行日本式管理、质量循环、Z理论、追求完美以及全面质量管理以来人们看到的质量危机，我们意识到康德试图提醒我们注意的东西：在对质量的追求中，那些具有美学意识的人——那些能够说"这在感觉上是对的"的人——具有巨大的优势。不过，在按照层级分割的组织里，这些人是员工。

　　只有那些通过自身感官直接接触现实的人才能直接认知，也就是说，对现实有感应或者有感觉——康德称之为知觉。某种被理解为与正在做工的人相关的事物的质量如何，那个人会最先感觉到。那种认知只能通过话语、概念向管理者表达。人

们认为概念是通过数字来说明的，员工的认知因此往往是定性的，而管理者的思维则往往是定量的。

现代组织将思维功能与做工从根本上加以区别。康德早已批判过这样的结果。管理被局限于行使"某种能力，这种能力本身不能认知任何东西，只能组合和安排认知的素材，也就是物体必定会给它的直觉"（B 145）。

因此，如果管理层依靠员工来了解他们在做什么的话，它便面临被孤立在纯理性中的危险境地。研究会填充管理层的概念。不过，这类研究能够提供给他们指导员工如何实施的认知吗？这种认知只能通过工作经验获得。

员工的问题是，管理人员的大脑缺乏认知事物的工作经验，而这样的大脑却向他们发着如何做工的指令并且评估着他们的成就。

为了理解我们在有效地生产私营部门商品和公共服务方面所面临的危机，我们只需从康德那里寻找原因。在思维与认知分离的组织内部，我们的管理人员生活在概念的梦想国里，而员工却在竭尽全力将以那些概念为基础但与做工本身毫无联系的蓝图计划转换成非常真实的现实。不过，为什么要为哲学家而烦恼呢?! 他们毕竟与真实生活如此脱节！难道不是吗？

175

胡塞尔：科学、技术与官僚机构的思维

理解现代组织思维的另一种方法源于 20 世纪初提出的关于科学与生活脱节的另一次告诫。数学家、哲学家埃德蒙德·胡塞尔开始探索这种脱节是如何在日常生活中体现的。

在两次世界大战中间，世界处于一片混乱，人们不难看到，科学一方面变得日益复杂，另一方面却越来越远离有意义的人的生活中那些基本的关切。现代思想具有令人惊异的力量，它是从外部制造和控制物质世界的一种具有历史独特性的方式。正如胡塞尔所指出的，以科学为化身的现代思想没有解决生活的内在含义、人的理性或非理性、人是自由主体等问题。

今天我们可以说，尽管科学使我们受益匪浅，但却无法回答"它与我何干"这个问题。换言之，科学无法向人证明它创造的东西是必要的。唯有人能证明这样的需求。但是在我们的时代，人把自己的判断力拱手交给了科学：科学能够生产的任何东西都是我们需要的。于是，就成了人去适应科学，而不是科学去适应人的需要。

胡塞尔在《欧洲科学的危机》这部著作中指出了一个无法逃避但听起来颇有日耳曼味道的问题的自相矛盾之处：

> 假如科学认为只有使用这种方式从客观上确立的东西才是真实的，假如历史除了教会我们精神世界所有的形状、生活的所有状况、理想和人类依赖的规范就像过眼烟云一般形成与消逝，世界过去如此并将永远如此，理性必然一次次地变成无稽之谈，安宁变成痛苦，除此以外已无可奉献，那么，这个世界以及人在其中的生存真的还有意义吗？（胡塞尔，1970 [1937]：6—7）

176　　科学在这些失败中的作用是需要解释的，特别是鉴于科学对现代组织的设计产生的影响。

　　胡塞尔的批判可以这样解释：作为一种文化，我们只保证承认科学能够证明的事情是真实的。但是，每当我们结束一项科学实验，就会有一个停顿。在科学休整的这段时期，普通人不从事科学可以活得很好。事实上，我们一生当中绝大多数时间都是处于这样的休整状态。就连科学也是以生活中这些普普通通的时刻为起点的。要使科学发现派上用场，就必须能够回归普通人生活的世界当中去。作为一种认识世界的思维方式，科学因而与我们实际生活在其中的世界相去甚远——按照对工作理解的科学原理设计的任何组织也是如此。

　　但是，这些关于存在着不同类型的思维的判断与对官僚机构的批判有何联系呢？

　　普通人如何思维？我们已经看到官僚机构的思维与普通人的普通思维之间的冲突，甚至是官僚机构的思维与换上老百姓的衣服、站在顾客的立场上的官僚的思维之间的冲突。胡塞尔的著作指出，如果我们更好地理解了科学和日常思维，这种冲突便可以理解了。首先必须理解普通的日常思维。

　　虽然我们所有的人都在日常世界里思维着，但每个人都是从自身的角度体验事物。事物从我们每个人的角度看上去是不同的，尽管我们认定我们看到的是同一个世界的侧面。

　　这是关于世界本质的两个假设。这些假设涉及视角和世界的同一性，它们决定我们的思维，因此普通思维便与科学思维截然不同。

　　科学思维认为主观思维是无效的。科学思维坚持，客观思维是做我们其他人习以为常的事情的必要过程。其目的是证实世界的连贯性。它以我们其他人认为不必要的热情，寻求着百分之百的确定性。我们会在后文中论述这些差异。

　　这里的问题是，普通人有自己的思维方式。科学抨击此类思维缺乏有效性。我们自己往往赞成这样的看法：我们的思维如果经过科学检验会更可靠。但是，日常177生活是不会等待科学的。我们用某种方法打开门、拿起咖啡杯、走路——并不对我们的感觉、观察、概念、结论和确定采取行动的方法进行反复的科学检验。

　　我们疾驶过不远的将来的下一个弯道，不做科学检测，也没有理性的规划，却没有出车祸，这使我们身上科学家的那部分气质惊诧不已。但是，我们幸存下来的事实证明，我们的普通思维方式完全能够服务于我们的目的。胡塞尔代表普通人的经验和思维说话的时候所表达的正是此意。

　　这种思维不仅存在，而且还有其自身的合法性。他的结论是，这种思维有自己衡量有效性的标准，这些对于决定他们感觉的生活中的那些实际活动既是安全的也是必要的（Husserl，1970［1937］：125）。

　　科学、技术与官僚程序。官僚机构对现实进行思维的表达方式与科学相同，两者都是当代世界观的组成部分，因此胡塞尔也对官僚机构进行了论述。他的论点需要循着一系列步骤来思考。

　　在现代科学思维中，我们有意把在自然界中发现的东西与我们早已为其构建的模型加以比较。为了更精确地比较，我们便进行测量。测量使我们能够设计出公式来确定模型各部分之间的联系和模型与现实之间的联系："假如你掌握了公式，就已经事先具备了能力，有把握地预见在实际当中需要的、可以借助经验从直觉中感知的现实生活的世界即将发生什么"（Husserl，1970［1937］：43）。

将现实完全简化为测量的做法创造出一个"公式的世界"。以这种方式思考真实世界使科学家如此远离真实生活，这便产生了被胡塞尔描绘成"一般世界的形式逻辑观点"的概念。我们想起了 $E=mc^2$。但是我们几乎无须自我提醒，那个公式如此远离我们在世界上的日常经验，这种经验只对我们不同的视角、并且从我们不同的视角才是有意义的。

就连科学家尤其是理查德·P·费曼（Richard P. Feynman）都反对沉陷于公式的世界。这位诺贝尔物理奖得主就这个问题写道："我们知道的太多，又把它囊括在这么少的公式当中，于是我们只能说我们知之甚少了"（Feynman in Gleick，1993：325）。不过，凡是真正的科学家有所发现的地方，凡是直觉和认知占据主导地位的地方，科学的官僚们——技师们——都有足够的公式使自己沉陷在计算的细节中。 *178*

最终，胡塞尔（1970［1937］：48）指出，最初将现实简化为公式的代数算法被"最大限度地延伸了"。这个数字世界变得只对它自身有指示意义。这个世界中的办事员即技师们关注的是公式的连贯性和一致性本身存在的问题（今天，我们非常熟悉社会统计学使用的、无视其是否与世界相联系而对有效性进行内部检测时存在的这种现象；同样，官僚对程序的内在连贯性和一致性进行检测，却不关心它的外部有效性）。

科学家沦为技师，专心致志地从事技术工作。对所用模型是否合适、模型对研究的现实有何影响的关切退居次要位置（我们已经能够预见这与官僚们过分关注程序、在现实中低估政策意图和项目结果的相似之处）。

在使科学技术化的过程中，人们越来越关注模型与现实的比较。科学被简化为"某种技术"（46，强调符号为胡塞尔所加）。但是"技术……仅仅是某种获得……结果的技巧，对其真实性的感知只能通过实际对物体本身的具体直觉"（46）。总之，技术可以宣布手术的成功，但是成功与否最终只有当我们看到病人是否死亡的时候才能得到验证。同样，官僚机构可以采用完美的程序，但是第一章中福利办公室里的那个婴儿还是死亡了。这两个个案中都不存在技术不好或者程序不对的问题，甚至没有坏人：只有好技师和好官僚，他们失去了对人的目标的感觉，而这正是建立科学或官僚机构体系的目的所在。

技术源自科学，官僚程序源自政策。在科学中，技术所起的作用与程序在官僚机构中所起的作用完全相同，这一点非常引人注目。官僚也有模型，这就是政策或者项目，项目事先界定了真实的标准。项目或者政策模型是给定的；于是官僚的任务便是测量每个顾客的每个相关方面距离模型的距离。一些潜在的顾客与模型的特 *179* 征相去甚远，于是便被筛掉。就像从渔网里滑出去的鱼一样，它们不具备体积、表面的粗糙度等必要的表面特征，没法被渔网的某个网眼缠住，这种大而化之的描述与模型包含的图像总是不相同的。就模型而言，它们是不真实的，必须被忽略。与模型匹配的潜在客户得到服务：它们是真实的。

官僚机构的推理从根本上是通过类比进行的。办事员把某个"案子"的特征与项目的参数进行比较。我们也可以说，科学关注的是按照模型测量现实，它的推理也是通过类比进行的。科学始终是对实际物体偏离理想模型的参数的测量。官僚机构的思维和科学思维在很大程度上是一回事。它们的局限性也相同。

科学的局限性。胡塞尔指出，现代科学从一开始便与普通人对现实的体验相脱离。这是因为科学关注的不是任何具体事物的具体行为。相反，每一个普通人首先关注的是对自己有特别影响的那些事物。科学——尤其是作为现代科学基础的科学之母物理学——并不关注任何特定的物体。相反，它试图构建指导该类型所有物体行为的一般公式。胡塞尔（1970［1937］：41）这样论述物理学："人们并不关注这个物体的自由下落；单个事实只是一个实例。"

科学最坚决的拥护者之一伯特兰·罗素（Bertrand Russell，1968：19）赞同这种评价："应该对科学方法发表点意见了。科学关注的是发现普遍法则，尤其对主要作为肯定或者否定这些法则的证据的事实感兴趣。"个别物体代表的是根据任何一类事物的方方面面对它进行概括并以相似的条件构建起来的公式或模型的实例。这种方法赋予科学巨大的力量去渗透（阐释）、预言和控制事物或事件，使它们的行为遵循普遍规律或法则。

但是，就是这样的科学并没有让我们明白当某个具体的这类事物或事件必须马上进行处理时应该如何处理。科学可以设计工作的一般性规则，却无法建议在工作的具体情况中如何应用这些规则。

180

科学称这种情况为实例或意外事件，但是从普通客户或工作人员的角度看，工作并不是实例，并且世界充斥着此类意外事件。事实上，人们认为真正的管理者不是通过循规蹈矩、而是通过思考来应付那些非常规的事情挣得营生的。"我们不是靠听别人吆喝吃饭，而是靠把交给我们负责处理的那部分工作做好而吃饭的；我们根据负责处理的事物的分量大小来评价自己和同事的工作"（Jacques，1983：200）。我的观察受益于埃利奥特·雅克（Elliot Jacques），他在一项研究中发现，从最高到最低所有的工作都需要一定的自由裁量权、一定的责任，这对工作的表现至关重要，而在给做这份工作的人的说明当中是没有也不能够具体说明的。

胡塞尔的思想对官僚机构的意义。总之，官僚机构与科学一样脱离现实生活，因为它的思维往往脱离现实生活中的思维。可以从以下两个方面归纳这种现象：

1. 官僚机构以现实为模型。它最初按照现实构建的模型成为识别现实是否符合模型的标准。

2. 官僚机构最终会变得专注于程序。鉴于人类具有专注于某种技术方法带来的无穷无尽的技术问题的倾向，官僚机构的办事员的这种执著完全是自然的。不过，注重手段而不注重目的会导致办事员对自己在现实生活中遇到的问题缺少关注，而模型最初正是为了解决这些问题并且为了让解决方法产生影响而构建的。

正如方法在科学中一样，在官僚机构中，程序要比对问题的陈述（政策意图）

和解决方法（项目结果）更重要。科学的方法或现代组织的逻辑程序的确是在无须考虑对人的影响的前提下完全实现我们的目标的一种艺术。人们允许自己成为官僚机构的办事员，因此他们不会提出这个涉及我们所有人的问题：我们为什么要做这件事？官僚们脱离日常思维，因此不可能成为胡塞尔所说的"人类的办事员"。

海德格尔：经验是逃避官僚机构思维的途径

181

我们怎样才能摆脱科学、技术和官僚机构的思维方式？这是马丁·海德格尔关注的问题（此处的讨论根据 Heidegger，1984 & 1962：54-60）。海德格尔考虑这个问题时采取了不同于科学思维的出发点。科学思维从根本上界定了我们是什么。最终任何关于人的具体定义从科学角度将被简化为发现所有的组成部分或者它们得以结合在一起的规律，这就是定理。这些被认为是构成人的要素。科学希望关于这些的认知最终可以简化为一种公式，比如遗传密码。然而，人并不在 DNA 的层面上体验生活。

在真实的生活中，遗传学家自己也不是从遗传密码的角度体验生活的。把人的生命简化为必要的构件或者公式，这不能反映我们如何感知、感觉和思考我们的日常生活。科学不能替代经验。

我们说事情从根本上是这样的。那么，通过科学来理解人们的需要和设计让人们得到这些东西的方法，充其量只能非常偶然地使人得到满足。我们对所需东西的经验与科学对这种经验能够了解多少之间没有自然的结合。

那么，如果我们希望对从科学角度设计的服务提供体系进行再思考应该怎么做？第一步就是获取经验的图像，然后才可能设计符合而不是改变人的经验的服务提供体系。

海德格尔表明，人的经验并不能证明存在着公式而是指向恰恰相反的东西：开放性、被削弱的人性。人的经验非但不能简化为封闭的公式，它恰恰是开放的。我们每天都把自己投入到这种开发放性当中去。这种把自己抛向前方的做法需要决心和勇气，而科学对此一尤所知。

这是一个科学的出发点。海德格尔的现象学方法按照事物自身的情况来对待事物，强调经验是人的自我认知的基础。

我们想起，我们能够从接受未来的种种可能的角度来重新审视自我。对人类而言，存在本身不会因为这样或者那样的存在的构成而发生转变，而是因为可以"自由"地选择存在而发生转变。这会对组织产生影响。　*182*

关怀备至的组织。组织可以获得的教益是显见的。如果一个组织从已经形成的人的模型出发，是不可能为人服务的；任何一个为人提供服务的组织都必须允许这些人在本质上保持开放。

这并不意味着回归社会达尔文主义和采取不干预政策的国家、政府或行政部门，会让一个人悬在空中任凭风吹雨打，仿佛他在世界上是孑然一身。相反，它们提倡的是开辟一条道路，沿着这条道路，每一个人都能够恢复自己与他人一起并作为他们的成员的人的自由（Heidegger，1962：25-27）。

　　这也不意味着令人窒息地沉迷于某种类型的社会主义。海德格尔希望我们重视的是我们自己的经验：如果我处在与他人最为相互关爱的关系中，无论是爱情还是恐惧，无论是内疚还是勇气，我都会感觉我就是我自己（Gelven，1989：119）。

　　当我们把他人当作物体的时候，我们最感觉不到自我。因此，帮助人们充分表现自我的工作（在美国人看来，这种观点很像亚伯拉罕·马斯洛的观点），不是在主体和客体被自然分离时去充当使自我和他人走到一起的某种运输工具，而是帮助我为了我自己并且通过我自己树立起自我意识的形式，通过这种形式，我认识到我作为已经与他人相伴的生命在世界上原本的存在。关怀是向与其他人共同存在的人敞开的。

　　关怀的政策和项目意义。何谓关怀？如果我不自我关怀，我便不成为我。当我自我关怀的时候，我关怀的是保持和发展我内心最深层的存在的能力。这种内心最深层的存在的能力始终是面向未来的。过去已经造就了现在的我们。我们在现时一眨眼的工夫里经验了我们的发展过程。但是，我们还能如何发展则有待未来去决定。因此，我面向自己在未来的发展时，最关怀的是我自己。如果没有未来，现在的我就失去了可能性，而只剩下已经兑现了的现实。因此，我对自我最深层的界定是最大限度地使自己面向未来开放。通过对自我的未来的关怀，我为自己打开了只有未来能向我打开的存在的全部可能性。

183　　这对于我承担的关怀他人的责任产生着直接的影响。其他人也有自己的未来。假如我剥夺了他们的未来，把他们界定为过去的他们或者现在的他们，我便不仅限制了他们的未来，也限制了他们最深层的存在的能力。于是就有两种关怀他人的方法：暂时扶持他人直到他们能够自立式的关怀，以及代替他人并实际上让他人靠边站式的关怀（Heidegger，1984：39-44，61-66）。

　　这对组织也有明确的意义。社会通过这些组织所作的工作去关怀社会上那些未来需要帮助的人。但其实我们所有的人都是一样的，无论这涉及国家安全（国家安全确保着生命本身），还是政府对经济采取的不同形式的管理（管理确保生命的必要手段），或是各种形式的所谓的关怀职业：精神病学、医疗、福利和教育。

　　关怀事业项目的指导原则是忠实于人内心深处的真实。这是因为每个人只有在能够自由地展望未来并自由地朝着那个未来的方向努力的时候才能显示出自己真正的价值。衡量一个组织是否赋予人能力的标准有两个：在它从事的关怀工作中，组织是否为人们提供支持，以便使他们能够自立并独立处理自己的生活？它的关怀工作是否存在缺陷？在这里组织接管了人们的生活，把他们变成永久的客户，也就是说成为政策项目中客户模型的实例。

　　所有的官僚机构组织涉及的都属于后一类关怀。从本质上讲，官僚机构是被事先设计来自始至终按照人的过去提供服务的项目实施工具。这类项目操作起来，只有那些操作的人能够确定自己使用的工具也就是我们所说的控制是否有效。

　　这并不意味着所有事先设计好的项目都迫使客户按照自己的过去行事。可以事先设计一些能让客户自己操控的项目。这种向客户的开放有助于其面向未来。但是这类项目是无法由官僚机构操作的。它们不能按照所有的官僚机构必须接受的最终评估来进行评估：你是否执行了规定，即按照事先的设计执行了项目使用的工具手段？这个问题的答案将确定官僚机构对项目进行适当控制和对决策者负责的程度如何，但毫不涉及项目的结果。 *184*

所有决定一个项目的实际结果的活动都必须由客户个人在工作人员的协助下进行最低限度的参与。

项目评估的意义。按照项目评估通行的统计学方法，如果客户有保持自我的自由，对设计合理、旨在保障人的福祉的项目进行评估的人面临的就不是一个干预变量，而是一个在逻辑或统计学里前所未闻的变量。如果我们根据现象学对什么使我们成为人（即存在的自由）的基本认识为基础的话，我们可以称之为发起变量（originating variable）。

任何项目都不能超越某一个点。超越了这个点便不可能建立因果关系链。超越了这个点，项目的办事员无法对发生的事情负责。发生的事情——那些显现出来的事情——并不取决于关怀项目，而是取决于客户如何对待项目。在这个点上，关怀项目所能做的就是不妨碍客户。小说《新机器的灵魂》中某位项目管理人的墓志铭很好地表达了这个意思："他创造了机会，他没有妨碍过任何人"（Kidder，1982：274）。或者用组织学理论家戴维·卡内维尔（David Carnevale）经常说的话来说："授人以鱼，不如授人以渔。不要去控制他们的生活，要帮他们建立能力"（私人通信）。

但就在这一刻，客户已不再是客户，他们又变成了关怀政策最初想要的东西：一个能够左右自己的未来、关注着维护和实现存在的自由的人。在这一刻，福利项目发生了转向，超越了项目自身的标准：创造状况不错或状况很糟的人。不过国防项目也是如此。在某种意义上，最初福利项目的质量决定人们是否有在项目结束之后重新振作的能力——状况要么不错，要么很糟，或者失去防卫能力。但在最深层的意义上，这是他们的选择，没有人能代替他们做出选择。我能给你获得幸福的手段，但是，我和任何人都不能使你幸福。我可以帮你恢复你的真实性，但是，我不能强迫你成为你自己。我可以通过推理并指出你自身的经验来大致说明存在的含 *185* 义，但是，我不能使你成为一个能够面对选择和正视存在的含义带来的恐惧感的人。最后，我可以教你，但是，我不能使你学习。

这同样适用于对组织的设计从内部进行再思考。你可以赋予工作人员把工作做好的能力，但是，不能强迫他们把工作做好。

后现代主义的批评：德里达

后现代主义者雅克·德里达（Jacques Derrida）在揭露违反理性边际的现象时，触及了伟大的现代试验的核心。现代人相信理性是一把遮盖所有思维的巨伞。揭露理性在何时走过了头意味着对现代生活方式的转向提出质疑。最初的转向是理性的转向。转向之后，理性受到逻辑的驱使而不再是自由的。为什么需要提出这种质疑？它无疑证明了，我们从工具主义的角度培养使用理性的努力把我们带进了死胡同："没有灵魂的专家，没有情感的好色之徒。"

工具主义者的表现对启蒙运动提出了毁灭性的质疑。他们真是在像培育庄稼或者园艺那样在培育我们吗？专家们自称具有特殊能力，现代组织自称具有特殊权威，这些统统受到质疑。

我们可以援引冷战期间建立导弹防御系统时期的情况为例。假设你是负责防务的管理者。雷达屏幕上出现一个亮点，你被授权去确定这个亮点是不是导弹攻击。你要核对看见的东西是否与规则吻合，以实现系统的目标，这些都已通过程序编入了系统。如果你关注结果如何，就会或者就应该提出这样的问题：你的选择在逻辑上能否在某种程度上实现国家防御？

假如你面前所有的决策路径都指向同一个结果怎么办？假如你做的任何选择仍将导致本国人口全部毁灭怎么办？这时，你可能会想到，你运作的框架可能是似是而非的。

德里达以揭示似是而非的结果为己任。他对理性的政策制定和项目设计的批判使我们的注意力集中在工具主义理性（专家们的禁区）超越想象力（我们人人都具备的能力）的、毁灭性的崛起上。人的理性能够想象人的目标。目标一旦确立，逻辑可以设计实现目标的手段。但是，如果我们仅仅设计那些我们的逻辑能够规划的目标怎么办？这时，手段在驱使着目的。这是一种与最开始设计架构时使用的富有想象力的推理不同的推理。

德里达坚持不懈地探索这些问题。在决策的架构使理性和所有的人类生活都无效的情况下，启用理性本身的做法合乎理性吗？伊曼努尔·康德已经培育了这个幽灵。以为理性能够决定我们的认知，这是对理性的滥用。有一位评论者指出，德里达认为这样的系统"远远超越了系统自身的自我调控的原则"（Norris，1987：162）。

德里达本人谈到要向我们揭示"权威的外部局限性和理性原则的力量"。他的方法是"思考导致整个西方哲学、科学和技术崛起的理性原则的局限性"。这种方法有自己的标签，即解构主义（Derrida，1983：14，cited in Norris，1987：162-163）。

解构主义不是方法而是步骤。这些步骤向我们时代理性的合理性提出质疑。在创建现代认知的日子里即启蒙运动时期，理性也许曾被专家们合理地利用过，但在今天，实行它的程序则使我们处在虚伪的境地。我们受到预先构建的决策或选择的架构的局限，无论我们做事多么符合逻辑，仍然无法避免得出非理性的结果。这对于专业人员和官僚有着重要意义。一旦实现了理性的目的，专家的规则也就不起作用了。

专家不再能说因自己具备特殊的能力而拥有权威。人们会告诉你：事情都是复杂的。他们会对你说：我们需要专家为我们其他人做所谓复杂的决策。他们错了。一切都很简单。这里的陷阱是：一旦做出选择，你就完蛋了。造成复杂印象的一个原因是，现代技术的架构是如此多位专家的产物，没有哪一位专家具有足够多的知识去想象怎么把所有的事情都拼凑在一起。但是，现代性的批判者看到了另外一种负担。我们来看看德里达的思想，一个翻译者的译文这样说，专家"接受的训练是经过缜密思考再做反应，这也许会使他们无法看到目前的形势已经离这种（经典的'手段—目的'）推理相去有多遥远"（Norris，1987：164）。

海德格尔早已提出，逻辑必须依赖不同历史时期人类不同的存在状态。德里达提醒我们注意，我们的逻辑与现代后期我们新的存在状态相互矛盾。他这样说："一旦不存在绝对合法的能力，这种能力在严格意义上不再是社会科学的而是纯属政治外交的能力，这种能力在深思熟虑中造成纯信仰和无能，这时，纯信仰（doxa）与认知（episteme）['mere belief' and 'knowledge']之间的界限便开始模糊"（Derrida，1984：24，in Norris，1987：164-165；括号中的部分为 Norris 所加）。 *187*

此时，德里达的观点并不是理性仅在终极的、极端的情况下才会崩溃。理性从一开始便包含着自相矛盾。正是推理存在的矛盾使我们幻想，理性想象着目标，理性计算着实现这些目标的手段。

我们越是在实施想象的产物的过程中表现得"理性"，就会越多地把这件事情交给专家和以逻辑为基础的组织（如官僚机构和计算机）。其结果是作为逻辑的理性与作为我们的想象力的理性之间的紧张就越发加剧。这意味着在专家和官僚中，想象贬值了，我们人的命运被纯粹的逻辑计算和运作掌握。另一个不那么普遍的例子是：对要做的工作毫无感觉的行政管理者也许可以把工作分配得很好并且完全符合逻辑——但却缺乏理性。

新出现的规则

把自己想象成决定一架航天飞机是否起飞的管理者。一位技师来找你。他说，航天飞机推进器的密封圈过去出过问题。有时是在高温、有时是在低温下升空时发生的。看不出明确的模式。你认为没有模式是否意味着可以安全起飞？还是这一系列没有模式的事件给你敲响了警钟，你便叫停发射呢？（还记得挑战者号吗？）

现代思维会问：有哪些规则？

现代批判者会问：哪些规则适用？

后现代主义思维会问：规则背后还有什么东西？

后现代主义思维挑战了以规则为基础的思维。

现代的自我批判已经接受了以下思想，即总有现成的规则在那里等待我们应用。后现代主义的批判现在质疑是否存在一种自然的秩序。它将既定的规则分解开来，看看规则内部或者背后是什么。工作得以完成并非因为规则，而是做工作的同时，随着新规则在工作中的出现而发现新规则。当新的、与以前均不相同的新形势出现时，既定的规则因而尤其需要被质疑。导致发射挑战者号航天飞机并最终使七名宇航员葬身火海之前的那番讨论就属于这种情况。 *188*

雅克·德里达和其他后现代主义者称作"解构主义"的态度会让发射管理员担心。他们的关切可能不仅仅集中在某个异常现象是否符合发射模式的问题上，而且会集中在发射模式是否能够解决异常现象上。

怀疑的模式成为管理技师自身正常思维的一部分。他们始终清楚，自己通常的管理思维和通常的工程机械思维涉及的话语类型不同。他们会对任何将组织通常的主导地位强加于其他事物之上的情况提出质疑。

分散的权限

尽管在是否将解构主义称为某种方法的问题上持谨慎态度，德里达本人举例说明了解构主义批判会造成什么结果。

德里达在评论核威慑政策的时候，对现代思想的两头神牛提出了质疑：这就是科学与技术，以及知识的组织。他要说明这两头神牛的食粮是什么：在知识和权力的历史中有可能导致不同结果的那些偶发事件和事变。

在冷战期间，一旦发生核冲突，没有哪一个部门是既了解发生对峙时的情况又有权采取行动的。相反，德里达写道："有许多分散的、不同的权限。"无论这些权限部门的各种官员们会获得什么知识，"此类知识既不连贯又无法得出一个总和"（Derrida，1984：20-31，cited in Norris，1987：164）。阐释：知识不能聚合，也不能相加（即便苏联已经解体，该局面今天更加恶化了，因为我们现在面临越来越多的新的核国家，可能还有掌握了核武器的非国家行为者）。

挑战者号航天飞机的案例和核对峙案例中存在的问题是相同的。信仰和社会互动进入了通常被认为是纯技术问题的领域。因此德里达会认为挑战者号航天飞机发射的决定受到了对组织应该如何运作的长期存在并且没有争议的信念的影响。这包括：那位经历过密封圈故障的技师在层级结构里的地位较低，坚持要再等等看的技师受到来自他人的压力，要他"设身处地为管理员着想"，要他跟管理者和技师同事们站在一起，要求美国航空航天局说明今后如何争取资金（真实或想象中）的政治压力等。发射时，这些有可能影响人们认为是建立在知识基础之上的发射决定的问题并没有得到明确的承认。

我们可以说，如果按照德里达应对此类决策的方法，挑战者号航天飞机的决策者们也许会认识到德里达指出的、在核威慑政策中存在的"技术—军事—政治—外交"交叉的信念（Norris's term，in Norris，1987：165）构成的威胁。他们也许会看到自己正在掉入修辞和社会的陷阱。他们在对看来是技术性的决策做出公式化的反应时，也许会考虑到人的因素。

总之，这是与技术人员和管理者今天的假定背道而驰的，他们认为知识能够聚集（科学），也能够相加（官僚机构）。他们在学校里学的是，做工程技术和成立组织都是可能的，因为现实就是这样构建的（科学）或者可以被这样构建（现代组织）。因此我们通常能够应对任何局面。这种教条忽视了知识不聚集也不相加的情况。现代思想的传统坚持认为，我们的经验要想成为认知，就必须表现出某种连贯性（科学）。我们的现代组织传统要求这种认知必须处在中心地位，必须受到控制（官僚机构）。是否会出现以下的局面：虽然出现了真实的情况，但科学的概念却无法解释，也无法从中心按照知识来进行管理呢？

由于没有模式，挑战者号的发射人员沿用的是一系列没有人说过和质疑过的假设，即存在一种秩序，这种秩序对人类有利，只要我们的概念符合事物的状况就可以认知这种秩序。真理使我们的思想与事物相符。我们说某个事物是这样这样的，我们通过经验来检验我们的断言，自然秩序说，"好的"、"马上"我们便获得了认知。同样，不仅他们而且还有后来的批评者和研究人员都把官僚组织看作理所当然的事情。这就忽视了一个事实：人们是无法集中控制那些事先已经概念化的和正在形成的认知的。总之，航空航天局的运作使用的是科学和组织的意识形态，这两者都没有给新出现的认知留有足够的余地。它试图把试验性的认知强行套入既定的模式，然后把这些模式集中在一个中央控制的决策平台上。　*190*

设计模式和控制也许是推动科学和组织发展的必要信念的组成部分。不过这种信念忽视了后果：整个社会系统的失败、大量的人死亡、全球化带来的意想不到的影响。

犹豫不决

解构使我们在思考现实时犹豫不决。不过，解构能够使我们对应该怀疑的事情产生怀疑：比如认为一些潜在的功能在社会政策中是正常现象，认为市场外部性（externalities）在经济学中比效益更重要，认为反常现象是排斥科学、工程学和技术的必然结果。

然而，我们可能想要一种更接近的结果：我们能用这些做什么？

这便又引出一个问题：雅克·德里达或许是解构主义最重要的倡导者，他认为这是我们最好都不要插手而让哲学家处理的哲学方法。

解构发出了警告，此警告可能有助于打破现代思维僵化且毫无争议的概念模式。当我们分析现代思维的起源时，我们发现人们越来越相信秩序的常态，在这种常态下，意外事件属于例外。我们相信存在着某种基础秩序——只需发现它，就可以利用对它的认知。那些与我们的系统不相符的事件被当作偏差，专门被称作反常状况（物理学和机械学）、潜在的功能（社会学）、或者市场外部性（经济学）。

然而，假定秩序不过是一堆偶然事件的总和也是同样有道理的。按照这种观点，秩序是从这些偶然事件中构建出来的。如此，秩序便可以被拆散——被解构——回到它最初始的基础，如果有这样的基础的话。解构是后现代主义哲学企图向我们说明采取这种立场似乎有理的尝试。用评论家克利斯托弗·诺里斯（Christopher Norris）的话来说（1987：162），可以说解构是在"努力思考影响着西方哲学出现的理性原则的局限性"。但是，这有什么用处呢？

这是一个典型的美国人的问题，它受到德里达的嘲讽。德里达尽量将哲学与实用性区分开来。他的著作的风格一本正经，通篇是技术术语，回避了盎格鲁-撒克逊语言中那些优秀的古老的单音节替代词。此外他的文字艰涩，时不时来上一句　*191*
"这太复杂"——与哲学家希望表现出自己不仅思想高深同时也能讲授在我们其他人看来非常复杂的事物中包含的简单内容的传统做法大相径庭。虽然德里达显然希望人们在研究历史之后再面对未来，但你如果真这样做，他反倒要诅咒你。他宣称："解构不是方法，也不能转换成方法。"

不过我们可能会问，人们从思考的东西当中汲取意义难道不理性吗？

　　德里达一方面允许自己把自己的这套理论应用于核政策，同时却反驳道："在某些圈子里（尤其在美国的大学或文化圈子里），与'解构'一词必然联系在一起的技术和方法上的'比喻'颇具诱惑力或者使人误入歧途。"对此，我们的回应是，德里达在此反驳的是他自己的一条原则，即词语中表达的多种思想的含义是不确定的。作为解构主义论述者——尽管开山鼻祖是马丁·海德格尔——德里达失去了控制。他无法对解释发号施令。他让巫师的学徒们为所欲为。

　　"解构"的意思是追溯我们今天认知到的事物的起源，并搞清我们是如何认知的，这种思想有它的吸引力和推崇者。它碰巧与长期受到压抑、认为可以认知具体事物但仅仅了解其规则还不够的思想相吻合。它打开了这样一种可能性，即不掌握科学知识的单个员工可以掌握实际知识，它要人们承认存在着最心照不宣的认知，掌握了它就可以填补明确的规则与事实之间的差异，并将它们与结果结合在一个系统中。

　　好，问题来了。德里达主张，在某种意义上书写早于口头语言。鉴于这一主张，他不可能对员工与他从事的工作之间进行"对话"（Rede）的头等重要地位保持敏感性。这种对话是无声的，虽然无声，却充满了意义，完全决定着员工能否完成工作。德里达也许喜欢这种反规则的立场，但是，他还有可能认识到，把人的全部行为看作一本可以以不同方式反复研读的"教科书"的看法可能对上述看法构成潜在的灾难。所有的认知都是我们用语言与现实做的一场游戏。

应用

192　　德里达影响实际工作的能力超越了他对文章进行批判的显见的能力。对于他的能力来说存在的问题是，在某些方面工作并不是一篇文章。在工作中，你不能反悔你已经做过的事情。工作不是社交。在社交中，当别人对你说他不喜欢你说的话时，你可以收回你的话并说声"我不是故意的"。在工作中，时间和动作只朝一个方向运动。你也许能够修补某个步骤，但是那个步骤已经发生了。今天，在纽约布鲁克林大桥的某处、在矫正性钢缆的下面隐藏着的，是某个混蛋多年前卖给建桥商的那根制作不合格的钢缆。

　　工作中有某种在社会交往中没有的必要性。

　　解构挑战着包括官僚思维在内的所有具体化了的思维。这种思维认为一种状况总是只有一种界定方法，解读的数量是有限的（也就是说只有一种），这种唯一的解释是好的。现实生活中真实的人——比如本章开头提到的棒球队杂工的例子——却期待从思维中得到更多的东西。

　　这也不是用旧视角解读的方法。解构并不会赋予所有的人从自己的观点立场看待某种状况的权利。这不能作为例子来说明许多不同的经验构成一头大象的多元论。

　　相反，解构探究的是我们在从判断何时解雇棒球队杂工到何时发射航天飞机的所有事物中的思维中所做的那些无声的、习以为常的假定。当这些规则似乎仅提供了一种确定性时，解构使我们对应用相同的既定规则感到犹豫不决。为了替解构在哲学上的转向进行辩护，可以说德里达给了我们这些对王国的规则质疑的人防卫的手段和基础，尽管他在做着自顾自的写作，绕着花里胡哨的圈子，让我们思考最前沿的思想观念。

6.4　官僚机构的思维

总而言之，解构自上而下界定着现实。在这种思维中，我们忘记了生活是自下而上的。官僚机构的思维不能反映事物的自然秩序，因此只有通过强力或者强力的威胁才有效。强力的使用恰恰显示了思想的贫乏。官僚自己不去享受在他看来是奢侈或堕落的想象，只承认理性的逻辑，他必须压抑普通人所有的小小的想象，普通人在面对项目或政策时可以把情况想象得完全不同。

这种思维坚持必须明确界定事物的名称。它假定名称与事物相关，试图通过制 ₁₉₃ 定获取认知的规则来控制整个思维领域。它散布一种概念：只要想不清楚并且无法用词语表达的事物都不是真实的，不能用词语明确表达的便不是真实的。然而，有一个问题困扰着我们：我们是否可以在无法用言语表达的情况下认知某个事物？

我们在小学都曾有过张口结舌的经历，某个老师对我们说，"坐下，强尼（在这里替换上你自己的名字）！你要是说不出来就是不知道。"这种经历会在你的一生当中挥之不去。你忘不了它，不是因为你的神经特别过敏，而是因为科学也是这么说的。技术是这么说的，经济学、政治、行政管理和所有其他的理论都是这么说的。

但是，越来越多的证据显示，强尼（或简）是对的。人们的确知道如何以无法用语言表达的方式生活和工作。他们还不会谈论它、有时甚至没有给它挂上标签或者起名字就已经知道了。

这种结局对现代组织声称掌握着认知和权威的说法产生着重大影响。认为在正式的认知之外存在着实际知识的想法在极端意义上意味着官僚机构仅仅发号施令是不行的。这样的命令必须经过一个理解转换的过程。理解转换是否有效是自下而上并且不单是通过遵守规则、服从命令或标准而决定的。在我最喜欢的一部卡通片中，有位经理痛苦地向一名根本不会判断的员工喊道："哦，我的上帝！你怎么一字不差地按照我说的干呢！"一项命令或规则的理解转换是否有效取决于我能不能应用我从应对局面中获得的认知。

在办公室和工厂里，工作既依赖明确的指令，也依赖那些含糊的东西，即实施指令所需的实际知识。在学校或大学里，学习取决于学生已经获取的知识。在家庭和日常生活中，你对我说的话的理解取决于——根据生活对你的塑造——你怎么去理解它。

今天，这一切都是能够被证明的，这并不是因为凝重的思想家提出了什么新东西，而是因为我们文明的一个传统的承诺——即我们对理性的承诺——现在正在制造极端符合逻辑的技术。如果技术失败，完全是因为凡是不符合理性的东西全都被排除了。

¹⁹⁴ ## 6.5 审美：专业知识的崛起

　　人们越来越支持实际知识。实际知识重新受到重视，被看作通过埋头工作来了解应该如何行事的一种独特方式。支持者不仅仅是后现代派。至少马丁·海德格尔和路德维希·威特根斯坦（见前文）这两位后现代主义的奠基人为此铺平了道路。此外还有部分实用主义者（见下文）。

　　海德格尔和维特根斯坦重点研究了究竟是什么使我们相互理解并且能够认知事物。但是，这不是语言，尽管我们还是初生婴儿的时候语言便已存在。即使是语言，也只是在上下文中才有意义。也不是信仰体系。使生命以及其他事物能让你我明白的是这样一个事实：我们有着相同的实践（海德格尔）或生活形式（维特根斯坦）。用实用主义哲学家休伯特·德雷福斯（Hubert L. Dreyfus）的话来说，"这种观点是与十分清晰和终极可理解性的哲学理想截然对立的"。是否有意义不取决于理性，理性本身取决于我们接触事物时有意义的那些事物（Dreyfus，1991：155）。

　　简化为纯逻辑的理性削弱了想象力。工具主义的（或有目的的）理性往往使我们丧失对形势的敏感性。有的事物可能符合理论，但在实践中却行不通。这些是对完全理性的颠覆，而后现代主义者对此尤为敏感（比如，前文提到的德里达）。不过，在现代初期人们就已经很了解它们了。而发现它们的正是揭示了科学最基本的事实的那位哲学家（see Kant，above）。

　　在认知的运作中，伊曼努尔·康德区分了两种精神力量。一种是我们感觉情形即情况或人或事物所处的状况的能力。这是感觉。另一种是我们根据规则和理性范畴提取和明确这类情形的模式的能力。这是逻辑。为了获取某种认知，我们运用理性的逻辑功能和我们对事物的感觉来应对手头的事物（即希腊语中的感知 aesthesis）。

　　早期的康德认为，科学的某些认知源于理性对自然提出尖锐的质疑，这就留下了不确定的认知的残余。科学很快贬低了这种残余物的地位。人们嘲笑它对应该做什么和如何做认识模糊。人们贬低它，认为它根本算不上是认知。康德称之为不过是在黑暗当中"蹒跚而行"而已（Kant 1781/1787：xiii；本人进行了再翻译；see Kant，1965：20）。

¹⁹⁵　　但是，晚期的康德认为必须纠正这一立场。衡量我们认知的标准不仅仅是看我们能否把在周围发现的事物转化为理性能够解释的词语，还要看是否与情形相符合。结果便诞生了他的《判断的批判》（Kant，1790［1987］）。

　　康德在该书中提出了一个使科学家和任何一位解决问题的人都会感兴趣的问题。我们也可以想象将其应用到商务或者政府行政管理上。这个问题是：我们如何判断认知我们面对的局面的某一种方法比另外一种好呢？

　　在这里，康德提出了一种新的判断方法。他称这种判断方法为"审美的方法"——源于希腊语 aesthesis 一词或接触的意思。审美判断本身不能产生认识。

但是，它让我们感觉到这些事物与环境和人的理性相符合。

这对于那些职业需要他们做出大量判断的人是否有用呢？有用。比如，某位管理者如果自由地去感知自己在其中活动的情形，她能得到什么呢？她会发现，虽然对情形的感觉不会使我们认知到新的东西，但是我们会感觉更喜欢一种而不是另一种做法。在这个意义上，审美是一种相适应的感觉。人们去想象那些适合情形的做法，这将改善与人和他们的工作打交道的质量。我们自由发挥我们的审美（或者像康德说的高尚的）感觉的时候，我们对做法或分析架构的选择也会得到改善。事实上，我们所做的是重新唤起工具主义的现代主义使之休眠的那部分理性：我们为自己的思维和生活方式设想架构的能力。

审美判断取决于感觉。这往往是某种做法比另一种更"美"的感觉。这是一种判断。但不是理性的判断，不是作为逻辑的理性经过反复裁剪、使事物相适应之后的产物，不是将康德所谓的"直觉"与概念相比较、看看我们最初看到和感觉到（直觉）的事物是否符合现有的理性范畴或概念的判断。事实上，这是一种没有概念的经验。

我们能够进行这种判断是因为我们按照事物本来面目进行思考的方式是和我们对它有可能是别的样子的想象的方式相一致的。这样做带来的一致的感觉使我们愉悦。这种感觉说明我们在进行审美判断，就像对美丽的事物做出判断一样。

这就证明那位员工说自己用某种方法做了一件工作"因为这样感觉对"的说法是有道理的。同样，科学家谈论更讲究的解决方法。有时，他们甚至把美或高尚的 *196* 感觉当作判断某个问题的尚未经过检测便"感觉正确"的因素（see Gleick，1993）。

马丁·海德格尔将赋予想象的这种作用称为理性与感受之外的第三种力量。在他看来，整个社会，而不是在我们看来主要是官僚机构，都要求新入道的人必须与大家保持一致，"每一次例外都是短暂的，都会被压抑"（Heidegger，1992a：246）。

根据这一点，我身为一个真实的人，只有通过关注我的预测与最普遍的认知之间的紧张使我陷入的真实境地的感觉才能解放我自己。海德格尔称之为情感状态上的现身在此（Befindlichkeit），按照字面的意思就是找到你所处的"位置"。知道自己所处的"位置"解决了一个关键问题：我应该关注哪些把我和下一步要做的事情联系在一起的东西？这是一个关联性问题。如果没有这种对所处的"位置"的感觉，我们就会被混乱的感觉印象弄得不知所措。假如我们不关注自我及自我的外在表现，也就是说把"现身在此"作为一种关注的表现方式，则任何人都无法为了自己而生活或工作。

第 7 章

学术前沿系列
公共行政与公共管理经典译丛

官僚体制是一种政体：政治是行政管理

　　在现代国家里，官僚体制必须且不可避免的是实际的统治者……在这一过程中，"革命"的地位为政变所取代。

——马克斯·韦伯

　　我们需要权力理论吗？首先要研究的是被我称为"概念的需要"……我们必须了解激励我们概念化的历史条件。

——米歇尔·福柯

　　官僚体制取代了政治。仅仅看到官僚体制把政治转变为行政管理、或者它耗尽了行政管理中的政治生命、或者这最初是为了加强某人在某个机构里的法定权力是不够的。官僚体制叩响政治的大门，它宣布：你好，我是官僚体制，是来替换你的。

　　在官僚体制接管的地方，政治消亡了。初看上去，官僚体制对掌控它的人来说是个极好的工具，但这个"工具"很快似乎长出了自己的头脑。鉴于官僚机构的特性——专注理性和机器似的运作标准——这种转变将不可避免：现代组织取代了人。请看以下的对比：

官僚体制的功能与结构（见韦伯，第3章）	政治的功能与结构（本书作者）
机构的等级制度：上下级机构（见韦伯，第3章）。	人的等级制度：公民的尊卑。

司法管辖（根据合法性划分的"管理"领域）；最终的技术性劳动分工。	选区是功能性或地理性区域内权威的来源（由于赢得政治斗争的胜利，政治家有权代表公民行事）。
选拔基于技术或管理技能的训练。只要遵守机构的规则就没有风险。对生产的管理手段没有所有权。	政客当选的基础是自担风险赢得政治斗争的胜利。选区的"所有权"获胜。
文件是检索过去官方行为的工具。	个人记忆是保持与选民联系的途径。
全职投入工作。	全职投入政治生活。
遵守规则。	制定规则。

以上对比很能说明问题。马克斯·韦伯本人说过，我们搞政治需自担风险（auf eigener Faust，字面意思为：靠自己打拼）。相反，官僚不用经受政治斗争之火的考验，他是组织的产物。对政客而言，官僚只是事后才会想到的事情。缺乏为自己的事业斗争的经历也是官僚常常成不了伟人并往往被排斥在政治领导层之外的原因。

我们在思考政治的官僚化时需要注意两个方面：

1. 从外部看，公共政治在日益官僚化，失去了人的活力。

2. 从内部看，官僚尽管被禁止搞政治，在分工中也形成了自己一种新的政治：臭名昭著的办公室政治。

最后，我们看看现代和后现代的专家怎么说。

7.1 人们如何从事政治活动 [199]

政治的官僚化

公民们是如何经历政治官僚化的？一条清晰的路径把我们从政治组织最初的发展带到组织对政治的接管。

公民与政客

也许这个故事最能够从根本上反映传统的美国政治经历。它是这部政治机器最繁荣时期的一位政治组织者讲述的故事：

> 我有个表兄弟，是个对政治没有任何特别兴趣的年轻人。我去找他并对他说："汤米，我要从政，想找个人跟我干。你行吗？"他说："没问题，乔治。"我就是这么起家的。我有了一件可以推销的商品——一张选票。然后，我到本区负责人那里，我告诉他，选举那天我手里有两张选票，汤米的和我自己的。他冲我笑笑，让我接着干……没有多久，我就得到了 60 个人的支持，建立了乔治·华盛顿普朗奇特协会（Riordan，1963：8-9）。

即使是今天，操纵政党活动的政客仍然这样行事和说话。一百年前，这样的提议意味着要给新近到来的移民好处：一群群欧洲来的人相互依偎地聚集在自由女神的光芒之下。即使是今天，我知道这个国家的民主党和共和党的领导人都是从市政厅打杂工起家的。在我所工作的那个州，仍然是商业界在挑选市长的人选。政治领导人可能也在议会工作，或隶属进行游说的律师事务所。政治的生意仍然在商圈里。

把政治看做机器也许在我们当中的理想主义者看来是错误的。普朗奇特把政治描述为生意，把选票看成可销售的商品。他组织政治的生意。但我们也许会想到，开国元勋们早已把美国叫做"商业共和国"，而企业家当然要得到回报。

老板与改革者

我们不应该对普朗奇特式的起家导致了 18 世纪晚期政治机器的出现感到惊奇。但即使只有少数人对这门营生负个人责任，那机器至少还在为人提供服务。那位揭露了政治机器的腐败政治的记者林肯·斯蒂芬斯（Lincoln Steffens）得出结论："政治就是生意。""一切都是这么回事，"他写道，"艺术、文学、宗教、新闻、法律、医学——全是生意，就像你们看到的那样"（Steffens, 1957 [1904]：4）。

在斯蒂芬斯等人揭露这些弊端之后，美国进行了改革。但正如斯蒂芬斯所料，改革并未奏效。在城市和各州，多数改革者并不具备从政所需的条件。即使在有些地方他们看到了需要如何改革，他们自己却缺乏统一的意志去实施。由于不愿使用强力来支撑自己的意愿，改革者在竞争中败给了绝不手软的老板们。他们不理解这个把政治当作生意的体系并非病入膏肓，虽不够健康，但还是正常的，因此他们拒绝接受合同、买卖、入伙才能分成等生意人的做法，而最糟糕的是拒不承认政治就是经济学这个明显的事实。

即便今天去问问某位改革者，你还是会听到那些旧的真理。以下是对一位谨慎的改革倡导者的采访，它证明了要想不受束缚地按照我们的方式思考有多么困难：

采访者：你觉得改革者会行贿吗？
改革倡导者：哦，也许会。
采访者：用什么方法呢？
改革倡导者：给他们点好处。
采访者：这是改革的一部分吗？
改革倡导者：这不符合改革的思想。
采访者：他们是以正直为荣的……他们会用强力手段吗？
改革倡导者：我不知道他们干了什么。
采访者：运用强力和行贿受贿与改革不一致吧？
改革倡导者：一致，因为他们是理性主义者：他们认为世界是按理性运行的。

重视理性的想法在美国政治思维中是合理的。这种想法可以追溯到启蒙运动：摆脱了旧秩序的国王的臣民们利用理性去创造一种新的秩序。新教徒们按照终极的宗教意义为成功进行辩解（见第 3 章）。

但新的自由公民并未完全摆脱旧有的秩序。他们似乎希望旧秩序东山再起。政治机构的老板们正是用以效忠换取保护、分享体系获得的好处、升迁以及老板一定会出席葬礼等常用不衰的手段来回应这种颇具旧的家长式和世袭式秩序的欲望的。今天我们当中那些不理解这种价值的人正在拒绝这份遗产，使我们的思想变得混乱的是，政党机器的成员起来反对特权阶层，也许我们的先辈就是特权阶层。 *201*

我们来看看政治机器与变革斗争的结果：每当改革者求助于专家来进行改革的时候，改革就会胜利……不过这是暂时的。特迪·罗斯福任纽约警察署署长时，聘用了警监施密特伯格，一个以坦诚著称的老老实实的恶棍。他把主人侍奉得很好，现在为新主人禁娼、关闭赌场，就像以前给旧团伙收赃款那么可靠（Steffens，1931：266-284）。一种新类型的人接管了公共服务：不是好人取代了坏人，而是中性的人。

从长远来看，在大多数地方还是政治机器失败了，它们的失败是由于私人需求与公共生产的机器混在了一起。现在，大家几乎默认了城市里的政治职能即确保谁得到什么、什么时候以及如何获得的功能落入日渐官僚化的机构手中。政治受到了损害：如总统选举的选民参与率从 80％ 多下降到目前 40％ 左右的低水平。

政府官僚机构在发展。官僚勇敢地不偏不倚地赞同这样的价值观：任何有资格的人都应该有均等机会享受政府的慷慨。官僚机构取代了政党及其机构。对于半数以上的美国人来说，选举行政管理部门首脑的政治吸引力已不复存在；在选举本地学校董事会或社区管理机构时，参与率掉到百分之十几甚至更低的水平。政治不再是——也许从来就不是——为普通百姓服务做善事，尽管公司和有钱的利益集团仍然觉得把钱花在这上面是值得的。

总统

美国总统职位这个后来出现的政治庇护所也强烈感受到了官僚体制理性化的浪潮。公众仍然期待总统能起领导作用而不仅仅是管理的作用。虽然总统的前景有限，但若这两件事中一事无成，他们的资本就会一落千丈；他们的选择不仅被先前 *202* 的政治承诺预先设定，这些承诺的制定和执行也受到官僚体制的限制。

乔治·W·布什

乔治·W·布什发现组成一个统一的部门机构来保护美国领土的工作进展缓慢。大约 40 个政府部门和局、处担负政策职责并且有相关利益。即使把这些单位都归入国土安全部，这些机构在国会里掌管着委员会和预算大权的盟友仍然不愿意放手（see Stivers，2008）。

致命的层级结构和分工阻碍了安全——例如，联邦调查局的官僚们忽略了特工人员早先对一些外国人上飞行学校并发表反美言论有可能进行空中打击的怀疑。

一位前国务院情报总管同时也是布什家族的朋友颇有先见之明地指出，仅做组织上的变动是不够的："必须在管理层面上拿出解决办法，这需要很大的意愿，虽然我看到本届政府意愿非常强烈"（J. Stapleton Roy，in Tyler，2002）。

这种事从结构上看并没什么新鲜的。以前的总统也感到周围人满为患，不过也许很少有哪位总统被这么多失败的助手包围了这么长时间。2007 年，美国的公共行政管理部门经历的正是马克斯·韦伯所说的：如果废除现代国家官僚体制，唯一的替代就是由一知半解的人来治理，比如，某位擅长国防部改革的国防部部长，在一场假定的石油战争或对（不存在的）大规模杀伤性武器进行先发制人的打击或文明的冲突或宗教战争（对象随你挑选）中，扮演的却是位不懂行的将军和战略家的角色；某个驯马师在某场飓风灾害中占据着应急管理的最高职位；某个间谍部门被副总统打得溃不成军；"外包"的公共服务和商业运营失控；大工商企业和至少一家大会计事务所崩溃。肯尼迪总统延揽的一些政界军界人士即一伙自我标榜的精英对其在越南的经历耿耿于怀，似乎想杀一个回马枪。

在所有问题的中心，我们看到的是一个被骂声困扰的总统。用肯尼迪总统的话说："人类面临的所有问题迟早都要集中在总统身上。"身为总统总会遇到的一个麻烦往好里说是这些问题最终会被归结为理性的选择，也就是说不让总统从人的角度理解这些问题。这已经是并且依旧是要依赖资金充裕和高效的、以官僚机构的形式组织起来的文官队伍（如韦伯在第 3 章所述）。但是，迄今为止的文官制度已经遭到公民和政客的一系列抨击，这些人不加区别地削弱了政府的能力，通过大刀阔斧地裁员来"重造"政府治理，结局造成了某些批评家所欢迎的"中空"国家，而又没有找到能够替代原有体制来继续担负行政管理重担的组织机构设计。也许约翰·F·肯尼迪对其中的部分问题看得最清楚。

约翰·F·肯尼迪

似乎人类面临的所有问题迟早都要集中在处于核心地位的总统身上。但等问题到了总统手上的时候便已经被剖开、审查并且设计成一系列选择，仿佛早就刻在石头上一样。这里缺少的是它们没有感情，缺少的是对人类的意义（John F. Kennedy，quoted in Harris，1973：15）。

即使在公共行政管理的黄金时代，某位洞察犀利的总统已经认识到了这个问题：如果据称由行政首脑指挥的机构和工作人员掌握了有关问题较多的知识和信息从而有能力预先决策，那么，他们也就完全有能力独立决策并有能力进入政治领域去为所欲为。

富兰克林·D·罗斯福

今天早晨醒来，第一眼看到的就是《纽约时报》一条标题新闻说，我们的海军将斥资 20 亿美元上一个造船项目。而作为海军总司令的我在这儿，却只能从报纸上第一次读到这件事。知道我怎么说吗？

　　不知道，总统。

　　我说，"天啊！"（Marriner S. Eccles，quoted in Woll，1977：207）。

据报道，罗斯福接着写道：　　　　　　　　　　　　　　　　　　　　　　*204*

　　财政部……摊子铺得如此之大，如此根深蒂固，我发现让他们按照我的意图行事并获得我想要的结果几乎是不可能的，即便是亨利·摩根索在那儿也会束手无策。但财政部又不能与国务院相比。你应该经历一下尝试改变职业外交人员的思维、政策和行动，然后你就会知道什么是真正的问题。但是，跟海军相比，把财政部和国务院加在一起也不过是小巫见大巫（Ibid.）。

就这样，60 年前的这位总统在非常实际的意义上经历了 1887 年伍德罗·威尔逊的说法中的错误：

　　行政管理置身于政治范围之外。行政管理问题不是政治问题。尽管政治为行政管理确定任务，但绝不允许政治去操纵行政部门。行政管理领域是一个生意领域，它远离政治的躁动与斗争（Wilson，1887）。

近年来的总统们（从吉米·卡特、罗纳德·里根到乔治·W·布什）通过重组和削减预算来打击官僚体制，但他们的控制力看起来并没有多大改善。也有一些机构还不够官僚化的例子。

在里根总统任期内，白宫设立了一个旨在绕过现有机构的特殊单位，据说（总统）避开了总统的控制；一名海军陆战队上校及其助手不顾国会的政策向尼加拉瓜叛乱分子提供武器，而且据说总统也不知情。

乔治·W·布什手下的白宫以及国土安全部在卡特里娜飓风期间的失败应验了马克斯·韦伯的名言，"在行政管理领域里除了官僚体制和一知半解之外别无选择"（Weber，1968a：223）。

显然，如果总统弱智如罗纳德·里根但有一帮强人掌权时，国家就会看到部门之间如国务院和国防部在某个政策领域里的明争暗斗。这类争斗通常可以理解为地盘和权力之争——每个部门的领导都不断扩大其控制权以满足本机构生存最大化的必备条件，而公众就倒霉了。

除战争时期外，最高层政治家的经历似乎都是觉得被官僚体制包围。　　　*205*

1. 总统们似乎感到官僚体制总是先于他们触及问题，后者通过对问题进行界定来预先对问题进行决策。

2. 总统们似乎觉得官僚机构过度控制并根据其自身利益操纵解决方案，而这可能并不符合总统的意图或公众利益。

总之，现代组织机构已经把美国的公共行政管理带上了过山车。官僚结构最初取代了准封建的政治机制和老板当权的体制，在 30 年代罗斯福时期至 50 年代达到了高峰。到 2000 年，整个联邦行政部门在公众评价和雇员人数方面跌至低谷。联邦政府行政部门雇员在 1993 年至 1999 年期间从 220 万人减至 180 万人。这还不包括合同制的工作人员，鉴于外包了政府职能的私人企业和产业主要实行的是官僚体制，我们可以说美国的官僚体制化正在继续快速推进。从 1999 年到 2006 年，美国联邦雇员与政府合同承包商的私人雇员人数之比从每 6 个私人合同雇员对 15 个政府雇员降低到每 15 个私人雇员对 14 个政府雇员（Harper's，2007：17）。在某种意义上，这证实了公共管理理论家巴里·伯兹曼（Barry Bozeman）的说法，即在私人企业越来越多地使用公共资金这个意义上，所有组织都日益公共化。

"立法者"

私人组织如公司、公共组织如公共官僚机构和政治是如何结合在一起的？

经济学家兼政治学家查尔斯·林德布鲁姆（Charles Lindblom）认为，"大型私人组织在民主理论和民主愿景中处于非常奇怪的地位。它在这里的确不合适"（Lindblom，1977：356）。但私人组织、公共官僚机构和政治还是以某种方式被结合在了一起。这是怎么做到的呢？

政治学家西奥多·J·洛维（Theodore J. Lowi）解释说，立法是通过私人集团、公共官僚机构和国会委员会之间的所谓"政治三角交易"实现的。但要达成政治交易，所有参与者都必须拥有权力基础。不难看出，私人集团特别是公司企业的权力基础是金钱。但只有国会能够制定法律，国会把这一法定权威分给它的各个委员会。没有具有权威的立法者，金钱集团无法从事政治上合法的事情；而立法者没有金钱集团的支持也无法连任。双方互相需要。那官僚机构的位置在哪里呢？

政治学家彼得·沃尔（Peter Woll）从两个方面解释了官僚机构的权力：一是国会已经把权威授予了政府官僚机构，很难把权再收回来。二是那些掌管进行交易的国会委员会的人很难在每个政策问题上都获得选区的支持从而形成一个铁三角。

7.2　官僚是改革者

官僚权力的秘密在于他们有时间和空间去发展自己的专业特长（没有任期限制！）。企业官僚和政府官僚的情况都是如此，这就把立法者放到不利的地位上。但权力的关键也许是官僚机构把人的具体需求转换为让人们满足的能力，满足代替了对这些需求的回应，但实际却与预想的东西相去甚远。因而，要求正义就要有法律，希望和平就要备战，要想在社会上有所发展就需要福利，想要工资体面的工作就需要工作福利制，保持健康就需要与诊断疾病有关的团体，保证安全就需要刻板。

官僚们自己也许并不理解这样的解决方案对政治的破坏性冲击。或许他们掌管的这类解决方案会助长他们对名义上的上司的对立情绪。

官僚会利用现代人对稳定和安全的追求对政治发动进攻。

一位联邦官僚说：

　　我们依照国家利益起草了理想的立法，每一个部分都与整体有机结合，但当立法提交国会山时，就像是一名基督徒站在一群异教徒中间……所以，我们要用大量的时间去琢磨如何做点想做并且必须做的事情，而不必向国会提交一份新的法案（根据一份罕见的对高级联邦官员的调查，cited in Green，1984：185）。

　　除了运用各个部分与整体有机结合的工程模型，官僚们往往还会把政治问题当作技术问题对待，也就是说，把它们当作旨在发现等待着被发现的"事实"的科学研究的对象。

　　另一位联邦政府的官僚说：

　　官僚负责执行他寄予希望的计划。对他而言，国会是否授权了这项计划并不那么重要。他的想法是，如果国会的确掌握了事实并且有判断是非的能力，是会同意他的意见的（同上）。

　　还有第三种可能：官僚能够全面接触现代性，因此处于优势，而政客则生活在现代性尚不起作用的地方。

作为官僚的立法者

　　立法者本身受着接受官僚机构做法的诱惑，他们把政治看作必须根据技术性（解决问题）标准而不是政治（左右问题）标准来决定的技术问题。例如，一位研究国会议员越来越多地利用助手并依赖专家现象的政治学家观察到："专家们提供的材料数量过大让人有些摸不着头脑，因此议员们很高兴看到问题可以从显然没有争议的技术角度得到解决"（Malbin，1980：243-244）。

　　再举一个官僚化蔓延的实例：有两位学者（本作者和雷蒙德·考克斯）在一次全国政治学大会上反对为国会设立官僚标准，他们发现自己和一家雇来就官僚组织机构培训新国会议员的咨询公司分在了同一个小组里（see Cox and Hummel，1988）。

　　有些州的立法机构尝试通过引入官僚体制理性化最重要的手段——计算机来与公共和私营部门官僚机构的组织优势竞争。然而，早期的研究表明，加大立法技术的使用只是将决策权集中到顶层和中心。受益的是立法领袖或州长们。但是，在解决以体察老百姓的经验为基础的实际问题的政治过程中，没有任何证据表明取得了进展。

　　正如一位行政管理理论家和马萨诸塞州立法机构的前工作人员所观察到的："效率低下、无所作为的立法机构也完全可以行使职能"（雷蒙德·W·考克斯，个人通信）。

　　最后，我们看看公民们对官僚化政治的感受。毫不奇怪，他们的感受是分裂的，就像他们信奉的两组价值观——政治价值观和官僚价值观一样。

作为办事员的公民

早在 1973 年，占 65％的普通老百姓赞成国会当年进行的一次调查的报告："政府的问题在于当选官员失去了对官僚的控制，而官僚是真正管理这个国家的人。"当选官员中赞成此说法的占 57％（U. S. Congress，1973：part II，115；part III，61）。

问题的提法略有不同时，民众和当选官员中赞成"联邦政府变得太官僚了"这种说法人的分别增加到 73％和 80％。

与此同时，公民们对官方政治的参与持续下降。与无论出于何种原因选民在总统选举中的参选率达到约 80％的政治"机器"时代（1880-1896）相比，官僚机器时代里该参与率徘徊在不足 50％的水平上（1952-1984，Hummel and Isaak，1986：83）。

我们不应忽视人们越来越感到官僚权力占据主导地位和官方政治参与率下降之间的关联。学习如何运作官僚体制是有益处的，而政治则不然。人们放弃他们的公民权，变成官僚机构的客户兼办事员。

总之，包括总统、助手、立法者、政治学家以及公民在内几乎所有的人都要面对以下两种日益增多的经历：

1. 公共和私营部门的官僚机构在政治上日趋活跃。
2. 官僚机构不仅仅是政治领域产生的、实施法定政策和计划的权威流动的导管，它们也会创造自己的权力。

当官僚机构在政治领域运用这种自生的权力时，就会发生某种似是而非、意想*209* 不到和危险的情况：政客们开始看到政治的工具往往在整个政体中变成政治的主人，他们对此感到不满。如果官僚失去对其技术价值观的信念转而接受政治价值观的话，内部的政治化最终似乎会削弱官僚体制本身的权力基础。我们接下来看看这第二种危险及其对机构和整个社会意味着什么。

7.3　官僚机构的政治化

各个机构中存在并活跃着另一类政治，这是一个公开的秘密。官僚机构的控制力与基于选区的政治权力不同，它完全是自生的。控制力并非产生于机构外部的选区自愿接受机构的领导，而是来自组织的内部结构。当马克斯·韦伯根据对传统和现代组织的比较研究得出结论说现代官僚体制是一个无与伦比的控制工具时，他点出了从内部产生权力的具体来源：层级结构和分工。

劳动分工是权力的来源

假设你去为一个现代组织工作。你得到一份职责介绍，被指派到一张办公桌或一条生产线上的某个位置。身旁是其他领受了各自工作职责的雇员。你和身边其他人在做不同的事，这就是劳动分工或者管辖权。

劳动分工是层级制度控制权的来源。尽管分工有悖于人的直觉（我会自然而然转过头去看旁边的人在干什么），但却是现代工作组织的基础。实际上，我并未与紧挨着我的人做的事截然分开，因此从技术意义上说，我不需要抬起头来有声或无声地询问："头儿，我现在该干什么？"

但是头的一抬一转也使我不仅要依靠上级在技术性工作分工和协调方面拥有的更多的知识，也使我在个人和政治意义上对那位上级产生依赖。如果那位上级要求我去做能代表他的私利的事，而不是科学的任务设计或技术性任务协调所要求的事，我是没法知道或判断这些要求是技术性的还是政治性的。

打破在技术上共同完成一项工作也意味着打破在政治上的合作。技术上进行了 *210* 分工的劳动也放弃了政治上的判断。在最基层的层面上——两个人在分工环境下工作——你我都已经不再能判断上级让我们做的事是否符合我们俩自身的利益，更不要说是否符合公众利益了！

从政治上滥用技术性控制力的可能性是无限的。这也许可以说明为什么我们要借助又要淡化官僚体制（即遏制它们潜在的政治权力），为什么要用公务员体系来控制为了追求管理者个人的政治目的、狭隘地从政治上为私利服务而滥用技术权力的现象。

我们都熟悉管理者在政治上滥用技术控制力的典型例子。[①] 作为官僚，我们不仅服从官僚机构的经验，也要服从官僚机构内的政治经验。

政治管理者

哈罗德·拉斯韦尔（Harold Lasswell）告诉我们，从个性上讲，政客把个人动机转移到了公共目标上。正如埃里克·H·埃里克松（Erik H. Erikson, 1958, 1969）谈到马丁·路德和莫罕达斯·甘地时所指出的那样，儿时家庭情感的剧本常常在成人之后反复重演。在官僚体制更狭窄的舞台上，政治管理者们小心翼翼地在层级结构和劳动分工提供的平台上寻找着平衡，受着公务员规章制度的约束，他们在更狭隘的方面把自己的挫折、苦恼和愉悦等心理感受付诸行动。他们的办公室政治从狭隘、紧张和充满恶意中获得了心胸宽广、创造性当中所缺乏的东西。然而，随着世界的官僚体制化，办公室政客的影响可以波及全球，手段也同样有效。我们都能辨认出政治管理者的类型。无论政治化了的管理者的影响范围涉及的是个人、国家还是世界，对那些相信官僚体制无政治性的观点的人来说，政治上的攻击总是让他们吃惊。对受害者而言，政治管理者的行为绝不是微不足道的。历史向我们表明： *211*

1. 不喜欢手心冒汗的管理者的下属们在预计要出现和他握手的场合之前，被迫去看病或寻求精神病咨询。

2. 有位经理发现某位雇员提出了批评便把他调到蒙大拿州的巴特。

3. 某位管理者禁止工作时喝咖啡，还过问未婚雇员的性生活，若雇员对不正当关系知情不报就会被开除。

4. 某位管理者不信任没上过他所上的那类学校的人，特别是那些毕业于更好学校的人，并且让别人代笔给他写学术文章。

---

① 技术控制的目的是完成工作；在美国模式中，政治权力的目的是满足个人的私利和情感。

5. 在一个风雪交加的寒冷冬日，某位管理者到办公室后对天气如何好大加评论并且期待着雇员们随声附和，这些雇员们的确会这样做。

6. 某位管理者在儿时曾感到保护自己的母亲的需要，成人后这种需要转化为一心要保卫祖国，他利用职务在全国范围内进行政治迫害，重现了儿时防止来自外部毒害的场景。

以上所有这些都是长期担任联邦调查局局长的埃德加·胡佛的情况（Ungar，1976）。更近一些披露的情况证实了拉斯韦尔的学说，即政治人物的个人动机会表现在公共目标上。

管理者与雇员的关系

为什么官僚体制的雇员要忍受政治化的管理者？

公共行政管理理论家和规划家豪威尔·鲍姆（Howell Baum）关于层级结构中机构造成的上下级知识差距的研究提出一种令人不安的可能性。这种对于产生上级从技术上控制的能力至关重要的差距，有可能也确立了上级的地位，人们知道他是会进行政治操控的。然而，当真正对下属进行操控时，下属会感到屈辱并对自己的自主性产生怀疑。关注的重点从完成任务变为取悦上级。于是便有了鲍姆悖论：不带政治色彩的官僚体制本身创造了上下级关系，这种上下级关系在技术上是必要的，但参与其中的人将其转换成了主导与从属关系。官僚体制既创造了自身又创造了自己的对立面即政治（see Baum，1987）。

总之，当官僚体制遭遇政治时会产生两种危险：

1. 官僚体制创造了包括政治问题在内的所有问题都可以转换为行政管理和技术问题的假象。

2. 即使当官僚体制对政治权威变得过于敏感或者创造出自身的政治时，它创造的是一种简化了的、本身建立在官僚体制的种种假设之上的政治，因而掩盖了一种完全的人类政治的可能性。

针对第一种可能性，在美国已经反复出现"政治"革命，包括 20 世纪 60 年代的文化革命和 20 世纪 80 年代的削减福利革命。第二种可能似乎无法避免。人们能将世界从政治的官僚体制化中拯救出来吗？能从狭隘的办公室政治中拯救出来吗？完全的人类政治能否从官僚体制中脱颖而出并反对官僚体制，而又不丧失官僚体制的好处吗？两位现代专家的思考将引导我们对这些问题的思考，然后再介绍一位后现代主义者的挑战。

7.4　专家之言

韦伯的变革

这位早期对官僚体制和政治进行研究的鼻祖看到了有组织地进行政治的威胁。

马克斯·韦伯预计这会对个人主义产生威胁，对民主产生威胁，对政治产生威胁（Weber，1968a：1403）。今天，理智在独领风骚，我们发现了与它形影不离的东西——世界再次散发着魅力。

官僚体制把政治从可能性的艺术转换成了概率的计算。计算的是在谁在什么时候怎样得到什么的斗争中运用权力。失掉的是政治的想象力。而当人类面对现实的时候，不得不思考事情如果不是这样会怎么样。按照规律，人的潜力从现实中挤压出来的越多，就越可能向别的地方发展，一种新的政治出现了。

在行政管理的背景下但仍是在官僚机构之内，一种表面政治再现。它形成一种悖论。人们既反对作为行政管理的政治，又要把它作为新政治的保护网而依赖它。他们重新启用可能性的艺术，但并未要求超越现实情境的解决方案，也没有要求建立对所有情况都有效的体系。政治作为发现人们共同生活的方式的途径而再现，但既不是在纯粹的古典意义上，也不是在纯粹的现代意义上，更不是在纯粹的行政管理意义上。它成为一系列在行政管理中天经地义地确保着稳定的前提下采取的临时项目。如果行政管理的层级结构可以画为一座金字塔，每一个小政治世界是一个圆圈，则图像可能是这样的：一大堆小政治世界映衬着金字塔时隐时现（见图7—1）。图7—2描述了随时间而变的发展序列。

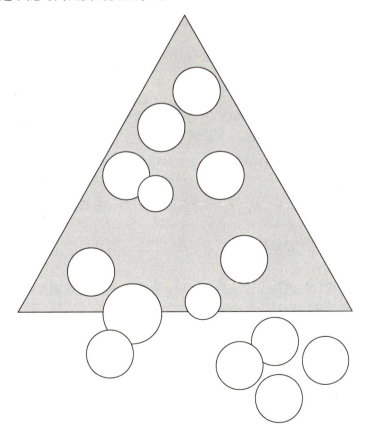

图7—1　后现代政治与行政管理悖论

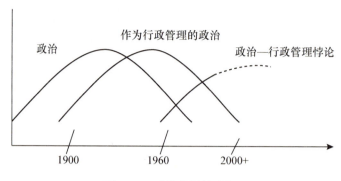

图7—2 政治发展的阶段

官僚体制分两个阶段完成这种转换。第一个阶段是官僚体制的直接后果，即政治转变为行政管理。在第二个阶段，人们发现被管理的生活毫无意义，于是成群结队地退出，发展出似是而非的政治——行政管理。

214

朝向后公民的权利与义务

被官僚体制从政治理性公民的责任和权利中解放出来的后公民只是暂时参与政治活动，且常常是参与彼此矛盾的政治活动。他觉得个人没有责任保持在政治斗争中的立场。现代组织把独立的公民转化为有依赖心理的客户，把员工转化成个性残缺的准人类（quasi-beings）。政府官僚和客户、公司官僚和消费者，他们都信奉空洞的形式主义的价值观和思想。

人类所剩下的东西藏进了不假思索的话语和含蓄的思维的避难所。他们不可能返回某种形式的前政治。他们解决人际间紧张关系的办法（那需要集体的共同努力才能解决）源自现代有组织的生活条件——在某种意义上他们逃避了这种状况。他们的后政治之岛与现代组织并没有分开，他们需要它：后政治是夹缝里的小岛，后现代的状况充斥着小岛，小岛同时在后现代状况中保持着自治。

现代政治的基本内容如果还存在的话，则是一种附带现象。政治中发挥作用的主体是什么？主体的欲望是什么？有意识的结盟是怎么回事？个人如何创造和操纵权力？

215 在国家曾大权独揽的每个广大的领域里，总有互相重叠且支离破碎的小片政治自主区域出现在管理的空当中。它们都有自己的小道理和小问题，它们的主体在客体化之前散布在邻里和利益集团中间。权力分散在许多相互重叠的非体系中。意识、概念的力量以及理论不再占据主导地位。每个小的区域里只是些毫无怨言、直接和完全忙于日常生活的平民百姓。正如历史学家埃里克·沃格林（Voegelin，1952）所说：每个小的领域都是被内部意义照耀着的小宇宙。

人类意愿的工具本应该带来相反的结果，它是如何产生了如此结果呢？

官僚体制把现代政治转化为行政管理，但行政管理并不是终点。官僚体制不仅使政治超越了想象的可能性，同时也扼杀了可能性，与此同时，还创造了既依靠又企图回避它的人们。

这种结果符合后现代知识理论的预期：你越是按照规则行事，就越适得其反（Collingwood，1939）。官僚体制对政治强制实行自己的规则，于是便启动了这一过程。它抽取了政治的精神和胆量，压抑了政治家的斗争精神，钝化了政治想象力，也削弱了政治家对新思想以及检验和实行这些新思想的洞察力。

对于准备领导其机构的高级官僚而言，官僚机构只不过是政治的替代品。在管理技巧的迷宫中，他们在形式主义中寻找到避风港，它使思维没有了内容。他们的专长在于玩弄规则之中的细微差别和琢磨如何在办公室政治里占上风。对基层官僚来说，这带来的是对最起码的判断力吹毛求疵。

公民依赖官僚体制对物品和服务的控制并服从强制性管理，他们放弃了政治，选择了冷酷且日益"合理"的物质分配。公民自己也变成了顾客。政客们变成行政管理官员。这种状况距离后现代的结果仅有一步之遥。

后现代的挑战

到后现代时期，政治体系的版图本身已经被切割成许多围绕着事务领域并由一个政客兼行政官员领导的顾客群体的职能区域。在政治的结构为代议制民主的地方，从一开始就包含了这种发展。代议制民主在把问题提交给民众的代表之前就已经过滤掉了民众的情感。它代表的人都是非常相像的"理性人"，从而能适应一个适用于所有人的法律，这就是一种人们熟悉的官僚体制的价值。这便是与官僚思维本身的基础相同的理性主义。*216*

当官僚机构的理性开始超越政治的非理性时，我们便看到后现代主义者所说的"代表制的灭亡"。那种认为代议制民主真能够代表老百姓丰富多彩的生活中的实际需要的想法气数已尽。公民不参与，其余的都被转化了。于是出现了能否重建新的政治而不是怎样挽救相关政治的问题（见图7—3）。

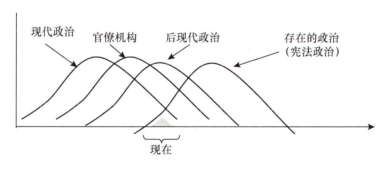

图 7—3　重叠的阶段与现状

事件发生的顺序是：政治社会（被）→官僚机构的理性（转化为）→代议制民主（而代议制民主由于与真实老百姓日常生活无关而崩溃，于是产生了）→后现代条件（从而引起对）→新政治（的探索）。

官僚体制对政治进行转化的途径是：现代政治 → 个人→代议 → 多元化，相交利益的分配，宣布公司为有政治权利的实体（波士顿银行的案例）→个人的后现代式扩散，权力被视为是系统性的 → 重返立宪政治，例如希腊人的做法。

早在 20 世纪初，在马克斯·韦伯探讨自由、民主和政治如何与世界的官僚体制化抗衡时，就已经预见到政治的消亡。

217 这场危机的第一次经历仍然被看作社会与官僚体制的碰撞。我们仍然习惯于从现代社会的角度来思考政治，官僚体制在其中扮演着从属角色。当这种角色的权力突然放大时，我们认为这是暂时的异常现象。这种经历以及不想将其小题大做的倾向，在总统、议员、总统助理和公民与官僚体制早期打交道的过程中都有体现。他们的经历代表着更单纯的时代。

现代政治始于人与人的结合。每个人可以按各自的意愿创造一个共同的公共空间来确定政治的含义。到现代晚期，个人进入了利益集团，个人利益重叠相交，而曾经受到法律保障的政治自由被法律明确定义，公民因而被转变为客户。政客的选区也变得依赖于官僚体制。代表们从事选区的服务工作，越来越需要了解官僚机构如何运作并接受官僚思维。

代议制政府是现代的天才之举，它只允许理性进入决策的高层，而把情感限制在基层，它表明自己与官僚体制一样受到同样的理性的约束。代表的概念是从科学、政治和行政管理的日常经历当中抽象出来的：我们被代表的越多，我们就越成为仅仅是一种科学的概念，不过是一系列有同样权力的选民中的一员，或者只是个案例。

现代主义的批评

在政治中，领袖人物代表公民制定和实施政策并为此承担个人责任，政治的未来在 20 世纪初就已经受到质疑。现代主义者对现代政治的自我批判始于马克斯·韦伯。这位解释社会学的鼻祖与今天的行为学派一样，注重描述政治的实际"状况"，不过，他也强调了政治对人们的实际意义：政治是一个想象和辩论大家以不同的方式共同有意义地生活在一起的公共空间。韦伯指出，在 19、20 世纪交替之际，使这些成为可能的条件就已经在消失了。他还指出否认政治哲学会给自由、民主和政治本身带来希望将会付出什么样的代价。

具有讽刺意义的是，现代政治学的创始人之一哈罗德·拉斯韦尔研究了韦伯的现实主义，并用它来批判政治哲学本身，谴责政治哲学是一种不切实际的空想。行*218* 为政治学摈弃了政治哲学的传统目标，人们以往按照启蒙运动的目标，利用政治哲学对人们开展自由、民主和领袖们应当负责任地从政的教育。行为主义本身对过去毫无兴趣且宣称对未来没有任何具体的偏好，只注重当前的"状况如何"。当然，这种方法论造成了一些后果。它向后来的现代政治敞开了舞台。现在用来研究它的科学中反映了这种政治的理性化。人们认为，即使是最缺乏理性的冲动也应该在理性范畴内进行阐述。对于甚至是最疯狂的领袖人物来说，行为科学的愿望在于搞清楚什么对他们起作用，从而预计并控制他们的行为。政治受到了政治学的支持，又可以借助对竞选实行管理，因此它本身成了分配财务资源而不是政客相互角逐的战场。选举政治变成了竞选管理。大众犬儒主义成了它的产物。一切为何会变成这样呢？

让我们从马克斯·韦伯谈起。

韦伯

马克斯·韦伯预见到政治会在行政管理的冲击下消亡。他关于这种转变的三个修辞性问题值得更广为人知：

鉴于官僚化的发展势不可挡，只能以下列方式探讨政治组织未来形态的问题：

1. 人们怎样才能挽救任何意义上残留的"个人主义"的自由？毕竟，以为没有人权时代的进步我们中包括最保守的人在内的任何人能继续生活下去，这纯属自欺欺人。但是，我们在此不应该考虑这个问题，因为还有另一个问题。

2. 由于国家官僚体制的不可或缺性及其日益增长的权力，如何保证仍然有权力能够抑制并有效控制这一阶层的巨大影响力？如何才能使民主即使在这种有限的意义上成为可能？然而，这也不是我们在这里考虑的唯一问题。

3. 第三个也是最重要的问题，是由对官僚体制本身固有局限性的思考所引起的。不难看到，官僚体制的有效性在公共和政府领域里和在私人经济中同样有着明确的局限性（Weber，1968a：1403-1404）。

这第三个问题指向了政治本身。在"为个人权力而争斗以及该权力导致的个人对自身事业负责是政治家和企业家的生命线"实质上属于现代的意义上，如何使政治和政治领导成为可能？

哈罗德·拉斯韦尔的行为主义为20世纪50年代中期以前的政治学提供了具体的现代答案。

拉斯韦尔

哈罗德·拉斯韦尔写了一本书把政治学定义为一门科学，书名为《政治：谁在什么时候怎样得到什么》。该书提出一种描述人的实际行为而不是应该如何去做的方法。这种政治与行政管理的家族相似性并不是偶然的。二者的核心都是商品分配。

人们一直认为政治是根本无法测定的。拉斯韦尔想要纠正这个问题。拉斯韦尔在该书的第一段里就用率直的语言重新界定了政治，使之可以用科学方法进行测定，他声称："政治科学叙述条件；政治哲学证明偏好的正当性。本书仅限于政治分析，不提出偏好，只叙述条件。"此后，研究政治成为测定对谁何时得到什么产生的影响和有影响的人，即商品的分配。"有影响的人是那些把能够获得的东西中的大部分归为己有的人。"获得最多的人是精英，其他的都是老百姓（1958：13）。

人们不再关注应该首先推崇哪种商品——拉斯韦尔称之为价值，不再关注事情应该怎样的取向。取而代之的是对现实的注重。简而言之，人们现在不再关注我们据以判断应该推崇什么并通过它们来判断实现我们所重视的目标的适当方法的文化分类。行为主义要求人们反对政治哲学或体现于宪法中的取向的研究。它放弃了先

219

220

前对立宪政治的兴趣。人们失去了关于究竟什么是政治团体的定义：它的希望、它的抱负和它对所有这些的承诺。正如我们提到的，被历史学家埃里克·沃格林描述为从内部放射光芒的小宇宙的政治团体，其内部之光在科学客观的耀眼光芒中黯然失色。

总之，这两位现代社会科学家描述了我们认为的政治领域里发生的巨变。一位为之惋惜，另一位则为它推波助澜。但两位都表现出现代社会科学察觉变化的能力。问题仍然没有得到解决：后现代主义的批评能为已有的认识增添什么？

后现代主义的批评

福柯

留给后现代批评者的关键问题也许是：我们怎样避免政治的官僚化？在此，我们可以假定后现代主义的观点——鉴于它声称超越了现代性——是有话要说的。

政治作为人们设计如何共同生活的一种方法，其前景似乎比现代主义者以为的要更加暗淡。已故法国历史学家、社会学家和哲学家米歇尔·福柯给出了一个骇人的答案。他发现那些控制我们生活的各种力量之间有一种潜在的联系。权力就是知识，知识就是权力，真理就是既定秩序认可的知识——它们相互交织在一起，成为一个庞大的压迫体系（Foucault，1980）。

权力的机会

我们是否会绝望？知识、权力和机构真理之间业已揭示出的各种联系令人望而却步。虽然福柯非常现实地对这些进行了描述，但他也指出了权力的不连贯性：这就给了人们逃避的机会。福柯揭示了我们通常看不到的东西——隐蔽的做法、在科学上合法的折磨、系统性的欺骗、矛盾、出尔反尔、自相矛盾等——他指出，这些正是它们本身独立并且往往冲突的权力目的的根源。它们可能会也可能不会与周边的权力关系结盟。科学可能支持也可能不支持民主政治。官僚体制也许会形成在自己内部必须做的事情，也就是贬低政治权力的技巧。学生可能发现保持学生身份对他们有利，而不是在毕业之后进入按部就班、不通人情的商业世界。

福柯并不是说一切都失去了。他寄希望于人们会增加对权力的扩散的理解。任何一个历史时期里所谓的权贵手中并"没有"权力，也不垄断着权力。他们的权力不仅有赖于相对没有权力的人们的默许，也有赖于在他们自身的权力领域之外的其他权力关系碰巧单独给予他们的支持。

此类其他权力领域可能有自己的目标和逻辑，即马克斯·韦伯所谓的自治规则的源头（Eigengesetzlichkeit）。这些也许与两个人之间现存的权力关系相一致——这纯属巧合，几乎是出于偶然。于是，按照福柯的早期思想，马克斯·韦伯已经指出了现代新兴工业和商人阶层，与宗教的某种知识运动完全独立的权力之间的"选择性密切关系"：对加尔文主义的宿命论所做的重新阐释为新兴阶级的所作所为提供了论据。然而，韦伯的思想与福柯的思想相反，它是宿命论的：他总是谈论必然会走向工具主义理性的独裁。

相比之下，福柯强调的是机会。这些机会是知识和权力的自治根源提供的。这些机会出现在权力与知识的领域里由于利益、知识和真理的偶然巧合或密切联系导致的变动中。假如权力往往被中央掌权者垄断，那么，官僚体制怎么能够接管君主制或民主制的政治机构呢？官僚体制的技术要求有自己的逻辑和目标。它们在政治家们的日常争斗中得到维护。

无论何处的立法者，如果被官僚机构的专家告知他不能通过某项法律，原因是该法律会在实施中导致不可克服的困难，权力关系便超越了简单关系的范围，这一点是显而易见的。

无论何处的学生，如果发现教授打分的方法得不到未来雇主的支持，这些学生就会不再服从某所不用数字表示成绩的学校（权力关系）。

另一方面，教育考试服务中心做的研究也许会显示，研究生资格考试（GRE）是无法预示某人攻读博士能够成功的。然而，当权者可能会利用研究生资格考试来把在学术上准备不够充分的人拒之门外——这忽视了维持现状对于种族和社会与阶级机遇的影响。

雇主也许会继续减少雇用人数，直到他们发现，他们之所以能够这样做的权力依赖于消费者心甘情愿并且能够买得起他们的产品。

福柯从早期的历史研究中得到这种机会的暗示。比如，新思维方式和新做事方式对国家主权的影响。按照福柯自己的话说：

> 在 17 世纪和 18 世纪，我们制造出一个重要的现象：出现了或者说发明了一种新的权力机制，它拥有特别独特的程序技术、全新的工具、相当不同的组织机构，我相信，这也是与主权关系绝对不相容的（Foucault，1980：104）。

所有的变化都取决于这种对掌权的主导权力的反叛。

对知识的批判

从很早以前开始，对权力的反叛中便包含着知识。我们也可以举一些今天的例子。今天的当权者不再仅仅依赖声称拥有主权、权利或法律，他们也依赖驯服的专业人员，后者的知识可以毫无风险地提升为确认的真理。不过，历史表明，这种无害的特洛伊木马是会暗藏士兵的。

包括福柯在内的后现代主义者认为，没有绝对的大写的真理。知识是权力的函数。真理是当权者确认的知识。参与这场骗局的，是社会科学领域的研究人员以及从社会科学领域派生出来的辅助性专业人员，包括政策分析人员、精神健康和社会工作人员、缓刑监督官等，这些人声称掌握了科学知识，他们的说法可以用来帮助说明现有权力的合法性。

所有这些在我们现代人尤其是美国人听起来非常陌生。作为现代人，我们习惯

于把知识当作权力。假如我们掌握了知识，我们便希望自己能够告诉当权者真实的
情况：对权力讲真话。知识被认为是某种纯洁的、未被权力污染的东西。假如权力
223 干预了知识的获取，就会使我们学到的东西变得扭曲，变得无效。现在，像福柯那
样提出某些知识可以被掌权者或者巧合提升为确认的真理，提出真理仅仅是由权力
提升的知识，同时认为这种经过驯化的知识可能会被遗忘——这一切似乎让人无法
容忍。

重读韦伯

各学科的专业知识既支持又削弱着法律秩序，因为每一个学科都称自己的起源
是理性。马克斯·韦伯早就注意到权力从政治向以专业知识为基础的行政管理过渡
的事实："在现代国家里，真正的统治者必定和不可避免地是官僚体制，因为权力
既不是通过国会的演讲，也不是通过君主的宣言，而是通过行政管理的例行公事来
行使的"（1968a：1393）。他还说："所有官僚的权力依赖于两种知识：一种是技术
知识……另一种是官方的信息"（1417－1418）。

马克斯·韦伯告诉我们，国家自身的现代化是按照理性的原则进行的。他还
说："在政党内部，官僚化以在经济和公共行政管理领域相同的方式进行着"（We-
ber，1968b：1395）。立法部门变成"纯经济利益之间不对整体利益进行政治考量
的相互妥协的市场"（1397）。他看到，官僚体制有机会利用对立的经济利益相互斗
争并增加自己的工作人员（当时的方式是通过在就业和合同上相互帮忙，1397）。
关于今天竞选的管理，他颇具有预言性地说："过去数十年间，在竞选技巧理性化
过程中，所有政党都更像官僚组织了"（1398）。

后现代主义的批评能够补充些什么吗？能。比如，韦伯提出，知识会保持内部
正派和团结在中心周围的倾向。而福柯则强调不同的知识部门的发展是分道扬
镳的。

按照米歇尔·福柯的方法，这就需要对官僚体制的理性进行考察，这种理性即
以往所谓的国家理性（raison d'etat）。这就承认了并非所有的人在所有的时代都具
有我们这种理性，实际上存在许多不同的理性。

今天，鉴于机构利益和竞选管理人已经掌控了政府和政治，我们会看到理性
224 化——也就是一切服从于官僚体制的理性——正在迅猛发展。要想逃避它，我们需
要类似福柯对官僚体制理性的理论的挑战那样的东西，也需要关于权力和政治的新
理论，需要关于如何使这一切去官僚化的新理论。福柯的忠告是晦涩难懂的。但
是，他的确引导我们上了路。

政治理性的种类

福柯以重读历史中的特定文献为荣。在文献中，他发现历史上曾有过理性与权
力纠缠在一起的现象。福柯专门研究了 16 世纪和 17 世纪国家权力的发展情况
（Foucault，1980）。正是在这一时期，他发现了某种政治的起源，这也正是今天的
官僚体制的起源。这是以"国家理性"为基础的体制。它提出一个两方面组成的理

性体制。这种理性不仅是今天现代国家的前身，也在其中包含了技术理性脱离实质性政治表现的可能性。

国家理性继承的是更早的马基雅维利的体制。在马基雅维利看来，统治的全部意义在于占据一块领土。统治的艺术在于有能力动员一切可以增强君主的权力的事物。

针对这种思想，所谓的反马基雅维利派搬出一个更古老的思想：牧羊人的推理。牧羊人守护和引导着羊群，他不仅关注整个羊群的需要，也关注每一只羊。

国家理性"标志着一个在部分程度上与马基雅维利截然不同的理性出现了"（Foucault，2000a：316）。这种特定的而不是笼统的理性正是韦伯描绘的官僚的动机所在。这是解释政府的弱点的关键：它自身理性的结构。这是福柯的观点。官僚的动机在于在方方面面加强官僚机构。然而在这个方面，官僚因忙于内部技术性事务而已经忘记了这个目标还有另外一层目的，也就是整体福祉。

这种双重动机的缺失——在公开场合不着边际，在技术上又是明确的——属于另一种特殊的思维。它有自己的历史。它在今天我们关于国家、政府和官僚体制的概念中仍然存在。官僚认为什么行为符合理性，起始于他赞同这一种而不是那一种理性。要么选择为某位君主而施政的理性，要么选择为了自身同时也为了保证整体福祉的目的而施政。在第一种情况下，技术与目的是相同的。第二种情况有两个方面，这两个方面会相互加强。 *225*

这两种体制都是合理的。第一种体制寻求维持君主对领土控制的逻辑手段。第二种体制旨在广集知识。政府要充当牧羊人，就需要那种在运用当中既照顾了全体人民的福利、又加强了国家的权力使之能够继续提供这种服务的知识："这种治理艺术的目的恰恰不是为了加强君主在其领地内能够行使的权力，而在于加强国家本身"（316）。福柯关注的是由此引出的矛盾。

国家既强迫人民，又给人民自由。这是康德在遭遇弗里德里希大帝时（见第 3章）遇到的理性的矛盾。用福柯的话说："[牧羊人类型的]理性的政府可以说是这样的：鉴于国家的性质，它可以无限期地压制敌人。只有增强自己的实力才可能做到这一点"（316）。

要想获得那种实力，国家必须拥有知识。这并不是非理性的思想。为了生存，国家必须了解人口中的每个成员在任何时间里在做些什么，想些什么。只有这样，国家才能利用知识来帮助个人和所有人民建立整体福祉，而这正是一个强国永不枯竭的源泉。因此，知识能够建立权力和秩序。

然而，对个人的保护是与侵犯个人最私密的生活和思想同时发生的，这便限制了自由。

这里，秩序的安全同样支持着自由。政治事务存在一个矛盾：自由和秩序不是对立的，而是理性的组成部分。知识中产生了对个人并且为了个人必须做的事情，通过与社会需要的平衡，以保证国家权力永远反复做相同的事情。自由与秩序之间的关系不是被当成对立的而是互补的关系来看待。

这不仅是理性与秩序之间的相互关系的起源，而且也是整个社会的安全必须与

158

个人的福祉之间保持平衡的关系的起源。尽管这些看起来是对立的，但现代国家的行为把它们当成是互相支持的：没有安全感的个人不利于整体福祉的发展，缺少整体福祉，对国家不利。在这个意义上，国家及其组织机构（官僚体制）的概念从一开始就有几分奥威尔的公式的味道：秩序是自由，知识是权力，权力是理性。我们在此发现福柯在他的其他论述权力与知识的著作中关于权力、知识和真理之间的相互联系的思想的起源。

226

福柯做出如下结论："只要看看新生的国家理性，就能清楚地看到，国家从一开始就既能够照顾到个人的需要，同时又是集权的"（325）。革命者可以从中汲取一个教训：你要想清楚你在抨击的理性是怎么回事。要敢于审视你自己的理性。在个性化和极权化问题上，你的立场是什么？福柯认为："要想获得解放，不仅要对这两种结果中的一种进行批判，还要对政治理性化的根源进行批判"（325）。

后现代主义者揭示的这些有什么新意吗？

7.5　摆脱官僚化政治的途径

后现代主义是否向我们指明了如何才能避免政治堕落为行政管理？

早在林肯·斯蒂芬斯等记者的文章中，现代自我批判便揭露了现代政治的实质。现代政治的希望在于一个理想化的假定。我们每一个人都能为自己设想一套需要遵循的、对我们和所有的人都有约束力的目标和规则。这并不是理想的假定。理想的假定早已在"他人"中包含了"自我"。这种包含一切的理性却堕落成为了自我的理性。虽然这有利于满足私利，但促进的却只能是赤裸裸的私利。凡是作为私利无法塞进理性狭窄的限制范围的东西——从私人关系到公共事务或国家大事（res publica）——均被置于不重要的位置。公共利益最多被界定为个人利益的堆砌。最坏的情况是，这些关于存在于我们所有人之间的事物——居间存在（inter-esse），也就是我们与他人共处——是从个人的角度界定的。但这意味着它们在政治舞台上根本没有立足之地。

现代主义的自我批评

让我们借用专门揭露黑幕的记者林肯·斯蒂芬斯的一个领悟并把它用到这里：政治变成了一种商业经营："所有的事情都存在这个问题——艺术、文学、宗教、新闻、法律、医学——它们都成了生意——这就是你们看到的情况"（Steffens，1957［1904］：4）。

227

他完全可以加上涉及一个人以上的所有其他美国的机构和制度习俗：生育、抚养子女、学习、约会、找工作、订婚、结婚、离婚、疾病等。所有这些虽然不盈利，却都是具有潜在价值的交换。在这些交换中，涉及的行为、目标和人本身都变成了商品。从这种商品的政治到官僚体制的理性的距离并不遥远：政治成为对稀缺商品的分配。价格是想象的理性本身。这种想象的货币已经贬值。

最初的承诺

美国的政治承诺，像其他国家的现代政治承诺一样，依赖三根支柱。这三根支柱依次为自由、理性和秩序。

自由的人会相聚在一起。在公开场合，他们会论证出共同的目标。于是他们会设计自己政体的秩序（Kant，1784）。美国的经历就是按照这个脚本而来的。美国人要求从遥远的国王的监护下获得自由。他们在一份独立宣言中宣布了自己的目标。接着发生了战争，仗打赢了。由于我们甚至在今天都更愿意读脚本而不愿看事实，之后实际发生的情况却没有人关注。

当人们像所有代表他们的人一样，是按照财产的多少来进行界定时，人到底有多少自由？他们的价值是否早已按照他们拥有的财产而不是他们为自己和他人设想的东西来评估？他们难道不是被拿来进行买卖的吗？

代表们开会是公开的。对吗？多少记者或普通公民参加了制宪会议？我们暂且把这些放在一边。

理性是如何引导开国元勋们的？引导他们的是什么理性：为追求私利的自我推理？还是代表所有人的理性？这种理性肯定已被作为我们的秩序的源泉。但是，它脱离了人的关怀，正是这样的关怀簇拥着并且成为更大的理性即为了人类的理性的背景。

理性不再是在一群人中代表自我的理性，而是由于畏惧他人而产生的。这种理性不信任任何人。它的吸引力在《联邦党人文集》和萨缪尔·亚当斯（Samuel Adams）等人的日记中都有记述；它经历的第一次考验是武力的考验。它的另一个起源，是与想象的理性交织在一起的政治经验本身。

不论是否公开表示过，开国元勋们的理性中考虑到了他们看到的美国全体公民的现实状况。他们建立的并不是一个完美的联盟，而是一个"更加完美的"联盟。公民们并没有被视为纯粹理性的动物。机构应该不受乌合之众的影响。政府这棵大 228 树本身需要有不同的枝干也就是部门来相互制衡。一位开国元勋深思道："政府本身若不是对人性的最大的批判又是什么呢？如果人人都是天使，就不需要政府了"（Madison，Federalist 51）。

深深扎根于政治经验中的政治想象力反映着公民的形象，反映着合适的机构的形象，反映着与之适应的政治的形象。这些形象不是由理性决定的，它们利用理性来为可能的事情服务。

恢复承诺

假如现代出现的参政的缺失使我们有所受益的话，那便是：政治的目的必须使想象与经验和理性重新结合，但是又不能造出一个恶魔来。解决的方法是重树想象力，结束想象力与官僚机构毫无想象的思想脱节的状况。用传统的话来说：政治必须找到空间和领域来容纳所谓的整体利益和每个个体的特殊经验。另外一个选择就是内部迁移。

后现代主义的答案

对于那些批评现代主义的思想没有思想的人来说，问题在于，假如我们认为存在先于思想的话，想象力能够向我们说明什么。这里又出现了敏感性问题。我们每个人都在自己所处的境遇中发现着自我。衡量政治成功与否的标准是，它是否创造了作为实体的人存在的可能性。

后现代主义者的任务就是为那个给羊儿强行增肥以便满足自己养更多只羊的欲望的秩序寻找继承人：这就是国家理性。

对于那些野心较小的人来说，就是要寻找小群体能够实现自己的人性的小空间，而现代主义就仿佛一台推土机对待垃圾填埋场一样对待这些空间。那些决心发现和利用这些机会的人之间展开了角逐，即使致力于加强自身结构的体制在进行着抵制。当我们对可以称为米歇尔·福柯的政治宣言进行反思时，其中就表达了最后这种思想。

²²⁹ 评福柯的宣言

与其研究风格一脉相承，福柯提出了不太响亮的拿起政治武器的号召。以下用括号标出的，是本作者对其中一些提法的解读（from Foucault，1983a：xiii-xiv）。

● 让政治摆脱所有中央集权和独裁的偏执。〔即，摒弃单一权威来源的虚伪的理智，韦伯已经指出，从古代犹太教的单神到单一来源的君主制、主权、唯一真理的科学和极权的官僚体制，都信奉这种单一权威的来源。〕

● 通过扩散、并列和分离而不是细分和金字塔式的层级结构，来形成行动、思想和愿望。〔设计不同的行动、思想和愿望的计划，并向海外传播。对其他人的行为、思想和愿望采取开放的态度。找出那些相互不符的东西——保持它们的原样，而不是与组织高层那些心胸狭隘的人保持一致。〕

● 不再支持那些老的消极的范畴（法律、限制、删改、缺失和空白等），西方思想长久以来一直认为这些作为权力的形式和接触现实的方式是神圣的。选择那些积极和多样的，选择差异而不是一致、流动性而不是统一性、灵活的安排而不是系统。相信富有成效的东西不是一成不变而是流动变化的。〔这一告诫批判了对现代知识的通常假定：理性的范畴是普世和永恒的，而不是我们时代不断变化的产物。〕

● 不要以为应该为好战而感到难过，即使你与之奋斗的是令人憎恶的事情。正是愿望与现实的联系（而不是它蜕变成代表制）具有革命的力量。〔从康德那里重新找到超越了"适当"界限的想象力的愉悦和嬉戏吧。〕

● 不要用思想来证明某种政治实践是建立在真理的基础之上的，也不要用政治行动来怀疑某种思想不过是主观臆断。应该用政治实践来加强思想，用分析来大大扩展政治行动干预的形式和范围。［采取行动的目的是为了加强思想，使之超越其平衡和恰当的界限。找到政治行动既定的形式和领域中存在的漏洞。］

●不要要求政治去恢复哲学界定的个人"权利"。个人是权力的产物。需要的是　　*230*
通过增加和替代，通过多种组合来实现"去个性化"。群体不应该是结合层级化了的个人的有机纽带，而应该是不断推动去个性化的动力。［不要再把个人作为权利的源泉。个人本身是权力的产物。需要的是"去个性化"。这意味着解构个人，重新安排部件，与整体的其他部件结成崭新的联系。群体不应该被看作陷入层级结构的个人的避难所。群体可以成为解构和"取消"个人的一个可更新的源头。］

● 不要迷恋权力。［这是个很好的忠告。它揭示了权力不过是我们互相强加给对方的难以启齿的行为的名称而已。和其他概念一样，我们必须重新考察权力对我们产生的影响。迷恋权力是一种诱惑，是我们不超脱的象征。］

后现代主义能帮什么忙吗？最显然地是在政治领域里，在对现代性的全部批判中，后现代主义成功地使人想起一件事：必须思考和重新考虑理性，找到理性的源头，搞清楚究竟什么使我们成为人。

官僚体制、现代性与后现代性

　　下一步怎么办？我们能否预测官僚体制设计的未来？

　　今天所做的种种准备，就是明天的规则。我们在不知道结果会如何的情况下做出的选择是一个子宫，即未来的母亲。这个子宫孕育着未来。学习——它是规则、帝国和皇帝的源泉——这个词提示我们不能坐等官僚思想做好准备。悠然自得地坐等一切就绪，还是鼓起勇气去行使人所剩不多的自由，这是一场斗争。

　　我们来思考一下官僚体制在哪些方面改变了我们。这些"准备"是否使我们能够接受民主、贵族社会、君主体制、暴政、独裁统治和集权统治？请认真思考。之后，假如仍然可以的话，请你自己做出判断。

　　官僚体制做了如下准备：

- 没有自我立法约束的人
- 没有自我意识的社会认同
- 没有灵魂的心理
- 没有意义的语言
- 没有目标的思想
- 没有想象力的政治

　　我们来仔细分析这些准备产生的后果。我们来一起评判相关的现代主义和后现代主义的批评的得失。在做出判断时，请考虑一下你手头有什么工具。

案例不是目标 *232*

在官僚体制中，自由的社会和主动的社会生活消失了。在现代，那些对现代进行批判的人们已经看到了这一点。从社会的角度看，官僚体制会把人转换成案例。

作为案例，我们是他人的创造物。作为目标，我们曾经创造了我们自己——尽管犹如马克思所说，这并不是在我们自己选择的状况下进行的。我们以前总是把自己当成目标。现在，组织告诉我们与谁共事，与谁打交道。我们被那个著名的部门进行了分类，而该部门的名称本身揭示了我们的真实身份。作为人力资源，我们每个人不过是为了完成某个特定工作所需要的供应品的一部分。工作，也就是我们在完成任务的同时自己也有所建树的方式，变成由别人来规定的工作。人在世界上是有一定尊严的，现在却变成了案例。人变成了商品（Marx）。社会行为中的我们的关系（Weber）变成他们的关系（Schütz），产生了人格物化（objectifications, Berger）。

后现代主义确认了这一点，并且指出了下一步。这一步会影响整个社会和社会性本身。

米歇尔·福柯在他的《诊所的诞生》（*Birth of the Clinic*）和《纪律与惩罚》（*Discipline and Punish*）中质疑了这样的概念：我们所有的人本身都是有独立中心的物体。我们只不过是被权贵们作为政治体而雕刻成的他们自己的翻版而已。社会性被贬低为仅仅是权力的函数：界定我们的关系的不再是亲情友爱，而是交易。在极端的情况下，社会性完全丧失了：社会解体，成为各自玩着不同语言游戏的小圈子。

让·鲍德里亚认为我们不过是布朗运动中的随机原子。"这种社会性的'原子化'变成灵活的语言游戏网络，"弗朗索瓦·利奥塔写道，"这或许似乎远离了现代的现实，现代的现实被描述成另外一个样子，备受官僚体制瘫痪之苦"（Lyotard, 1984：17）。请注意"似乎"这个词。

崇拜不是一种文化

从文化角度讲，现代社会科学把每一种文化都看作一套价值观。意义被认为是参照着这样的核心派生出来的。正是这种核心，使得大家能够共享社会生活。

在现代晚期，权贵们企图操纵这个核心。文化被当成一种工具。持续不断地尝试，失败，再尝试，试图抛弃和推翻价值观。组织的文化运动试图自上而下强制推 *233* 行新的价值观。然而，价值观的清单并不能创造文化。今天的"中子弹杰克"①，明天可能成为履历表的伪造者。今天的"礼貌、服务和体贴"，明天会变成"快点卖掉，再见啦，浑蛋"。操纵文化必然产生的结果是丧失信任。

---

① Neutron Jack，美国通用电气公司前首席执行官的绰号。——译者注。

    然而，这种操纵是文化概念本身固有的。文化这个思想是一种历史的反常现象。它是启蒙运动的产物，它的信念是：人会有意识地培养自己。随着时间的推移，一种文化的意义和目标会变成第二本性。人不再意识到这种终极意义是他们自己创造的产物。事实上，在更高的阶段上，当文化被作为工具使用的时候，人们便会认识到价值的相对性，最终，文化便会崩溃。

    组织的情况亦然。自上而下反复企图改变一个组织的文化的努力，事实上会造成人们怀疑这样的"文化"不仅是人为的，而且是武断的，如果离开了权力，它就失去了基础。于是只有一个希望：降低那些受到文化影响的人的自觉，把文化变成一种崇拜。

    组织的领导者不断向下属灌输价值，对他们的崇拜不过是这种崇拜的先驱在整个社会中的一个微弱的写照，即对某种神明认可的经济学的崇拜。随着清教伦理的衰落，当神明不再认可经济即西方文化时（Weber，1958a [1904-1905]），向崇拜的转移便开始了。

    后现代主义在此极为有帮助。它做了更深入的探究，发现文化的操纵会导致人失去现实感。我们可以以自己为例：股市泡沫、首席执行官的盗窃、会计师神职人员身份的自我亵渎、政府监督者的嗜睡症、政治权力的共谋等不一而足。

    后现代主义的分析在这些事件中看到的不仅是文化关系的变形，不仅是欺骗，不仅是经济文化的扭曲。一些后现代主义者看到的是现实本身的结构发生了断裂。

    对领袖的崇拜和对组织"文化"的崇拜在组织中所作的准备影响到整个社会。在组织和社会中，主观与客观、认知者与认知的对象、评估价值者与价值、法律与罪犯、好与坏之间的差异被隐藏起来。这可以是致命的。我们认知事物的现代方法的全部基础，是假定存在这样对立的结构。认识到这些，对于我们来说是一种自然而然的认知方式。我们认为其结果就是我们所谓的现实的结构。然而，在现代晚期，我们目睹了一边是自我、另一边是世界这种两极差异的消失。人与人之间的距离缩小了。随着这种差别的消失，其他对立的东西也消失了：受到推崇与不受推崇的东西、有价值与无价值的东西、善与恶、道德与不道德等之间的对立。由于所有的对立和差异的消失，社会便无法照镜子看看自己失去了什么。"社会不知道如何为真实、为权力、**为社会性本身**而哀伤"——后现代主义者让·鲍德里亚这样写道（1994：26；强调为让·鲍德里亚所加）。

    然而，鲍德里亚却说，这正是我们现在所处的（更确切地说是在其中迷失的）境地："我们正是通过人为地恢复这一切来试图逃避这个事实"（26）。他称这种人为的复活过程是"拟仿"。

    以前在现实问题上遇到的麻烦是扭曲——某种东西被扭曲并被当成自然现象。比如，虚假的意识会假设有一种可以虚假地意识到的现实：资本对劳动的剥削。在拟仿中却没有现实，只有拟仿的现实。这里存在一种新的现象，这种新现象需要一个名称。鲍德里亚毫不犹豫地给它起了名字：拟仿物。

    拟仿物是符号。符号是代表事物的印记。不过拟仿物是一种新的符号。普通符号的功能是让我们去面对一个现实，即便存在错误的解读。在 W. C. 菲尔兹

234

（W. C. Fields）摆动一只手上的手指并愉快地暗示"我的手指和我的手不可分离"的时候，我们可以肯定，他的另外那只手掌中正藏着四张"A"。相比之下，拟仿物却没有另外一只手。它联系不上现实，但仍然起着作用。它吸引着我们的注意力，为的是掩盖在它背后什么都没有的事实。例如电视新闻、股市数字、电视商业广告、所有展示着袒胸露背的女性的广告……结果：我们生活在一个虚拟的现实或者鲍德里亚所谓的"超级现实"中。我们在"超级市场"中购物。我们购买穿插在娱乐节目中滔滔不绝的讲话，其实根本就没有穿插娱乐节目。

所有这一切都正在发生，而再投资资本主义依然存在，所不同的是，它现在满足的是比它曾经声称满足过的全部人类物质需要都更大的人类需要，即对现实本身的需要。鲍德里亚看到，我们已经变成一个对市场开放的社会，他问道，这样的市场生产什么。他发现，我们的主要生产工作集中在现实的再生产上。拟仿物是那些最初把人拆散了的生产者为了重建个人而兜售的东西（见下文中"认同不是个性"部分）。拟仿物给人以幻觉：自我并没有分裂，文化仍然完好无损。官僚体制把公民的思想塑造成客户的依赖思想和顾客毫无头脑的"需求"，这当然在自我和文化的分裂中起了主要作用。

鲍德里亚表示启蒙运动已经失败。实际上，我们可以认为，启蒙运动的衰落是它自己造成的。随着启蒙运动，"人"变成了像所有其他客体一样被自己操纵的对象。一切事物都受到了教化，人很快便找不到不是经他一手创造的事物了。这就是人与现实、认知者与真理、领悟者与真实之间的距离和关系崩溃的起源。现在，你看到的就是你得到的：外表是"不朽的、难以攻破的"（164）。这不是启蒙运动的设计者们所设想的。无论晚期现代文化涉及的是经济还是其他价值，正是它扼杀了理性。本应培养理性的机构成为它的同谋。对此的认识是从文化银行的挤兑开始的。

235

认同不是个性

在心理上，现代分析毫不费力便揭示了个人对分裂的体验。我们需要做的，是将现代性对在整个社会里非常活跃和自主的叱咤风云的心灵（masterful psyche）的早期认识，与我们在现代组织中看到的某种精神的残留物加以比较。人事管理把人变成有适应力的员工时，精通技术的工人并不是人事管理想要的人。

现代组织在主动摧毁这种精神。组织赋予组织认同；个性是在我们被归入我们的工作角色之前带来的东西。能得到容忍的充其量只是缩了水的个性。凡是工作不需要的都被修剪掉了，要求实习生像玫瑰被往棚架上绑那样去适应工作（因此产生了以下想法：组织可以在组织文化中"熏陶"员工）。

一种新的实体出现了。现在，员工的自我扩散了。在扩散中，员工的自我又与管理者相融合。一些现代观察者论述了自恋现象（Schwartz，1990）、一种双重精神（Baum，1987）或者组织认同（Diamond，1993）。出现了一种控制与良知的功能被抽去的精神概念，剩下的东西与管理者的控制结合成一种"工作联系"（Hum-

236 mel，1977)。又出现了一种新的实体：作为新的分析单位的超个人的精神。只有在这个结构里，（管理者声称的）控制和良知的功能才会与员工的能量相结合。很难看到传统的心理学仍然能够把员工或者管理者作为分析单位来对待。个人的心理与现实格格不入。解决办法之一是试图修复雇员与管理者群体之间的互动——如同在客体关系心理分析那样（see Diamond，1993)。

后现代心理分析在此提供着关键的却又是毁灭性的服务。心理分析家和哲学家雅克·拉康提出，没有中心的精神是完全自然的。问题不是能够恢复到某种初始的真实性的异化了的精神的问题。现在人们认为，问题是如何使我们所有认为自己是孤立的、自治的实体的人去面对这个事实：我们其实不是这样的。

拉康没有把个人作为分析的单位，而是把注意力集中在永不满足的"欲望"上，即被称为人的生物实体之间的心理相互作用。欲望的相互作用把我们大家连接成一个不能令人满意的关系。在这个意义上，欲望指的是孩子无法用父母可以充分理解和回应的语言来表达他的需要。随着孩子长大成人，语言成为分析的焦点。

以前精神治疗的希望——自我、超我和本我的缺失是可以弥补的——现在遭到驳斥。欲望留下的空白是任何东西都无法弥补的。它使我们发生隔阂，也激励着我们。工作的联系——这种联系是官僚机构创造的，它破坏了保持自治的个性的一切希望——似乎完全是自然的。启蒙运动之所以失败，是因为它必须失败。自由和理性没有——也不可能——产生摆脱依赖的秩序。服从他人的问题，并不是自由和理性能够解决的问题；它们只能掩盖这个问题。

无声胜有声

从语言学的角度，官僚体制剥夺了我们的话语。失语现象最清楚地说明官僚体制作为现代启蒙运动载体的使命出了什么问题。

237 从我们与官僚体制的经验中寻找关于人类未来的暗示，我们总是可以发现，首当其冲的是对完全控制的探索。就语言而言，官僚体制也寻求完全的控制。假如它可以控制这个局面，便可以控制能够说和不能够说什么。官僚体制的权力在于它对沉默的控制。

未来人类的榜样，不是乔治·奥威尔（George Orwell）笔下踩踏一张人脸的靴子，而是现代组织在老百姓与之对话时保持沉默的能力，当员工企图辩驳时强迫他们沉默的能力，用一些毫无意义地搭配在一起的空洞短语对话的能力，否认沉默同样也能表达思想的能力。马丁·海德格尔认为，我们通过把事情做出来，甚至还没有张口说话（Reden），便在无声地表达我们周围的事物（Rede），他的这个观点不再受人们的关注。于是，在工作中被迫说话，也就是被迫理解那些置所有经验于不顾的平常的表达和平庸。"语言就是把事情弄明白……它不会产生任何发现的感觉"（Heidegger，1992a：262）。

然而，现代机构试图在它所设计的"语言"环境里，既控制说话又控制沉默。

参照对现代性的现代批判便可以看到这一点（Wittgenstein，Searle）。当人们被迫沉默的时候，在需要说的东西当中有多少会失去呢？需要保持沉默的事物、问题和事态的情况如何呢？

后现代主义批评做了哪些补充？这个问题可以从实用的角度来解释。不过，实用总是有目的的。我在此坦白我的目的：这就是去发现我的母语和我自由表达的希望不会消失。

这个意义上，雅克·德里达对官僚体制令人愤怒地企图通过控制语言来行使权威的抨击是有用的。在此，我们在德里达的证明里发现了希望，他证明，这种企图失败了，这对人工智能领域里计算机的鼓吹者们产生了影响。设计用来完全控制语言的系统越庞大、越完善，自由解释的机会就越大——关于这一点见他的《明信片：从苏格拉底到弗洛伊德及其他》（1987，see Chapter 5）。

让-弗朗索瓦·利奥塔提出，我们说的东西不是在从过去到现在的一条直线上堆积的一个又一个短语中获得意义的。相反，他说，这种意义始终来自我们预见到对方为了应答我们说的话准备说些什么——甚至从最后一个短语当中（马丁·海德格尔的最后一个"短语"是"感谢"）。利奥塔："必须想象存在一种与劳工权力相似、在这种科学和这种政治的习惯用语里找不到自我表达的方式的'短语权力'吗？"（1988：12）

一位后现代主义者（Jacques Derrida）提出的最晦涩的观点认为，生活是一本 *238* 教科书。现代主义者的生活也许是一本打开的书，但是，生活则不同于读那本书。生活不是一本教科书。

思维不是认知

在认识方面，在现代思维的世界里，我们意识到我们自己是单个的主体，能够认知世界、改造世界。我们每一个人都是一个有思想、能认知的主体。在官僚体制对理性进行改变的过程中，思维不仅被贬低为通过类比进行的思维，而且我们把自己当成了客体：当成纯粹的案例，仅仅是他人构建的一般规律和规则的例子。

案例模型决定官僚思维。它说明为了引起官僚机构的注意，我们必须是什么样子。只要可以诱使人们接受组织对自己的案例的定义，官僚便让人们不断变换案例的概念，这会产生与来回摆弄人同样的效果。在传统的官僚体制中，在发生这种情况时，权力从来不会远离现场。不过也许还有技术方面的情况：为了学会使用电脑，我们必须完全适应电脑。否则，电脑就不会为我们工作。然而，康德早已告诫我们要注意后果。脱离了上下文的、支离破碎的信息，没有内容的理性主义：假如我们想了解和理解世界上正在发生的事情，让这些支配我们的思想并不是一件好事。

变换概念是思考，但不是认知。理性思考的结果是法律和规则。但法律和规则在应用到以实际经验为依据的世界时，充其量只能反映出我们如何相似，却不能反映我们的差异，即便我们每个人恰恰由于我们的差异而是我们自己。仅仅靠概括，无法使我们了解真实人物的个性特征——甚至那些主动充当案例的人，即作为纯粹法律或规则的例子的人。结果，在案例管理者头脑中形成一种虚假的现实。案例模型反映了大量关于人和事物的情况，足以造成在项目的标准范围内实现了完全控制的错觉。不过，这种错觉由于"反常现象"、"隐藏的功能"、"出人意料的后果"的不断出现和干扰而受到削弱。这些问题，有的可以隐藏起来，有的可以原谅，有的可以合理化。

239　　但是，在后现代主义者中，让·鲍德里亚说明了这些问题并不太容易解决。他指出了现代现实的终极断裂："幻觉不再是可能的，因为真实不再是可能的"（1994：177）。真实和非真实都是模拟的。

　　对此我们可以这样回应，照着下巴打一拳，然后说：请模拟吧！如果这样做，我们就是在漏游戏的底。我们就是在承认，所谓的真实，只是建立在现有的权势强加和监督的基础上的。但是，如果这样，就意味着放弃了真理、知识以及科学的和有用的职业——这正是后现代主义者的观点（另见下文中福柯的图表）。

　　康德会说，真实就是我们最初能够理解的实体的本来面目。但是，在今天，假如我们能使他放弃假定必须有一个有序的本质的想法，我们就可以使他承认，我们把一个真实实体的指征都汇集在一起的方法是武断的——我们对实体的认知因而也就不那么真实了。正是康德关于我们必须为了自己的认知模型能够起作用而假定一个有序本质的说法，使人们怀疑我们的系统被"人为地"做成真实或者是不真实的。假如这位伟大的哲学家本人需要掩盖这样一个巨大的差异，那么，在这个不那么确定的时代里，我们也许得更多效法他的做法。[当然，康德思考过这些问题，并且在他的《判断力批判》（*Critique of Judgment*）一书和对美学功能的论述中，回应了我们迟到的批评。]

　　后现代主义起着破坏性作用，而且可能是意识形态方面的破坏性作用，它指出，我们生活在这个世界上，越来越需要掩盖现实中的各种断裂现象。如我们在前文中论及语言时所说的，这是通过毫无意义的符号来完成的，即拟仿物（Baudrillard，1994）。在这种超现实的状态下思维，意味着倒退回纯理性：我们变成了玩弄概念的专家。即便如此，这并不会使我们接触到世界。我们在做的，是不断在世界周围重建一个外壳。卡尔·马克思时代的物质生产，被哪怕是象征性地重建真实的需要所取代。但是，假如一切都最终被拟仿物掩盖，谁能知道究竟有没有世界？与此同时，再造真实的巨大需求被打开了。

　　思维不是认知。逻辑不是充分的理性。唯有逻辑堕落成了使其起源模糊不清的技术。这些就是现代认知的原则。但是，当时模糊不清的东西，现在干脆被彻底抛弃了。理性在我们这个时代已经丧失了其在想象力中的源头，而这正是我们看待事物的方法。

240 行政管理不是政治

　　在宪政时代，在界定我们是怎样一个民族的时候，美国人借鉴了启蒙运动的信仰。在美洲大陆上，自由人同样能够用理性来构建一种比以往任何时候都更适合人类的秩序——一个更完美的联盟。民族的传说就是如此。如果讲述的民族历史不用于此就是对历史的侮辱。如果建议对《美国宪法》做任何根本性的革新修改，则无异于叛国。这也许就是研究美国政治的学者在 200 年间没能拿出新思想的原因所在。

公共行政管理——这个新人的新世界的指定载体——在《宪法》中没有正式地位，这是一件令人尴尬的事。然而，让一个法国人——实际上是一小群法国人——来告诉我们，这个制度实际上不像我们以为的那样在运行，这是一个更大的丑闻。

这是因为我们美国人在政治上是精明的，就像我们在经济上一样。我们找出那些有权势的人。我们看得出微软公司的创始人具有影响力。我们能够在精神上战胜普通人的敌人。我们能够发现精英中的腐败现象。要想了解正在发生什么，就需要以事实来武装。但是，我们理解精英、事实、认知与权力之间的联系吗？

一位名叫亨利·基辛格的移民被精英星探发现了。接下去他为二战后的德国占领当局管理一座城市。回到美国后，他被吸收进学术精英圈，比如进入了哈佛大学。他建立起体面的学术纪录，比如撰写了关于另外一个精英圈的成员——比如梅特涅——的博士论文。他写了一本出色的著作，重新思考了在核保护伞下的外交政策。在下一个阶段，他进入政府效力：出任总统国家安全事务助理，接着担任国务卿。然后，我们知道他的著作由于成为了政策，在学院和大学里成为必读书目。出现各种思潮来宣传这位掌权的知识分子的思想。既定现实（还有资助）发生的变化，给予研究领域或学科新的视角，甚至创造了新的研究领域或学科。这些继而发展了新的知识，并被灌输给精英教育中最出类拔萃之辈，于是又在下一轮中进入政府。显然，这一切都非常有趣，因为我们的主人公自己宣称：权力是最有效的春药。

在这种个人的幻想和错觉当中，政治成为管理商品和服务的模板。人们从官方 *241* 真理的绝对价值和知识的角度对它们加以界定。这种真理一旦被接受，便会为追求私利的精英们界定和维持知识的边界。

我们果真需要一位名叫米歇尔·福柯的法国哲学家和社会学家来为我们勾画一幅关于这些的图示吗？情况会不会像下图中描述的那样？

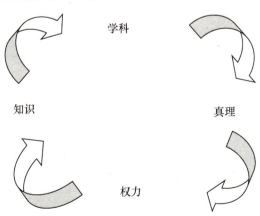

学科

知识

真理

权力

图 1 伪知识的生产

　　这幅图代表着我们已经知道的事情。知识被交由掌权者来裁判。他们如果给予肯定的评价，知识就会成为既定真理的一部分。在真理的大伞下，资助支持着新的学科。这些又产生新的知识——在被接受的真理的框架下。我们究竟需不需要哲学或者社会科学来揭开罩在显见的事物之上的帷幔？

　　我们再看看这张图表。把这张图表视为精英循环的图示是一回事，注意到这张图表实际说了些什么是另外一回事。

- 没有真正意义上的真理。
- 真理是权力的产物。
- 权力是知识的产物。
- 知识是掌权者设立的学科的产物。

　　好，于是，我们中间那些比较愤世嫉俗的人会说：当然了，高层就是这样干的。但是下面的人——老百姓们——从事日常工作，过日常生活，他们相信是有真理的，他们相信知识会对权力说话，他们相信权力只会扭曲知识，此外：谈论了这么多的学科是怎么回事？

242　　只有当我们开始询问地方法官是如何工作的——在刑事法庭，还有家庭法院、毒品法庭、酒后驾车法庭——我们才会发现，福柯的图示反映了美国社会各个方面事情是如何运作的，并且不仅是整个美国社会，还有在现代晚期微弱的光中最后一次繁荣起来的所有社会。

无定论的问题

- 一个没有个人的社会
- 没有价值的文化
- 没有精神的心理
- 没有话语的语言
- 没有思想的思维
- 没有政治活动的政治

　　这些缺失是否会使我们准备好接受民主体制、自由政治、民治和民享的政府？它们或许在为别的什么做准备？

参考文献

Adams，Guy B. ，and Danny L. Balfour. 1998. *Unmasking Administrative Evil*. Thou-
sand Oaks，CA：Sage.

Andrews，Edmund L. September 28，2002. "Financial Leaders Back New World Debt
Framework." *New York Times*，National edition：A6.

Arendt，Hannah. 1973. *The Origins of Totalitarianism*. New York：Harcourt Brace.

——. 1982. *Lectures on Kant's Political Philosophy*. Ed. Ronald Beiner. Chicago：
University of Chicago Press.

Baker，Al. August 7，2002. "New York City Faces Exodus of Firefighters." *New York
Times*，New England edition：A1 and A18.

Basler，Barbara. December 20，1985. "A Blind and Deaf Infant's Short Life on the Rolls
of New York's Homeless." *New York Times*：B1 and B5.

Bass，Alan. 1987. "Translator's Introduction" to Derrida，1987：ix–xxx.

Baudrillard，Jean. 1994. *Simulacra and Simulation*. Tr. Sheila Faria Glaser. Ann Ar-
bor：University of Michigan Press.

Baum，Howell S. 1982. "Psychodynamics of Powerlessness among Planners." In
R. P. Hummel，*The Bureaucratic Experience*. 2nd ed.，New York：St. Martin's
Press.

——. 1983. *Planners and Public Expectations*. Cambridge，MA：Schenkman.

——. 1987. *The Invisible Bureaucracy：The Unconscious in Organizational Problem-
Solving*. New York：Oxford University Press.

Berger，Peter L.，and Thomas Luckmann. 1967. *The Social Construction of Reality*.
Garden City，New York：Doubleday-Anchor.

Berger, Peter L., Brigitte Berger, and Hansfried Kellner. 1974. *The Homeless Mind: Modernization and Consciousness*. New York: Vintage Books.

Bird, Harry. November, 2002. From CNN Report.

Borowski, Tadeusz. 1976. *This Way for the Gas, Ladies and Gentlemen*. Tr. Barbara Vedder. New York: Penguin Books.

Bourdieu, Pierre. 1990. *The Logic of Practice*. Tr. Richard Nice. Stanford, CA: Stanford University Press.

Bozeman, Barry. 1987. All Organizations Are Public. San Francisco: Jossey-Bass.

Carnevale, David C. 2003. *Trustworthy Government: Leadership and Management Strategies for Building Trust and High Performance*. Boulder, CO.: Westview Press.

Collingwood, R. G. 1939. *An Autobiography*. Oxford: Oxford University Press.

Cox, Raymond, and Ralph Hummel. 1988. "A Congressional Declaration of Independence: Why Legislative Politics Cannot and Should Not Be Managed," paper delivered at the annual meeting of the American Political Science Association. Washington, D.C., September.

de Certeau, Michel. 1988. *The Practice of Everyday Life*. Tr. Steven Rendall. Berkeley: University of California Press.

Deleuze, Gilles, and Felix Guattari. 1983. *Anti-Oedipus: Capitalism and Schizophrenia*. Trs. Robert Hurley, Mark Stem, and Helen R. Lang. Minneapolis: University of Minnesota Press.

Denhardt, Robert B. 1981. *In the Shadow of Organizations*. Lawrence, KS: University of Kansas Press.

Derrida, Jacques. 1978. *Writing and Difference*. Tr. Alan Bass. Chicago: University of Chicago Press.

——. 1983. "The Principle of Reason: The University in the Eyes of Pupils," *Diacritics*, vol. 13: 3−20.

——. 1984. "No Apocalypse, Not Now (full speed ahead, seven missiles, seven missives)," *Diacritics*, vol. 20: 20−31; cited in Norris, 1987.

——. 1987. *The Post Card: From Socrates to Freud and Beyond*. Tr. Alan Bass. Chicago: University of Chicago Press.

Diamond, Michael A. 1993. *The Unconscious Life of Organizations: Interpreting Organizational Identity*. Westport, CT: Quorum Books.

Dilman, Ilham. 1974. "Wittgenstein on the Soul." In Royal Institute of Philosophy, *Understanding Wittgenstein*. New York: St. Martin's Press.

Dreyfus, Hubert L. 1991. *Being-in-the-World: A Commentary on Heidegger's* Being and Time, *Division I*. Cambridge, MA: MIT Press.

Dreyfus, Hubert L., and Stuart E. Dreyfus. 1988. *Mind Over Machine*. New York:

Free Press.

Dreyfus, Hubert L., and Paul Rabinow. 1983. *Michel Foucault: Beyond Structuralism and Herrneneutics*. 2nd ed. Chicago: University of Chicago Press.

Erikson, Erik H. 1958. *Young Man Luther: A Study in Psychoanalysis and History*. New York: Norton.

——. 1969. *Gandhi's Truth: On the Origins of Militant Nonviolence*. New York: Norton.

Federal News Service, Inc. June 7, 2002. "Excerpts from Senate Judicial Committee's Counterterrorism Hearing." *New York Times*, New England edition: A20.

Feynman, Richard P. 1989. *What Do You Care What Other People Think?* New York: Bantam.

Fire Department of the City of New York. Nd. *McKinsey Report: Increasing FDNY's Preparedness*. New York: McKinsey Consultants. Retrieved on Aug. 19, 2002 from www. nyc. gov/html/fdny/html/mck _ report/index. html.

Fischer, Frank. 1980, *Politics Values and Public Policy*. Denver, CO: Westview Press.

Forester, John. 1989. *Planning in the Face of Power*. Berkeley: University of California Press.

——. 1999. *The Deliberative Practitioner: Encouraging Participative Planning Processes*. Cambridge, MA: The MIT Press.

Foucault, Michel. 1973. *The Birth of the Clinic*. Tr. A. M. Sheridan Smith. New York: Pantheon.

——. 1979. *Discipline and Punish: The Birth of the Prison*. Tr. Alan Sheridan. New York: Vintage Books.

——. 1980. "Two Lectures." Tr. Colin Gordon et al. In Colin Gordon, ed., *Power/Knowledge: Selected Interviews and Other Writings*, 1972−1977, pp. 78−108. New York: Pantheon.

——. 1983a. "Preface" to Deleuze and Guattari, 1983: xi-xiv.

——. 1983b. Interview with Gerard Raulet, *Telos*, 16−55: 195−211; reproduced as "Structuralism and Post-Structuralism," in James D. Faubion, ed., *Foucault: Aesthetics, Method and Epistemology*. Tr. Robert Hurley et al., pp. 433−38. New York: New Press, 1998.

——. 1984. "What Is Enlightenment?" Tr. Catherine Porter. In Paul Rabinow, ed., *The Foucault Reader*, pp. 32−50. New York: Pantheon Books.

——. 2000a. "Omnes et Singulatim." In J. D. Faubion, ed., *Foucault Power*. Tr. Robert Hurley et al., pp. 298−325. New York: Free Press.

——. 2000b. "Questions on Method." In J. D. Faubion ed., *Foucault, Power*. Tr. Robert Hurley et al., pp. 223−38. New York: Free Press.

———. 2000c. "The Subject and Power." In J. D. Faubion, ed., *Foucault, Power*. Tr. Robert Hurley et al., pp. 326-48. New York: Free Press.

Freud, Sigmund. [1922?]. *Group Psychology and the Analysis of the Ego*. New York: Boni & Liveright.

———. 1955. *The Standard Edition of the Complete Works*. Ed. James Strachey. London: Hogarth.

Friedrich, Carl Joachim. 1937. *Constitutional Government and Politics: Nature and Development*. New York: Harper.

Fuery, Patrick. 1995. *Theories of Desire*. Melbourne: Melbourne University Press.

Gelven, Michael. 1989. *A Commentary on Heidegger's* Being and Time. Rev. ed. Dekalb, IL: Northwestern University Press.

Glater, J. D., and K. Eichenwald. June 28, 2002. "Audit Lapse at WorldCom Puzzles Some Professionals." *New York Times*, New England edition: A1 and C4.

Gleick, James. 1993. *Genius: The Life and Science of Richard Feynman*. New York: Vintage Books.

Goodsell, Charles. 2003. *The Case for Bureaucracy: A Public Administration Polemic*. Chatham, NJ: Chatham House.

Green, Mark, with Michael Waldman. 1984. *Who Runs Congress?* 4th ed. New York: Dell.

Habermas, Jürgen. 1971. *Toward a Rational Society: Student Protests, Science and Politics*. Tr. Jeremy J. Shapiro. Boston: Beacon Press.

Hamilton, Alexander, John Jay, James Madison. *The Federalist: A Commentary on the Constitution of the United States*. Ed. Robert Scigliano. New York: Random House.

Harmon, Michael. M. 1981. *Action Theory for Public Administration*. Burke, VA: Chatelaine Press.

Harper's Index. 2007. *Harper's Magazine*, April, p. 17.

Harris, Louis. 1973. *The Anguish of Change*. New York: Norton.

Heidegger, Martin. 1962. *Being and Time*. Trs. John Macquarrie and Edward Robinson. New York: Harper & Row.

———. 1973. *Kant und das Problem der Metaphysik*. Frankfurt: Vittorio Klostermann.

———. 1984. *Sein und Zeit*. 15th ed. Tübingen: Max Niemeyer.

———. 1992a. *History of the Concept of Time: Prolegomena*. Tr. Theodore Kisiel. Bloomington: Indiana University Press/Midland Book.

———. 1992b. *Parmenides*. Trs. R. Rojcewicz and A. Schuwer. Bloomington: Indiana University Press.

Hummel, Ralph P. 1977. *The Bureaucratic Experience*. 1st ed. New York: St. Martin's Press. (Previous editions 1977, 1982, and 1994.)

———. 2002. "Back to the Future: The Twenty-First Century and the Loss of Sensibility."

In Jong S. Jun, ed., *Rethinking Administrative Theory*, pp. 187 – 97. Westport, CT.: Praeger.

——. 2004. "A Once and Future Politics: Heidegger's Recovery of the Political in *Parmenides.*" *Administrative Theory & Praxis.* 26 (3) 1: 279–309.

Hummel, Ralph P., and Robert A. Isaak. 1980. *Politics for Human Beings.* 2nd ed. Monterey, CA: Brooks/Cole-Duxbury Press.

——. 1986. *The Real American Politics.* Englewood Cliffs, NJ: Prentice-Hall.

Hummel, Ralph P., and Camilla Stivers. 1998. "Government Isn't Us: The Possibility of Democratic Knowledge in Representative Government." In Cheryl Simrell King, Camilla Silvers, and collaborators, *Government Is Us: Public Administration in an Anti-Government Era.* Thousand Oaks, CA: Sage.

Husserl, Edmund. 1970 [1937]. *The Crisis of the European Sciences and Transcendental Phenomenology: An Introduction to Phenomenological Philosophy.* Tr. David Carr. Evanston, IL: Northwest University Press.

Jacques, Elliot. 1983. *Measurement of Responsibility* (Tavistock Publications), paraphrased by Geoffrey Vickers, "The Art of Judgement," in D. S. Pugh, ed., *Organization Theory: Selected Readings*, 2nd ed., pp. 1–36. New York: Viking Penguin-Penguin Books.

Jameson, Fredic. 1991. *Post Modernism, or the Cultural Logic of Late Capitalism.* Durham, NC: Duke University Press.

Jennings, Kate. July 14, 2002. "The Hypocrisy of Wall Street Culture." *New York Times*, Week in Review section: 15.

Johnson, George. July 14, 2002. "To Err is Human." *New York Times*, Week in Review section: 1–7.

Kant, Immanuel. 1781/1787. *Kritik der reinen Vernunfi.* 1st ed. (A) and 2nd ed. (B). Riga: Johann Friedrich Hartknoch.

——. 1784 [1964]. "Beantwortung der Frage: Was ist Aufklaerung?" (Answer to the Question: What Is Enlightenment?) *Berlinische Monatsschrift*, December 5, 1784. In Kant, *Werke*, vol. 6, Wilhelm Weischedel, ed., pp. 53–61. Frankfurt am Main: Insel Verlag.

——. 1790/1793. *Critik der Urtheilskraft.* Berlin and Libau: Lagarde und Friedrich. In Wilhelm Weischedel, ed., *Immanuel Kant: Werke.* vol. 5, u. d.: Insel-Verlag. (Referred to as 1790 edition=A; 1793 edition=B).

——. 1790 [1987]. *Critique of Judgment.* Tr. Werner Pluhar. Indianapolis: Hackett.

——. 1800. *Logik. Ein Handbuch zu Vorlesungen.* Ed. Gottlob Benjamin Jäsche. Königsberg: Friedrich Nicolovius.

——. 1965. *Critique of Pure Reason.* Tr. Norman Kemp Smith. New York: St. Martin's Press.

Kidder, Tracy. 1982. *The Soul of a New Machine*. New York: Avon Books.

Kipling, Rudyard. 1941 [1897]. "Recessional." In T. S. Eliot, ed., *A Choice of Kipling's Verse*. London: Faber & Faber.

Kramer, Robert. 1996. "Insight and Blindness: Visions of Rank" in Robert Kramer, ed. *Otto Rank—A Psychology of Difference: The American Lectures*, pp. 3–47. Princeton: Princeton University Press.

Lacan, Jacques. 1977. *Ecrits*. Tr. Alan Sheridan. New York: W. W. Norton.

——. 1978. *The Four Fundamental Concepts of Psychoanalysis*. Ed. Jacques-Alain Miller, tr. Alan Sheridan. New York: W. W. Norton.

——. 1997 Lecture #7, In *The Ethics of Psychoanalysis* 1959–60. Jacques-Alain Miller, ed., trans. Dennis Porter. New York: W. W. Norton.

Lasswell, Harold. 1958. *Politics: Who Gets What, When, How*. Cleveland and New York: World Publishing Company/Meridian Books.

Lee, Jonathan Scott. 1991. *Jacques Lacan*. Amherst: University of Massachusetts Press.

Lindblom, Charles E. 1977. *Politics and Markets*. New York: Basic Books.

Loewith, Karl. 1970. "Weber's Interpretation of the Bourgeois-Capitalistic World in Terms of the Guiding Principle of 'Rationalization.'" In Dennis Wrong, ed., *Max Weber*, pp. 1–122. Englewood Cliffs, NJ: Prentice-Hall.

Lukacs, Georg. 1923 [1967]. *Geschichte und Klassenbewusstsein* (History and Class Consciousness). Berlin: Malik.

——. 1971. *History and Class Consciousness*. Tr. Rodney Livingstone. Cambridge, MA: MIT Press.

Lyotard, Jean-François. 1984. *The Post-Modern Condition: A Report on Knowledge*. Trs. Geoff Bennington and Brian Massumi. Minneapolis: University of Minnesota Press.

——. 1988. *The Differend: Phrases in Dispute*. Tr. Georges Van Den Abbeele. Minneapolis: University of Minnesota Press.

Madison, G. B. 1988. *The Hermeneutics of Postmodernity*. Bloomington: Indiana University Press.

Malbin, Michael. 1980. *Unelected Representatives: Congressional Staff and the Future of Representative Government*. New York: Basic Books.

Mayer, Carolyn E. June 3–9, 2002. "Read it—or Weep." *Washington Post*, National Weekly edition: 19.

Mitchell, Alison. November 4, 2001. "Dispute Erupts on Ridge's Need for His Job." *New York Times*, National edition: B7.

Norris, Christopher. 1987. *Derrida*. Cambridge, MA: Harvard University Press.

Oakeshott, Michael. 1991. "Rational Conduct." In *Rationalism in Politics and Other*

Essays. Indianapolis: Liberty Fund.

O'Neill, Thomas P., Jr. 1984. "Congress: The First 200 Years." *National Forum*, vol. 54, no. 4 (Fall).

Parsons, Talcott. 1951. *The Social System*. Glencoe, IL: Free Press.

——. 1937. *The Structure of Social Action*. New York: McGraw Hill.

Peters, Thomas, and Robert H. Waterman, Jr. 1982. *In Search of Excellence*. New York: Harper & Row.

Polt, Richard. 1999. *Heidegger: An Introduction*. Ithaca, NY: Comell University Press.

Rabinow, Paul, ed. 1984. *The Foucault Reader*. Tr. Catherine Porter et al. New York: Pantheon.

Riordan, Paul. 1963. *Plunkitt of Tammany Hall*. New York: Dutton.

Roazen, Paul. 1968. *Freud: Political and Social Thought*. New York: Knopf.

Roelofs, H. Mark. 1976. *Ideology and Myth in American Politics: A Critique of a National Political Mind*. Boston: Little, Brown.

Rohr, John. 1985. *To Run a Constitution: The Legitimacy of the Administrative State*. Lawrence: University of Kansas Press.

Rossiter, Clinton. 1963 [1948]. *Constitutional Dictatorship: Crisis Government in the Modern Democracies*. New York: Harcourt, Brace & World/Harbinger Books.

Roth, Güenther. 1968. "Introduction." In Max Weber *Economy and Society: An Outline of Interpretive Sociology*. Güenther Roth and Claus Wittich, eds., Trs. Ephraim Fischoff et al. New York: Bedminster Press.

Russell, Bertrand. 1968. "The Art of Rational Conjecture." In *The Art of Philosophy and Other Essays*, pp. 1–36. New York: Philosophy Library.

Schütz, Alfred. 1967. *The Phenomenology of the Social World*. Evanston, IL: Northwestern University.

Schwartz, Howard. 1990. *Narcissistic Processes and Organizational Decay*. New York: New York University Press.

Searle, John. R. 1969. *SpeechActs: An Essay in the Philosophy of Language*. London: Cambridge University Press.

Seely, K. Q. May 3, 2002. "E. P. A. Surprises Its Leader and Interior Chief on Snowmobiles." *New York Times*, National edition: Al.

Sennett, Richard. 1972. (with Jonathan Cobb) *The Hidden Injuries of Class*. New York: Knopf.

Shelby, Richard C. 2002. Senator Richard C. Shelby: A Reaction to September11—"This Is a Massive Failure of Intelligence." The *New York Times*, Sept. 10, National edition, p. A14.

Simon, Herbert. 1971. "Decision-Making and Organizational Design: Man-Machine Systems for Decision-Making. ” In D. S. Pugh，ed. ，*Organizational Theory*：*Selected Readings*，pp. 189－212. Baltimore：Penguin.

Snow，C. P. 1964. *Corridors of Power*. New York：Scribner.

Steffens，Lincoln. 1957 [1904]. *The Shame of the Cities*. New York：Hill & Wang.

——. 1931. *The Autobiography of Lincoln Steffens*. New York：Harcourt，Brace.

Stiglitz，Joseph E. 2002. *Globalization and Its Discontents*. New York：W. W. Norton.

Silvers，Camilla. 2008. *Governance in Dark Times*：*Practical Philosophy for Public Service*. Washington，D. C. ：Georgetown University Press.

Teichman，Jenny. 1974. “Wittgenstein on Persons and Human Beings. ” In Royal Institute of Philosophy，*Understanding Wittgenstein*. New York：St. Martin's Press.

Tyler，Patrick E. May 19，2002. “An Eye on the Ballot Box. ” *New York Times*，National edition：A1－A20.

Ungar，Sanford J. 1976. *FBI*：*An Uncensored Look behind the Walls*. Boston：Little，Brown.

U. S. Congress. Committee on Government Operations，Subcommittee on Intergovernmental Relations. 1973. *Confidence and Concern*：*Citizens View American Government*. Washington D. C. ：U. S. Government Printing Offiice.

Van Natta，Don，Jr. March 31，2002. “Full Disclosure. ” *New York Times*，Week in Review：10.

Vesey，Godfrey. 1974. “Foreword. ” In Royal Institute of Philosophy，*Understanding Wittgenstein*. New York：St. Martin's Press.

Voegelin，Eric. 1952. *The New Science of Politics*：*An Introduction*. Chicago：University of Chicago Press.

von Humboldt，Wilhelm. 1993 [1854]. *The Limits of State Action*. Ed. J. W. Burrow. Indianapolis：Liberty Fund.

Weber，Max. 1913. “Ueber einige Kategorien der verstehenden Soziologie. ” Reprinted in Johannes Winckelmann，ed. *Gesammelte Aufsäetze zur Wissenschafislehre*，pp. 427－73. Tübingen：J. C. B. Mohr.

——. 1920. “Zwischenbetrachtung：Theorie der Stufen und Richtungen religioeser Weltablehnung” [Interim observation：theory of stages and directions of religious rejection of the world]. *Gesammelte Aufsätze zur Religionsoziologie*. Volume 1. Tübingen：Verlag von J. C. B. Mohr.

——. 1958a [1904—05]. *The Protestant Ethic and the Spirit of Capitalism*. Tr. Talcott Parsons. New York：Charles Scribner's Sons.

——. 1958b [1919]. “Politik als Beruf” [Politics as Vocation]. In Weber，*Gesammelte politische Schriften* [Collected Political Essays]，ed. Johannes Winckelmann，pp. 493－548. Tübingen：J. C. B. Mohr.

——. 1958c [1919]. "Parlament und Regierung im neugeordneten Deutschland. Zur politischen Kritik des Beamtentums und Parteiwesens" [Parliament and Government in a Reconstructed Germany: Contributions to the Political Critique of Officialdom and Party Politics.] In Weber, *Gesammelte politische Schriften* [*Collected Political Essays*], ed. *Johannes Winckelmann*, *pp.* 306–443, *Tübingen*: *J. C. B. Mohr*.

——. 1968a. *Economy and Society: An Outline of Interpretive Sociology*. Güenther Roth and Claus Wittich, eds., trs. Ephraim Fischoff et al. New York: Bedminster Press.

——. 1968b. "Bureaucracy." In Max Weber *Economy and Society: An Outline of Interpretive Sociology*. Günther Roth and Claus Wittich, eds., trs. Ephraim Fischoff et al., pp.1381–1469. New York: Bedminster Press.

——. 1968c [1918]. "Parliament and Government in a Reconstructed Germany." In Max Weber *Economy and Society: An Outline of Interpretive Sociology*. Günther Roth and Claus Wittich, eds., trs. Ephraim Fischoff et al., pp.1381–1469. New York: Bedminster Press.

——. 1968d. "Der Sinn der 'Wertfreiheit' der Socialwissenschaften" [The Meaning of "Value Freedom" in the Social Sciences]. In Johannes Winckelmann, ed., *Max Weber: Soziologie, Weltgeschichtliche Analysen, Politik*, pp. 263–310. Stuttgart: Alfred Kröner.

White, Jay D. 1999. *Taking Language Seriously: The Narrative Foundations of Public Administration Research*. Washington D. C. : Georgetown University Press.

Wilson, Woodrow. 1887. "The Study of Administration." *Political Science Quarterly* 2 (June: 209–10). Reprinted in Jay M. Shafritz and Albert Hyde, eds., *Classics of Public Administration*. Oak Park, IL: Moore Publishing Company, 1978.

Wittgenstein, Ludwig. 1953. *Philosophical Investigations*. 3rd ed. New York: Macmillan.

——. 1956. *Remarks on the Foundations of Mathematics*. Oxford: Basil Blackwell.

Woll, Peter. 1977. *American Bureaucracy*. 2nd ed. New York: Norton.

索 引

---

① 应为 Lee, Jonathan Scott。——译者注

人大版公共管理类翻译（影印）图书

公共行政与公共管理经典译丛

书名	著译者	定价
公共管理名著精华："公共行政与公共管理经典译丛"导读	吴爱明　刘晶　主编	49.80 元

经典教材系列

书名	著译者	定价
公共管理导论（第三版）	［澳］欧文·E·休斯　著 张成福　等　译	39.00 元
政治学（第三版）	［英］安德鲁·海伍德　著 张立鹏　译	49.80 元
公共政策分析导论（第四版）	［美］威廉·N·邓恩　著 谢明　等　译	49.00 元
公共政策制定（第五版）	［美］詹姆斯·E·安德森　著 谢明　等　译	46.00 元
公共行政学：管理、政治和法律的途径（第五版）	［美］戴维·H·罗森布鲁姆　等　著 张成福　等　译校	58.00 元
比较公共行政（第六版）	［美］费勒尔·海迪　著 刘俊生　译校	49.80 元
公共部门人力资源管理：系统与战略（第四版）	［美］唐纳德·E·克林纳　等　著 孙柏瑛　等　译	49.80 元
公共部门人力资源管理（第二版）	［美］埃文·M·伯曼　等　著 萧鸣政　等　译	49.00 元
行政伦理学：实现行政责任的途径（第五版）	［美］特里·L·库珀　著 张秀琴　译　音正权　校	35.00 元
民治政府——美国政府与政治（第二十版）	［美］詹姆斯·麦格雷戈·伯恩斯　等　著 吴爱明　等　译	69.80 元
比较政府与政治导论（第五版）	［英］罗德·黑格　马丁·哈罗普　著 张小劲　等　译	48.00 元
公共组织理论（第五版）	［美］罗伯特·B·登哈特　著 扶松茂　丁力　译　竺乾威　校	32.00 元
公共组织行为学	［美］罗伯特·B·登哈特　等　著 赵丽江　译	49.80 元
组织领导学（第五版）	［美］加里·尤克尔　著 陶文昭　译	49.80 元
公共关系：职业与实践（第四版）	［美］奥蒂斯·巴斯金　等　著 孔祥军　等　译　郭惠民　审校	68.00 元
公用事业管理：面对 21 世纪的挑战	［美］戴维·E·麦克纳博　著 常健　等　译	39.00 元
公共预算中的政治：收入与支出，借贷与平衡（第四版）	［美］爱伦·鲁宾　著 叶娟丽　马骏　等　译	39.00 元
公共行政学新论：行政过程的政治（第二版）	［美］詹姆斯·W·费斯勒　等　著 陈振明　等　译校	58.00 元
公共和第三部门组织的战略管理：领导手册	［美］保罗·C·纳特　等　著 陈振明　等　译校	43.00 元
公共行政与公共事务（第十版）	［美］尼古拉斯·亨利　著 孙迎春　译	52.00 元
公共管理案例教学指南	［美］小劳伦斯·E·列恩　著 郄少健　等　译　张成福　等　校	26.00 元

书名	著译者	定价
公共管理中的应用统计学（第五版）	［美］肯尼思·J·迈耶 等 著 李静萍 等 译	49.00 元
现代城市规划（第五版）	［美］约翰·M·利维 著 张景秋 等 译	39.00 元
非营利组织管理	［美］詹姆斯·P·盖拉特 著 邓国胜 等 译	38.00 元
非营利组织战略营销（第五版）	［美］菲利普·科特勒 等 著 孟延春 等 译	58.00 元
公共财政管理：分析与应用（第六版）	［美］约翰·L·米克塞尔 著 白彦锋 马蔡琛 译 高培勇 等 校	69.90 元
企业与社会：公司战略、公共政策与伦理 （第十版）	［美］詹姆斯·E·波斯特 等 著 张志强 等 译	59.80 元
公共行政学：概念与案例（第七版）	［美］理查德·J·斯蒂尔曼二世 编著 竺乾威 等 译	75.00 元
公共管理中的量化方法：技术与应用（第三版）	［美］苏珊·韦尔奇 等 著 郝大海 等 译	39.00 元
公共与非营利组织绩效考评：方法与应用	［美］西奥多·H·波伊斯特 著 肖鸣政 等 译	35.00 元
政治体制中的行政法（第三版）	［美］肯尼思·F·沃伦 著 王丛虎 等 译	78.00 元
政府与非营利组织会计（第 12 版）	［美］厄尔·R·威尔逊 等 著 荆新 等 译校	79.00 元
政治科学的理论与方法（第二版）	［英］大卫·马什 等 编 景跃进 张小劲 欧阳景根 译	38.00 元
公共管理的技巧（第九版）	［美］乔治·伯克利 等 著 丁煌 主译	59.00 元
领导学：理论与实践（第五版）	［美］彼得·G·诺斯豪斯 著 吴爱明 陈爱明 陈晓明 译	48.00 元
领导学（亚洲版）	［新加坡］林志颂 等 著 顾朋兰 等 译 丁进锋 校译	59.80 元
领导学：个人发展与职场成功（第二版）	［美］克利夫·里科特斯 著 戴卫东 等 译 姜雪 校译	69.00 元
二十一世纪的公共行政：挑战与改革	［美］菲利普·J·库珀 等 著 王巧玲 李文钊 译 毛寿龙 校	45.00 元
行政学（新版）	［日］西尾胜 著 毛桂荣 等 译	35.00 元
官僚政治（第五版）	［美］B·盖伊·彼得斯 著 聂露 等 译	39.80 元
理解公共政策（第十二版）	［美］托马斯·R·戴伊 著 谢明 译	45.00 元
公共政策导论（第三版）	［美］小约瑟夫·斯图尔特 等 著 韩红 译	35.00 元
公共政策分析：理论与实践（第四版）	［美］戴维·L·韦默 等 著 刘伟 译校	68.00 元
应急管理概论	［美］米切尔·K·林德尔 等 著 王宏伟 译	55.00 元
公共行政导论（第六版）	［美］杰伊·M·沙夫里茨 等 著 刘俊生 等 译	65.00 元
城市管理学：美国视角（第六版）	［美］戴维·R·摩根 等 著 杨宏山 陈建国 译 杨宏山 校	49.00 元

书名	著译者	定价
公共经济学：政府在国家经济中的作用	［美］林德尔·G·霍尔库姆 著 顾建光 译	69.80 元
公共部门管理（第八版）	［美］格罗弗·斯塔林 著 常健 等 译 常健 校	75.00 元

公共管理实务系列

书名	著译者	定价
新有效公共管理者：在变革的政府中追求成功（第二版）	［美］史蒂文·科恩 等 著 王巧玲 等 译 张成福 校	28.00 元
驾御变革的浪潮：开发动荡时代的管理潜能	［加］加里斯·摩根 著 孙晓莉 译 刘霞 校	22.00 元
自上而下的政策制定	［美］托马斯·R·戴伊 著 鞠方安 等 译	23.00 元
政府全面质量管理：实践指南	［美］史蒂文·科恩 等 著 孔宪遂 等 译	25.00 元
公共部门标杆管理：突破政府绩效的瓶颈	［美］帕特里夏·基利 等 著 张定淮 译校	28.00 元
创建高绩效政府组织：公共管理实用指南	［美］马克·G·波波维奇 主编 孔宪遂 等 译 耿洪敏 校	23.00 元
职业优势：公共服务中的技能三角	［美］詹姆斯·S·鲍曼 等 著 张秀琴 译 音正权 校	19.00 元
全球筹款手册：NGO 及社区组织资源动员指南（第二版）	［美］米歇尔·诺顿 著 张秀琴 等 译 音正权 校	39.80 元

政府治理与改革系列

书名	著译者	定价
新公共服务：服务，而不是掌舵	［美］珍妮特·V·登哈特 罗伯特·B·登哈特 著 丁煌 译 丁煌 方兴 校	28.00 元
公共决策中的公民参与	［美］约翰·克莱顿·托马斯 著 孙柏瑛 等 译	28.00 元
再造政府	［美］戴维·奥斯本 等 著 谭功荣 等 译	45.00 元
构建虚拟政府：信息技术与制度创新	［美］简·E·芳汀 著 邵国松 译	32.00 元
突破官僚制：政府管理的新愿景	［美］麦克尔·巴泽雷 著 孔宪遂 等 译	25.00 元
政府未来的治理模式（中文修订版）	［美］B·盖伊·彼得斯 著 吴爱明 等 译 张成福 校	38.00 元
无缝隙政府：公共部门再造指南（中文修订版）	［美］拉塞尔·M·林登 著 汪大海 等 译	48.00 元
公民治理：引领 21 世纪的美国社区（中文修订版）	［美］理查德·C·博克斯 著 孙柏瑛 等 译	38.00 元
民营化与公私部门的伙伴关系	［美］E.S.萨瓦斯 著 周志忍 等 译	39.00 元
持续创新：打造自发创新的政府和非营利组织	［美］保罗·C·莱特 著 张秀琴 译 音正权 校	28.00 元
政府改革手册：战略与工具	［美］戴维·奥斯本 等 著 谭功荣 等 译	59.00 元
公共部门的社会问责：理念探讨及模式分析	世界银行专家组 著 宋涛 译校	28.00 元

书名	著译者	定价
公私合作伙伴关系：基础设施供给和项目融资的全球革命	[英] 达霖·格里姆赛 等 著 济邦咨询公司 译	29.80 元
非政府组织问责：政治、原则与创新	[美] 丽莎·乔丹 等 主编 康晓光 等 译 冯利 校	32.00 元
市场与国家之间的发展政策：公民社会组织的可能性与界限	[德] 康保锐 著 隋学礼 译校	49.80 元
建设更好的政府：建立监控与评估系统	[澳] 凯思·麦基 著 丁煌 译 方兴 校	30.00 元

学术前沿系列

书名	著译者	定价
公共行政的精神（中文修订版）	[美] H·乔治·弗雷德里克森 著 张成福 等 译 张成福 校	48.00 元
后现代公共行政：话语指向（中文修订版）	[美] 查尔斯·J·福克斯 等 著 楚艳红 等 译 吴琼 校	38.00 元
公共行政的合法性：一种话语分析（中文修订版）	[美] O.C. 麦克斯怀特 著 吴琼 译	待出
公共行政的语言：官僚制、现代性和后现代性（中文修订版）	[美] 戴维·约翰·法默尔 著 吴琼 译	待出
官僚制内幕	[美] 安东尼·唐斯 著 郭小聪 等 译	38.00 元
领导学	[美] 詹姆斯·麦格雷戈·伯恩斯 著 常健 孙海云 等 译 常健 校	69.00 元
官僚经验：后现代主义的挑战（第五版）	[美] 拉尔夫·P·赫梅尔 著 韩红 译	39.00 元
制度分析：理论与争议（第二版）	[韩] 河涟燮 著 李秀峰 柴宝勇 译	待出
公共服务中的情绪劳动	[美] 玛丽·E·盖伊 等 著 周文霞 等 译	待出

案例系列

书名	著译者	定价
公共管理案例（第五版）	[美] 罗伯特·T·戈伦比威斯基 等 主编 汪大海 等 译	28.00 元
组织发展案例：环境、行为与组织变革	[美] 罗伯特·T·戈伦比威斯基 等 主编 杨爱华 等 译	29.00 元
公共部门人力资源管理案例	[美] T·赞恩·里夫斯 主编 句华 主译 孙柏瑛 统校	22.00 元
非营利组织管理案例与应用	[美] 罗伯特·T·戈伦比威斯基 等 主编 邓国胜 等 译	23.00 元
公共管理的法律案例分析	[美] 戴维·H·罗森布鲁姆 等 著 王丛虎 主译	33.00 元
公共政策分析案例（第二版）	[美] 乔治·M·格斯 等 著 王军霞 等 译	待出

学术经典系列

书名	著译者	定价
新公共行政	[美] H·乔治·弗雷德里克森 著 丁煌 方兴 译 丁煌 校	23.00 元

公共政策经典译丛

书名	著译者	定价
公共政策评估	[美] 弗兰克·费希尔 著 吴爱明 等 译	38.00 元
议程、备选方案与公共政策（第二版）	[美] 约翰·W·金登 著 丁煌 方兴 译	38.00 元
公共政策工具——对公共管理工具的评价	[美] B·盖伊·彼得斯 等 编 顾建光 译	29.80 元
第四代评估	[美] 埃贡·G·古贝 等 著 秦霖 等 译 杨爱华 校	39.00 元
政策规划与评估方法	[加] 梁鹤年 著 丁进锋 译	39.80 元

当代西方公共行政学思想经典译丛

书名	编译者	定价
公共行政学中的批判理论	戴黍 牛美丽 等 编译	29.00 元
公民参与	王巍 牛美丽 编译	45.00 元
公共行政学百年争论	颜昌武 马骏 编译	49.80 元
公共行政学中的伦理话语	罗蔚 周霞 编译	45.00 元

当代世界学术名著

书名	著译者	定价
政策悖论：政治决策中的艺术（修订版）	[美] 德博拉·斯通 著 顾建光 译	58.00 元
公共行政的语言——官僚制、现代性和后现代性	[美] 戴维·约翰·法默尔 著 吴琼 译	49.80 元
公共行政的精神	[美] 乔治·弗雷德里克森 著 张成福 等 译	45.00 元
公共行政的合法性——一种话语分析	[美] O.C.麦克斯怀特 著 吴琼 译	48.00 元

卓越领导

书名	著译者	定价
领袖	[美] 詹姆斯·麦格雷戈·伯恩斯 著 常健 等 译	49.00 元
特立独行：从肯尼迪到小布什的总统领导艺术	[美] 詹姆斯·麦格雷戈·伯恩斯 著 吴爱明 等 译	39.80 元
创新型领导艺术：激发团队创造力	[英] 约翰·阿代尔 著 吴爱明 等 译	25.00 元
创造性思维艺术：激发个人创造力	[英] 约翰·阿代尔 著 吴爱明 等 译	25.00 元

公共管理英文版教材系列

书名	作者	定价
公共管理导论（第三版）	[澳] Owen E. Hughes （欧文·E·休斯） 著	28.00 元
理解公共政策（第十二版）	[美] Thomas R. Dye （托马斯·R·戴伊） 著	34.00 元

书名	作者	定价
公共行政学经典（第五版）	［美］Jay M. Shafritz （杰伊·M·莎夫里茨）等 编	59.80 元
组织理论经典（第五版）	［美］Jay M. Shafritz （杰伊·M·莎夫里茨）等 编	46.00 元
公共政策导论（第三版）	［美］Joseph Stewart, Jr. （小约瑟夫·斯图尔特）等 著	35.00 元
公共部门管理导论（第六版）	［美］Grover Starling （戈文·斯塔林） 著	49.80 元
政治学（第三版）	［英］Andrew Heywood （安德鲁·海伍德） 著	35.00 元
公共行政导论（第五版）	［美］Jay M. Shafritz （杰伊·M·莎夫里茨）等 著	58.00 元
公共组织理论（第五版）	［美］Robert B. Denhardt （罗伯特·B·登哈特） 著	32.00 元
公共政策分析导论（第四版）	［美］William N. Dunn （威廉·N·邓恩） 著	45.00 元
公共部门人力资源管理：系统与战略（第六版）	［美］Donald E. Klingner （唐纳德·E·克林纳）等 著	待出
公共行政与公共事务（第十版）	［美］Nicholas Henry （尼古拉斯·亨利） 著	39.00 元
公共经济学：政府在国家经济中的作用	［美］Randall G. Holcombe （林德尔·G·霍尔库姆） 著	62.00 元

更多图书信息，请登录 www.crup.com.cn/gggl 查询，或联系中国人民大学出版社政治与公共管理出版分社获取

地址：北京市海淀区中关村大街甲 59 号文化大厦 1202 室　　邮编：100872
电话：010－82502724　　传真：010－62514775
E-mail：ggglcbfs@vip.163.com　　网站：http://www.crup.com.cn/gggl

图书在版编目（CIP）数据

官僚经验：后现代主义的挑战：第 5 版/（美）赫梅尔著；韩红译. —北京：中国人民大学出版社，2012.12

（公共行政与公共管理经典译丛.学术前沿系列）

"十二五"国家重点图书出版规划项目

ISBN 978-7-300-16876-0

Ⅰ.①官… Ⅱ.①赫…②韩… Ⅲ.①官僚主义-研究 Ⅳ.①D035

中国版本图书馆 CIP 数据核字（2012）第 319788 号

.

公共行政与公共管理经典译丛

学术前沿系列

"十二五"国家重点图书出版规划项目

官僚经验：后现代主义的挑战（第五版）

〔美〕拉尔夫·P·赫梅尔（Ralph P. Hummel）　著

韩　红　译

Guanliaojingyan

出版发行	中国人民大学出版社
社　　址	北京中关村大街 31 号　　　　邮政编码　100080
电　　话	010 - 62511242（总编室）　　　010 - 62511398（质管部）
	010 - 82501766（邮购部）　　　010 - 62514148（门市部）
	010 - 62515195（发行公司）　　010 - 62515275（盗版举报）
网　　址	http://www.crup.com.cn
	http://www.ttrnet.com（人大教研网）
经　　销	新华书店
印　　刷	北京鑫丰华彩印有限公司
规　　格	185 mm×260 mm　16 开本　　　**版　次**　2013 年 6 月第 1 版
印　　张	13.25 插页 2　　　　　　　　　**印　次**　2013 年 6 月第 1 次印刷
字　　数	281 000　　　　　　　　　　　**定　价**　39.00 元